Bildbeschreibung Cover:

Der Hintergrund ist blau bis sehr dunkelblau. Darauf sind kleine Punkte, so dass es ein wenig an Sterne erinnert.
Oben steht: Hrsg. [Herausgeber*innen] Koi Katha Delfin Blaeser & Lena Cornelissen.

Darunter steht: Behindert & Verrückt - Jetzt reden WIR!
Die Buchstaben von „Behindert" und „Verrückt" und „Wir" sowie das &-Zeichen sind quer gestreift in den Farben der CIMND* / Disability Pride Fahne von Koi und Lena: grauer Hintergrund, mit queren Streifen in helllila / rosa, dunkellila, türkis, blau, weiß, gelb, rot, orange, braun und schwarz.
Die Wörter „Jetzt reden" und das Ausrufezeichen sind grau.

Sechs Arme halten Tafeln, die zu einzelnen Buchstaben gehören.
Ein Arm mit einer dunkelgrauen Prothese hält die Tafel vom „B" von „Behindert", wobei auf der Tafel die CIMND* / Disability Pride Fahne zu sehen ist.
Ein dicker brauner Arm mit zwei noch recht roten Narben und 4 Fingern hält eine Tafel beim „i" von „Behindert". Darauf zu sehen ist die Bad Disabled Pride Fahne mit waagerechten Streifen in lila, grau, orange, weiß, grün, blau und lila. Der Punkt vom „i" ist in Form eines Feuers, was das Feuer auf der Bad Disabled Pride Fahne widerspiegelt.
Ein kleiner hellbrauner Arm hält eine blaue Kachel beim „d" von „Behindert". Im „d" selbst ist die D*deaf Pride Fahne zu erkennen: eine blaue Hand mit gelbem Rand vor dunkelblauem Hintergrund.
Das zweite „r" von „Verrückt" steht auf dem Kopf.
Ein gelblich-beiger Arm ohne Hand, mit Narben hält die Tafel beim „c" von „Verrückt". Da ist die Spoonie Pride Fahne zu sehen (dunkelblau, blau, hellblau, weiß, schwarz, weiß, hellblau, blau, dunkelblau gestreift). Oben auf der Kachel liegt noch ein Löffel.
Ein hellrosa Arm mit Dysmelie (Fehlbildung an den Extremitäten), auf dem einige weiße Flecken zu sehen sind, hält die Tafel vom „n" von „reden".
Zu sehen ist da die General Anxiety Pride Fahne mit Streifen in dunkelgrün, hellgrün, weiß, hellgrau, und dann Streifen in zunehmend dunklerem grau.
Darunter ist die bunte Neurodivergenz-Schleife (eine liegende 8).
Auch beim „W" von „Wir" gibt es eine Tafel, dieses Mal mit der Mad Pride Fahne: lila-pink gestreift (von oben bis unten insgesamt dreimal) mit einem angedeuteten lachenden Gesicht. Diese Tafel wird von einem dunkelbraunen Arm gehalten, der einige helle Flecken hat und zwei Narben am Handgelenk.

Vor dem dunkelblauen Hintergrund ist der CIMND*-Schmetterling zu sehen. Innerhalb eines Schmetterlings sind folgende Symbole integriert: Die Neurodivergenz-Schleife, eine andere Schleife (HIV / AIDS, andere Erkrankungen), gebärdende Hände, Löffel (Spoon Theory), &-Zeichen (Systeme / Pluralität), Gesicht der Mad Pride Fahne, Einhorn (unsichtbar gemachte Behinderung).

Mit Beiträgen von:

Alejandra Aybar, Amie Savage, Anna Hege, Anonym, einem Interview der Gehörlosenzeitung mit Asha Rajashekhar, Barbara Kloep, Bendix Mignon, C., Caro, der Disability und Mad Pride Bonn, Elisha, Furiosa, Hans Peutler, Irene Blaeser, Jo Krügel, Josephine Rinck, Karina, Kate Diener, Khazar Bagheri, Koi Katha Delfin Blaeser, Lena Cornelissen, Lena Hel Lautner, @LongCovidCelia (Celia Gorman), Louisa Albrecht, Lumine/Wyrm Hagedorn, Luna Loca, Lydia [@SavedByTheSign], Lynn Markert, Mimo, Natalia Dawn, NeleDivergent, Noah, dem Ohrenkuss (Andrea Wicke, Angela Fritzen, Anna-Lisa Plettenberg, Daniel Rauers, Julian Göpel, Marley Thelen, Martin Weser, Natalie Dedreux, Nora Fiedler, Paul Spitzeck, Robert Petkewitz, Svenja Giesler, Teresa Knopp, Verena Elisabeth Turin), René Attila Adiyaman, Rudi und Inge Kruschke, Sabrina Busch, Sam von der Anti-Ableistischen Aktion Ruhr, Sandro, Senami Hotse, Solveïg, Steve, Valerie Klein

Behindert und Verrückt
Jetzt reden Wir!

Herausgeber*innen:
Lena Cornelissen und Koi Katha Delfin Blaeser
Disability und Mad Pride Bonn

Bibliografische Information der Deutschen Nationalbibliothek: Die Deutsche Nationalbibliothek verzeichnet diese Publikation in der Deutschen Nationalbibliografie; detaillierte bibliografische Daten sind im Internet über dnb.dnb.de abrufbar.

Lektorat und Korrektorat: Koi Katha Delfin Blaeser und Lena Cornelissen
Cover und grafische Gestaltung: Koi Katha Delfin Blaeser
Weitere Mitwirkende: AG Einfache Sprache, Disability und Mad Pride Bonn
disability-pride-bonn.de
instagram.com/disability.pride.bonn

Verlag: BoD · Books on Demand GmbH, Überseering 33, 22297 Hamburg, bod@bod.de
Druck: Libri Plureos GmbH, Friedensallee 273, 22763 Hamburg

ISBN: 978-3-7693-9993-6

Für uns

Inhaltsverzeichnis

131
Diagnosen und Stigmatisierung – Jetzt reden Wir!

Einleitung

Hi,
cool, dass Ihr unser Buch gefunden habt. 
In diesem Buch findet Ihr ausschließlich Beiträge von CIMND* Menschen.
Wir nehmen uns diesen Raum/rw.
Und wir geben ihn anderen behinderten Menschen.

Auf der Suche nach Menschen, die etwas für dieses Buch schreiben oder 
malen, ist uns klar geworden:
Wir kennen inzwischen so viele behinderte Menschen. 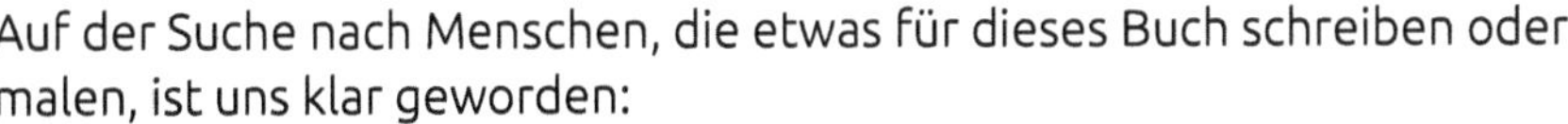
Wir sind so dankbar dafür, ein so CIMND*iges Umfeld zu haben!
Behinderte Freund*innen sind wichtig.
Behinderte Gemeinschaften sind wichtig.
Damit wir **nicht** alle für uns alleine kämpfen.
Damit wir **nicht** denken:
Es ändert sich **nichts**.
Wir müssen gemeinsam kämpfen.
Wir müssen uns befreien.
Wir haben allen Grund, wütend zu sein.
Es hilft, zusammen wütend zu sein.

Es war schwer, dieses Buch zu machen. 
Wir haben einige Menschen gefragt, ob sie etwas schreiben wollen.
Wir wollten, dass viele verschiedene Menschen vorkommen.
Vor allem Menschen, die viel Diskriminierung erleben.
Wir sagen dazu auch: mehrfach marginalisierte Menschen.
Das hat **nicht** immer geklappt.
Wir wissen, dass Perspektiven fehlen.
Ein anderes Wort für Perspektive ist: Sicht•weise.
Wichtig für die Sicht•weise von einem Menschen sind viele Eigenschaften
und Label.

Zum Beispiel, ob der Mensch behindert ist oder **nicht**.
Jede Person hat eine eigene Sicht•weise.

 Sehr viele behinderte Menschen haben weniger Energie als **nicht**-
behinderte Menschen.
Für viele ist es schwer, Fristen einzuhalten.
Nicht alle Menschen haben es rechtzeitig geschafft.
Vor allem mehrfach marginalisierte Menschen haben es **nicht** geschafft.
Zum Beispiel viele Menschen, die Rassismus erleben.
Rassismus, Ableismus und andere Diskriminierungen rauben viel
Energie/rw.
Wir haben also weniger Energie wegen der Diskriminierung.

Oft sind vor allem privilegierte Menschen sichtbar.
Es sind die behinderten Menschen mit mehr Privilegien,
die etwas sagen und schreiben.
Und denen andere Menschen noch eher zuhören.

Für manche Menschen ist es gefährlich, wenn andere wissen, dass sie
etwas für dieses Buch geschrieben haben.
Manche machen deshalb lieber **keinen** Beitrag.
Manche Menschen haben uns auch erst spontan gesagt:
Meinen Beitrag könnt Ihr doch **nicht** nehmen.
Manche Menschen haben einen Beitrag geschrieben,
aber mit einem anderen Namen.
Dieser andere Name heißt: Pseudonym.
Menschen nutzen ein Pseudonym zum Beispiel,
wenn sie ein Buch schreiben.
Von vielen Menschen lest Ihr nur den Vor•namen.
Uns ist wichtig, dass die Menschen sicher sind.
Was sie schreiben oder mitteilen ist wichtig.

Wir möchten, dass es zugänglicher wird, einen Beitrag zu machen.
Wir möchten auch noch weitere Bücher machen.
Da sollen dann auch Menschen schreiben,
deren Perspektive in diesem Buch fehlt.
Und Beiträge von Menschen, für die zum Beispiel die Frist zu kurz war.

Wie funktioniert dieses Buch?

Dieses Buch besteht aus **42 Beiträgen und einigen Zitaten**.
Manche Texte sind nur in Einfacher Sprache.
Andere sind auch in Schwerer Sprache.
In diesem Buch gibt es Gedichte und Poetry-Slam-Texte.
Es gibt Zeichnungen.
Einzelne Beiträge gibt es auch auf Englisch oder Spanisch.
Wir wünschen uns:
Beim nächsten Mal sollen alle Beiträge auch in Englisch und Deutscher Gebärden•sprache sein.

Wir wissen:
Viele Menschen können sich **nicht** so lange konzentrieren.
Unsere Kapitel sind relativ kurz.
Ihr könnt das Buch immer wieder weglegen und neu anfangen zu lesen.

In diesem Buch gibt es **verschiedene Formate**.
Zum Beispiel Interviews.
Manche Personen haben viel gesagt oder geschrieben.
Andere weniger oder nur einzelne Sätze.
Alle Menschen, die hier im Buch vorkommen, haben viel zu sagen.
Manche Kapitel sind länger, manche sind kürzer.
Aber die Menschen könnten noch mehr sagen.
Hört den Menschen **nicht** nur in diesem Buch zu.
Hört ihnen zu:

- im Alltag

- auf Demonstrationen

- auf Instagram

- im Fernsehen

- und überall

Alle Texte gibt es auch in **Einfacher Sprache**.
Viele Texte haben wir selbst übersetzt.
Manche Texte haben auch die Dolmetscherinnen Inga Schiffler und Katja
Schulten in Leichte Sprache übersetzt.
Wir dürfen ihre Übersetzungen in diesem Buch verwenden.
Wir haben sie manchmal angepasst.
Wir haben geübt, in Einfacher Sprache zu schreiben.
Wir wollten eigentlich, dass alle Texte in Einfacher Sprache geprüft
werden.
Menschen, die Einfache Sprache brauchen, sollen sagen:
Das ist verständlich.
Das hat aber leider **nicht** mehr geklappt.
In der Einfachen Sprache gibt es Richtlinien.
Es geht darum:
Wie können wir etwas so sagen, dass es viele Menschen gut verstehen?
Die Leichte Sprache hat klare Regeln.
Menschen machen eine Ausbildung, um in Leichte Sprache zu übersetzen.
Einfache Sprache hilft vielen Menschen.
Zum Beispiel:

- Menschen mit Lern•behinderungen

- Menschen mit „geistiger Behinderung"/Lern•schwierigkeiten
  Manche Menschen sagen: Wir sind **nicht** geistig behindert.
  Sagt das **nicht** zu uns.
  Sagt: Menschen mit Lern•schwierigkeiten.
  Andere sagen: **Nein**, Ihr sollt weiter geistig behindert über uns
  sagen.
  Deshalb schreiben wir beides.

- Menschen, die **nicht** gut Deutsch verstehen
- Menschen, die **nicht** gut lesen können

Deshalb schreiben wir viel in Einfacher Sprache.

Viele Menschen sagen:
Ihr könnt komplexe Dinge **nicht** in Einfacher Sprache sagen.
Wir wissen, dass wir **nicht** alles gut in Einfacher Sprache sagen können.
Wir versuchen aber viel auch in Einfacher Sprache zu schreiben.

Gleichzeitig gibt es in diesem Buch auch Texte in Schwerer Sprache.
Und Texte, die Kunst sind.

Ihr werdet in manchen Beiträgen falsche

- Schreib•weisen

- Worte

- und Satz•zeichen

finden.
Das ist mit Absicht so.
So sprechen und schreiben die Menschen.
Das ist ein Teil davon, wie sie leben.

Bei einigen Beiträgen geben wir die Instagram-Accounts der Personen an.
Die stehen unter dem Namen der Personen und fangen mit @ an.

Am Ende vom Buch erklären wir wichtige Wörter in Einfacher Sprache.
Das Kapitel heißt: **Glossar**.
Das Buch am Rand mit dem G sagt Euch:
Es gibt ein Wort in dem Absatz, das wir in dem Glossar erklären.
Das Wort hat einen hell•grauen Hintergrund.

Es gibt auf unserer Website auch ein Glossar.
Da erklären wir noch mehr Worte.
Wenn ihr am Rand ein Buch mit einem O seht, heißt das:
Es gibt ein Wort in dem Absatz, dass wir im online Glossar erklären.

Manchmal sagen Menschen uns:
Wir können über Ableismus **nichts** wissen.
Es gibt keine Informationen dazu.
Wir zeigen:
Es gibt viele Informationen dazu.
Auch auf Instagram oder Tumblr.
Es gibt auch immer mehr Bücher zu Ableismus.

Wir brauchen noch mehr Bücher von behinderten Menschen!
Mehr Bücher von uns über uns.

Von uns für uns.
So wie dieses.

Es ist von uns, über uns, und für uns.
Es ist voller Informationen.
Es ist auch poetisch.
Das heißt: Es ist schön zu lesen.
Es ist kämpferisch.
Es zeigt: Wir lassen uns **nicht** unterkriegen /rw.
Wir machen etwas gegen Ableismus.
Es gibt so viel, was wir behinderten Menschen zu sagen haben.

Es ist **kein** wissenschaftliches Buch.
Es ist ein Buch von gelebtem Wissen.
Unser Wissen ist auch gut und richtig, wenn wir es **nicht** durch Studien
bekommen haben.

Wir sprechen hier von **Crip Wisdom** oder Krüppel•weisheit.
Es ist unser Wissen, das wir seit Langem sammeln.
Es ist das Wissen behinderter, chronisch kranker, psychisch kranker,
Verrückter, neuro•divergenter, T*tauber Menschen, Krüppel und oder
weiterer von Ableismus betroffener Menschen, das unsichtbar gemacht,
heruntergespielt und ausgelöscht wurde und wird.
Daher ist es wichtig, dass wir es am Leben halten/rw.
Andere Menschen sagen:
Euer Wissen ist **nicht** wichtig.
Ihr seid **keine** Expert*innen.
Wir fragen **nicht** Euch. Wir fragen **nicht**-behinderte Menschen.

Oftmals wird Crip Wisdom mündlich - oder gebärden•sprachlich oder
nicht•verbal – weitergetragen.
Das ist genauso wert•voll und wichtig wie Crip Wisdom, das wir über
Bücher weitergeben.
In unserem Buch wollen wir Crip Wisdom von vielen verschiedenen
Menschen sammeln.
Dadurch möchten wir helfen, dass es sichtbar wird.

Dieses Buch ist auf

- krüppelige
- behinderte
- Verrückte
- Spoonie
- neuro•divergente

Art entstanden.
Ihr müsst dazu wissen:
Wir arbeiten sehr unterschiedlich.
Wir leben auch sehr unterschiedlich.
Lena ist früh im Bett und ab 5 Uhr morgens wach.
Da ist Koi manchmal noch wach.
Bis Koi dann später am Tag aufsteht, hat em schon um die 10 Nachrichten
von Lena bekommen, was noch zu tun ist.
Wir telefonieren auch oft.
Wir versuchen erst einmal über unser Leben zu sprechen.
Aber dann kommen die 10.000 Projekte/ex, die anstehen.
Und dann machen wir eben telefonisches Co-Working.
Wir arbeiten, während wir telefonieren.
Wir bekommen dann mehr geschafft als alleine.

Mal hatte Koi keine Energie, keine Löffel, um weiter•zu•machen.
Mal Lena.
Zusammen haben wir es geschafft, dieses Buch fertig zu machen.

Wir sind stolz, dass es das Buch jetzt gibt.

Stolz auf alle, die einen Beitrag dazu geleistet haben.
Und auch stolz auf alle, die es versucht haben.
Wir sind stolz auf alle CIMND*ies da draußen.
Dieses Buch ist für uns alle.

Koi und Lena

So schreiben wir

Ton•indikatoren
Das sind Abkürzungen.
Die schreiben wir hinter Sätze.
Sie sagen: So haben wir das gemeint.

/rw
Das heißt: Das ist eine Redewendung.
Das ist **nicht** wörtlich gemeint.

/s
Das heißt: Das ist Sarkasmus oder Ironie.
Das ist **nicht** ernst gemeint.

/ex
Das heißt: Das ist übertrieben.

 Diese Ton•indikatoren sollen das Buch zum Beispiel für neuro•divergente
Menschen zugänglicher machen.
Es gibt noch viel mehr.

Link: https://disability-pride-bonn.de/tonindikatoren

*** Sternchen**
Wir schreiben zum Beispiel: Freund*innen.
Was heißt das Sternchen *?
Es gibt ganz viele Geschlechter.
Das wollen wir auch beim Schreiben zeigen.
Viele glauben:
Es gibt nur Frauen und Männer.
Sie schreiben dann zum Beispiel:
- Freunde
- Freundinnen und Freunde

Dann fehlen aber viele Leute.

Wir schreiben mit Sternchen.
Das Sternchen steht für viele Menschen.
Zum Beispiel:
- **nicht**•binäre Menschen
- agender Menschen
Es steht für alle, die **nicht** immer und ganz Frau oder Mann sind.
Das Wort Freund*innen beschreibt also alle Menschen.
Weil wir alle Menschen beschreiben und ansprechen wollen, verwenden
wir also das * Sternchen.

• Mediopunkt

Warum schreiben wir mit diesem Punkt • ?
Mit diesem Punkt trennen wir lange Wörter.
Dann ist es einfacher, die Wörter zu lesen.
Dieser Punkt • kommt aus der Leichten Sprache.
Wir nehmen ihn auch für die Einfache Sprache.
Viele schreiben in der Einfachen Sprache auch mit diesem Strich -.

[Ergänzungen]

Manchmal steht etwas in eckigen Klammern [ ].
Das haben wir dazu geschrieben.
Sie sind **nicht** von den Autor*innen.
Manchmal erklären die Ergänzungen Abkürzungen.
Oder zum Beispiel englische Worte.
Oder sie erklären Redewendungen.

CNs

CNs steht für: Content Notes.
CN ist die Einzahl und heißt: Content Note.
Das ist Englisch für: Inhalts•hinweis.
Wir schreiben auch über schwere Themen.
Manche Themen können Menschen an schlimme Dinge erinnern.
Wir wollen ihnen sagen, dass es um schwere Themen geht.

CNs für das ganze Buch:

- Ableismus

- Verletzen von Menschen•rechten

- das System unterstützt uns **nicht** oder **nicht** genug

Manche CNs sagen wir Euch direkt bei den Texten.
Das sind:

- Ärzt*innen nehmen Personen **nicht** ernst, Covid-19, Fehldiagnosen

- A*spec•feindlichkeit, Cis•Sexismus, Fat Shaming / Fat Bias / Dick_Fett•feindlichkeit, Lookismus, Rassismus, Sexismus, White Supremacy

- Audismus, Saneismus / Mentalismus (Diskriminierung von psychisch kranken Menschen)

- Flucht, Kolonialismus (Gewalt, Sklaverei, Tod, Vergewaltigung), Trauma durch Krieg und Vertreibung

- Gewalt (ableistisch, durch die Familie, durch Polizei, rassistisch, sexualisiert), Mobbing, Morde, Schikane durch Mitschüler*innen (sie machen sich lustig über eine Person und ärgern sie sehr)

- Harry Potter

- (aktuelle) Politik, Faschismus, National•sozialismus

- Psychiatrie und Psychiatrie•erfahrungen, Zwangs•maßnahmen

- selbstverletztendes Verhalten, Suizidalität / Suizid•versuch / Suizid

- Tod

Andere CNs schreiben wir hinten im Buch auf.
Das Kapitel heißt: Content Notes (CNs).
Schaut da gerne nach, wenn Euch das hilft.

Überspringt gern Texte, wenn Ihr Euch mit den Themen **nicht** gut fühlt.
Oder lest die Texte zum Beispiel mit lieben Personen zusammen.
Oder an einem schönen Ort.
Ihr kennt Euch selbst am besten.
Macht, was Euch gut tut.

CIMND*iges Abkürzen

CIMND* könnt Ihr so aussprechen: Zimt.

CIMND* besteht aus den Anfangsbuchen von einigen englischen
Wörtern.
Jeder Buchstabe steht für eine Gruppe von Menschen.
Es heißt:

- Chronically Ill
  Das heißt auf Deutsch: chronisch krank.
  Chronische Krankheiten sind Krankheiten, die **nicht** ganz weg
  gehen.

- Crip
  Das heißt: Krüppel.
  Manche behinderte Menschen sagen:
  Wir sind Krüppel.

- Mad
  Das heißt: Verrückt.

- Mentally Ill
  Das heißt: psychisch krank.

- Neuro•divergent
  Das heißt auch auf Deutsch: neuro•divergent.

- Disabled
  Das heißt: behindert.

- D*deaf
  Das heißt: T*taub.
  Wir schreiben T*taub groß und klein.
  Denn T*taub sein heißt für alle etwas anderes.
  Es gibt verschiedene T*taube Communitys oder Gemeinschaften.
  T*taub sagt auch:
  Es ist okay, dass T*taube Menschen sehr verschieden sind.
  Wir sagen an der Stelle danke an Lela Finkbeiner.
  Von ihr haben wir das gelernt.
  Manche Menschen mögen auch andere Wörter lieber für sich.

Zum Beispiel gehör•los.
In der deutschen Gebärden•sprache ist das egal.
Da ist es die gleiche Gebärde für Taub, taub, T*taub und gehör•los.

- Das Sternchen * steht für weitere Menschen, die von Ableismus betroffen sind

CIMND* ist eine Abkürzung für diese Gruppen von Personen.

Manchmal sagen wir öfter CIMND* Personen.
Gerade in längeren Texten.
Mit CIMND* können wir viele Gruppen auf einmal nennen.
Das heißt, wir müssen die lange Aufzählung **nicht** immer wiederholen:
Behinderte, chronisch kranke, psychisch kranke, Verrückte,
neuro•divergente, T*taube Menschen, Krüppel und oder weitere von
Ableismus betroffene Menschen.
Wir können sie einmal sagen.
Danach können wir CIMND* sagen.

Nicht alle Menschen, die Ableismus erleben, sagen:
Ich bin behindert.
Das respektieren wir.
Mit CIMND* möchten wir alle Menschen sichtbar machen, die Ableismus
erleben.

Meine Sprache, meine Label

Warum können Label wichtig sein?
Warum ist meine Sprache wichtig?

Worte haben Macht.
Manchmal werden sie zu Schimpf•worten.
Manchmal diskriminieren sie.
Manche Worte können sagen:

- Ihr seid weniger wert.

- Ihr seid **keine** Menschen

- Ihr seid kaputt.

Wir sagen oft:
Worte sind **nicht** so wichtig.
Das stimmt aber **nicht**.
Wir sagen auch oft:

- Es ist nur wichtig, was ein Mensch sagen möchte.

- Es ist **nicht** wichtig, was Worte mit anderen Menschen machen.

Das stimmt **nicht**.
Wenn wir Menschen mit unseren Worten verletzen, dann tut es ihnen
weh.
Egal, ob wir sie verletzen wollten oder **nicht**.

Worte haben Bedeutung.
Sie sind wichtig.
Sie beeinflussen, wie wir denken und fühlen.
Sie können etwas Wirklichkeit machen.
Worte haben oft eine Geschichte.
Oft wurden sie dafür genutzt, andere Menschen abzuwerten.
Wir können **nicht** einfach sagen:
Das ist doch lange her.
Heute bedeutet das Wort etwas anderes.

Sprache kann uns sehr gut tun.
Sie kann uns zeigen, dass wir **nicht** alleine sind.
Sie kann uns helfen, das, was wir erleben, gut zu beschreiben.
Sprache kann uns helfen, anders mit uns umzugehen.
Zum Beispiel mit dem Wort: behindert.
Wir können aufhören, diskriminierende Wörter zu nutzen, um uns
abzuwerten.

Meine Worte sind wichtig.
Unsere Worte sind wichtig.
Wir denken lange darüber nach, was wir sagen.
Und wie wir es sagen.
Das machen wir, damit unsere Worte auch passen.
Wenn eine andere Person einfach andere Worte verwendet,
dann fühlt sich das schlecht an.
Es tut weh.
Oft passen die Worte **nicht**.
Es sind dann **nicht** mehr unsere Worte.
Sie beschreiben uns **nicht** mehr.
Oder das was wir fühlen oder erleben.

Wir können Worten eine andere Bedeutung geben.
Vor allem mit Worten, die uns abwerten.
Wir nehmen den Worten dann das Gewalt•volle.
Das heißt: Reclaiming.
Das machen wir zum Beispiel mit den Wörtern Krüppel und Verrückt.
Wir sagen auch:
Behindert ist **kein** böses Wort.

Sprecht von behinderten Menschen oder Menschen mit Behinderung.
Wir nehmen auch neue Wörter.
Zum Beispiel neuro•divergent.
Wir wollen, dass immer mehr Menschen dieses Wort kennen.

Wir wollen Sachen in Einfacher Sprache sagen.
Menschen sollen verstehen, was wir sagen.
Wir wollen aber auch Menschen sichtbar machen.
Deshalb nutzen wir auch Selbst•bezeichnungen.
Deshalb schreiben wir auch die genauen Label.
Wir erklären sie.
Ein Label ist ein Wort, mit dem sich Menschen selber beschreiben.
Label helfen, über bestimmte Merkmale zu sprechen.
2 mögliche Label sind:

- neuro•divergent

- T*taub

Manche Menschen mögen Label.
Zum Beispiel weil die Label zeigen, wer sie sind.
Manche Menschen mögen Label **nicht**.
Sie sagen:
Die Label schränken mich ein.

Schau all deine Label, wie sie dich
schmücken, wie sie dich bunt machen
und hervorheben aus dem Grau. Schau
all deine Kraft, mit der du deine Label
stolz trägst und Ableismus erträgst.
Schau all deine Schönheit, all deine
Facetten, wie sie dich ausmachen und
genau richtig machen - so wie du bist.

~ Koi Katha Delfin Blaeser
weiß, Spoonie, oriented aroace agenderflux

Jetzt reden Wir!

Ihr seid Expert*in eures eigenen Lebens und eures Erlebens.

~ Lena Cornelissen
@cornelissenlena
behindert, psychisch krank, *weiß*, queer,
schwimmt und schreibt

Jetzt reden Wir!

„Ich sehe Dich, und ich glaube Dir." – Corbett O'Toole (Crip Camp)[1]

Einfache Sprache

In diesem Buch sprechen wir über unser Leben.
Wir als behinderte Menschen.
Oft sprechen **nicht**-behinderte Menschen über uns.
Andere hören ihnen viel mehr zu als uns.
Sie denken: Das, was wir sagen, ist **nicht** so wichtig.
Das stimmt **nicht**.
Nichts ohne uns über uns.
Das sagen viele behinderte Menschen schon lange.
Das heißt:
Wir wollen bei allem mit•entscheiden.
Bei allem, was für unser Leben wichtig ist.

Dabei ist wichtig:
Wir glauben anderen Menschen das, was sie über ihr Leben sagen.
Wir sagen Euch:
Macht das bitte auch.
Wenn Ihr dieses Buch lest, sollt Ihr **nicht** denken:
Nein, das kann gar **nicht** sein.
Nein, das stimmt **nicht**, was die Menschen sagen.

Wenn Ihr dieses Buch lest, lernt Ihr etwas über manche Behinderungen.
Und über Ableismus.

Ihr wisst danach **nicht** alles.
Ihr kennt danach **nicht** alle Arten, wie Menschen behindert, chronisch krank, psychisch krank, Verrückt, Krüppel, neuro•divergent, T*taub und oder anders von Ableismus betroffen sind.

---

1 Newnham, N., & LeBrecht, J. (2020). *Crip Camp*. Netflix.
https://www.netflix.com/de/title/81001496

Wir sagen allen Menschen, die Ableismus erleben:
Ihr seid **nicht** das Problem.
Ableismus ist das Problem.

Schwere Sprache

Das Problem seid **nicht** Ihr, das Problem heißt Ableismus!

Unser Buch heißt:
Behindert und Verrückt - Jetzt reden Wir!

Wie war das noch mal?
Dieser bekannte Slogan behinderter Aktivisti?
Nichts ohne uns über uns?

Ja, Pustekuchen/rw.
Es ist fast immer: Über uns ohne uns.
Uns behinderten Menschen wird **nicht** zugehört.
Dabei haben wir viel zu sagen und mitzuteilen.
Nicht-behinderte Menschen sprechen über uns.
Sie sagen, was wir angeblich brauchen.
Wie es uns angeblich geht.
Oder was wir angeblich wollen.

Wenn es um Behinderung geht, dominiert der **nicht**-behinderte Blick.
Das heißt:
Wir denken, eine Behinderung ist etwas Schlechtes. Ein schweres
Schicksal. Eine Tragödie.

Behinderung ist allgegenwärtig und gleichzeitig unsichtbar.
Viele Menschen sind behindert.
Das ist manchmal sichtbar.
Und manchmal **nicht**.
Weil es unsichtbar gemacht wird.

Wir sagen:
Behinderung gehört zum Mensch-Sein dazu.

Ob es etwas Gutes oder Schlechtes oder beides oder gar **nichts** davon ist,
kann nur jeder Mensch für sich selbst sagen.
Behinderung ist komplex.
Es gibt so viele behinderte Menschen, so viele verschiedene
Perspektiven.
In diesem Buch lernt Ihr ein paar davon kennen.

Wir sind alle verschieden und erleben andere Dinge.
Wenn Ihr dieses Buch gelesen habt, kennt Ihr **nicht** alle Behinderungen
und Perspektiven.
Das ist **nicht** möglich.
Unser Buch zeigt nur einen Teil davon, wie es ist, CIMND* zu sein.
Wir können **nicht** für andere Menschen sprechen.

Wir wünschen uns:
Dass wir **nicht** in Frage stellen, was andere Menschen über ihr Leben
sagen.
Alle Menschen sind Expert*innen für ihr eigenes Leben.
Nicht wir als Außenstehende.

Der Satz aus der großartigen Dokumentation „Crip Camp – Sommer der
Krüppelbewegung" unterstreicht das: Ich sehe dich und ich glaube Dir.

Dabei meint Sehen keineswegs (nur) das Sehen mit den Augen. Es meint
das Wahrnehmen im Ganzen und auch das Anerkennen eines anderen
Menschen. Dieses Sehen muss rein gar **nix** mit irgendwelchen
Sinneswahrnehmungen zu tun haben.

In diesem Buch nehmen Euch verschiedene Menschen mit auf ihre Reise,
sich **nicht** länger selbst als Problem zu sehen. Kurz und gut, in diesem
Buch geht es sehr viel um verinnerlichten Ableismus. Wir wollen es laut
und leise und auf verschiedene Art und Weise in die Welt schreien:

Das Problem seid <u>nicht</u> Ihr, das Problem heißt Ableismus.

Ich bin auf einem mühsamen, aber vorankommenden Prozess, verinnerlichten Ableismus radikal zu hinterfragen und langsam abzubauen. Zum Beispiel, was Hilfsmittel angeht. Hilfsmittel sind dafür da, das Leben zu erleichtern und ich selber kann entscheiden, wann ich welche nutze.

~ Lena Cornelissen
@cornelissenlena
behindert, psychisch krank, *weiß*, queer,
schwimmt und schreibt

Wer bin ich, wer bist du,
wer sind wir?

Amie Savage (sie | ihr)
@amiesxart

Wer sind wir überhaupt? Wer bin ich? Wer bist du? Wer sind wir?

Text von: 2023

Einfache Sprache

Amie hat diese Rede bei der 1. Disability und Mad Pride Bonn gehalten.
Wenn Ihr über Amie sprecht, könnt Ihr auch sagen: sie.

Wer sind wir überhaupt? Wer bin ich? Wer bist du? Wer sind wir?

In der Geschichte war es immer so:
Viele Menschen haben uns gesagt:
So seid Ihr.
Oder so müsst ihr sein.
Zum Beispiel:
Ihr behinderten Menschen seid schwach.
Nicht normal.
Eine Last.
Dumm.
Voller Fehler.
Krank.
Euer Leben ist wie eine Strafe.

Noch immer sagen Menschen solche Dinge.
Zum Beispiel:

- Fach•leute im Kranken•haus

- Lehrer*innen

- Assistenz•personen

- Kinder oder Nachbar*innen

- Menschen auf der Straße

Sogar Menschen, die wir eigentlich gern haben.

Noch gibt es Orte, an denen nur behinderte Menschen sind:
Es gibt Sonder•schulen.
Und Wohn•heime.
Und Reisen für Menschen mit Behinderung.

Noch immer müssen wir Menschen mit Rollstühlen einen Ausflug genau
planen.
Ich sage auch ganz gerne: Menschen mit Rollis.
Ich habe dann so eine Liste im Kopf.
So eine Check•liste.
Die gehe ich dann durch.

Auch wenn ich alles gut plane, gehen Dinge oft schief.
Zum Beispiel:
Der Aufzug ist kaputt.
Kein Mensch von der Bahn hilft mir, in die Bahn zu kommen.
Ich komme in ein Gebäude mit Rollstuhl **nicht** rein.
Der Zug fährt plötzlich **nicht** mehr weiter.
Alle müssen aussteigen.
Aber ich komme mit dem Rollstuhl **nicht** raus.
Alles schon passiert.

Noch immer müssen Freund*innen von mir beweisen:
Sie sind behindert.
Sie sind behindert genug.
Auch wenn andere sie **nicht** als behindert sehen.

Wir sollen uns anpassen.
Dabei können wir das gar **nicht**.

Oft haben wir das Gefühl:
Wir sind **nicht** gut genug.
Wir sind schuld.
Oft fühlen wir uns schlecht.

Vielleicht denkst du auch manchmal:
Sollte ich anders sein?
Warum bin ich ständig eine Last?

Andere Menschen wollen uns **nicht**.
Die meisten Menschen wollen **nicht** über Ableismus nachdenken.
Deshalb stecken sie uns in extra Schulen und Werkstätten und
Wohn•heime.

Sie sagen:
Das ist zu Eurem Besten.
Damit Ihr besser lernt.
Damit Ihr Unterstützung bekommt.
Ach ja, und:
Damit Ihr unter Euch seid.
Das sind Ausreden.
Damit sich die Mehrheit **nicht** mit uns beschäftigen muss.

Wer bin ich?
Wer bist Du?

Das ist schwer zu beantworten.
Denn wir glauben irgendwann selbst:
Wir sind eine Last.
Wir sind falsch, wie wir sind.

Wir sollten es **nicht** hinnehmen.
Wir sollten für unsere Rechte einstehen.
Aber das ist viel Arbeit.
Wir müssen bei uns selbst schauen:
Wo übernehmen wir dieses Denken?
Wo müssen wir uns selbst ändern?
Das tut oft weh.

Aber viele machen sich stark für uns.
Damit sich die Dinge ändern.
Sie sind unsere Geschwister.
Wir sind zwar **nicht** verwandt.
Aber uns verbindet viel miteinander.
Zum Beispiel:

- Judith Heumann

- James LeBrecht

- Denise Sherer Jacobson

- Corbett O'Toole

- Edward Roberts

- Gusti Steiner

- Luisa L'Audace

- Alina Buschmann

- Kübra Sekin

- Anna Spindelndreier

- Katrin Langensiepen

Und viele mehr.

Sie kämpfen für die Rechte von uns behinderten Menschen.
Sie zeigen:
Wir sind richtig so wie wir sind.
Wir können stolz darauf sein, wie wir sind.
Die Behinderung ist ein Teil von uns.
Wir sind mehr als das, was die meisten Menschen in uns sehen.

Wer bin ich also?
Wer bist du?
Wer sind wir?

Schwere Sprache

Jetzt kommt ein kurzer Text in Schwerer Sprache.
Amies Rede war eigentlich länger.

Schlussendlich wird von uns erwartet, dass wir uns der Norm anpassen.
Sozusagen in den Cinderella-Schuh quetschen/rw, obwohl er uns gar
nicht passt. Jedes Mal, wenn wir merken, dass dieser Schuh nicht passt,
bekommen wir ein Gefühl von dem Nicht-Genügen, Demütigung und
Schuld. [Im Märchen Cinderella / Aschenputtel gibt es einen Schuh, der
nur einer Person passt. Aber auch andere zwängen sich gewaltsam in den
Schuh und wollen unbedingt, dass er ihnen auch passt.]

Manche von uns stellen sich bestimmt auch die Frage; bin ich überhaupt richtig so? Warum bin ich ständig die Last?

 Schlussendlich wird uns gezeigt, dass die Gesellschaft sich mit den Themen Behinderung sowie Ableismus nicht auseinandersetzen möchte, indem sie uns aussondert und in extra Institutionen steckt, damit wir angeblich besser lernen und gefördert werden. Und fast hätte ich es vergessen, das wichtigste Argument; damit wir unter unser Gleichen sind.

 In diesem System als behinderter Mensch also folgende Fragen zu beantworten; Wer bin ich? Wer bist du? Wer sind wir? Ist daher gar nicht so einfach, da wir selbst als behinderte Menschen dem ableistischen System irgendwann Glauben schenken.

Wir werden dort rein geboren und wachsen darin auf, reproduzieren teilweise unbewusst selbst die Sprache, das Verhalten, was uns vorgelebt wird. Daraus zu kommen und sich diese Identitätsfrage zu beantworten, bedeutet sehr viel Arbeit. Es heißt, sich mit diesem System sowie die dem dazugehörigen Strukturen auseinanderzusetzen und zu erkennen. Es heißt, sich selbst zu hinterfragen. Es heißt Erkenntnis und Schmerz.

Nichtsdestotrotz sehen wir, wie unsere Vorfahren, unsere Geschwister Judith Heumann, James LeBrecht, Denise Sherer Jacobson, Corbett O'Toole, Edward Roberts, Gusti Steiner, Luisa L'Audace, Alina Buschmann, Kübra Sekin, Anna Spindelndreier, Katrin Langensiepen und noch viele andere aktivistische Personen, die ich hier nicht aufgezählt habe, für sich selbst und für uns aufgestanden sind sowie immer noch aufstehen/rw. [Aufstehen heißt hier: Sie setzen sich dafür ein.] Aufstehen, um die Rechte, die uns als Behinderten Menschen zustehen, zu erkämpfen.

Aber auch aufstehen, um zu zeigen, dass wir richtig und wichtig sind. Dass wir auf uns und auf unsere Beschaffenheit stolz sein können. Dass die Behinderung ein Teil von uns ist und uns prägt, dass wir mit ihr zusammen mehr sind als das, als was die Gesellschaft uns bezeichnet.

Um also noch ein letztes Mal auf die Fragen in diesem Redebeitrag zurückzukommen:
Wer bin ich? Wer bist du? Wer sind wir?

Jetzt wieder in Einfacher Sprache.

Ich bin Amie.
Ich bin 22 Jahre alt.
Ich bin Künstlerin und Aktivistin.
Eine Aktivistin will die Welt besser machen.
Zum Beispiel für Menschen mit Behinderung.
Ich bin behindert und Schwarz.
Ich bin stolz.
Weil mein Körper mich jeden Tag trägt.
Obwohl die Ärzt*innen gesagt haben:
Mein Körper schafft es **nicht** lang.
Meine Behinderung ist ein Teil von mir.
Ich bin froh, so zu sein wie ich bin.
Ich habe Liebe erfahren.
Und ich lerne, mich selbst zu lieben.

Wer bist Du?
Wer sind wir?

Judy Heumann hat gesagt:
„Ich möchte eine unerschrockene und kämpferische Gruppe behinderter
Menschen auf der ganzen Welt sehen."
Das passt zu uns.
Wir alle kämpfen dafür, die gleichen Rechte wie alle Menschen zu
bekommen.
Wir kämpfen dafür, überall dabei sein zu können.
Denn das ist Inklusion.

Wir zeigen heute:
Es gibt uns.
Es gibt uns behinderte Menschen of Color.
Es gibt behinderte queere Menschen.
Und wir sind richtig so, wie wir sind.

Die Gesellschaft will uns nicht. Unsere Antwort ist Disability Pride.

Anna Hege (sie | ihr)
@nocheineanna

Text von: 2023

 CNs:
ableistische Gewalt, ableistische Morde, Covid-19, Lookismus, Politik (Erwähnung AfD, Rechts•populismus), Tod

Anna hat bei der 1. Disability und Mad Pride in Bonn gesprochen. 
Wenn Ihr über Anna sprecht, könnt Ihr auch sagen: sie.
Anna ist eine *weiße* cis Frau.
Sie ist behindert.
Sie konnte studieren.
Ihre Eltern konnten studieren.
Sie war aber auch lange beim Job•center.

Annas Text ist in Einfacher Sprache.
Es sind auch einige Sätze in Schwerer Sprache im Text.
Das sind Sätze aus der Rede, wie Anna sie 2023 gehalten hat.

Hallo, ich bin Anna.

Ich freue mich so, hier zu sein. 
Ich bin so stolz, dass ich hier bin.
Oft fühle ich mich **nicht** so gut wie jetzt.
Vor ein paar Tagen hat mich eine Person von oben bis unten angeschaut.
Dann hat diese Person gesagt: Du bist jung und schön.
Aber durch die Behinderung bist Du weniger schön.
Diese Person hat mir gesagt:
Dein Körper ist **nicht** schön.
Du kannst **nicht** so viel wie ich.
Du bist weniger wert als ich.
Das ist Ableismus.
Ableismus meint:
Behinderte Menschen werden schlechter behandelt,
weil sie eine Behinderung haben.

Ich habe mich entschieden, euch heute von dieser
Situation zu erzählen, weil diese Bewertung meines
Körpers, meiner Fähigkeiten, meines Seins, nach der ich
nicht gefragt habe, Ableismus ist. Ständig müssen wir
uns dieser Bewertung aussetzen und erfahren dann
eine Abwertung, eine Entwertung unserer Leben.
Deshalb ist es so besonders, dass wir heute hier stehen
und uns selbst feiern.

Ich wurde also schlecht behandelt, weil ich behindert bin.
Oft bewerten uns Menschen ohne Behinderung.
Sie sagen: Behinderte Menschen sind weniger wert.
Wir sind heute hier, weil wir zeigen möchten:
Behinderte Menschen sind genauso viel wert wie Menschen ohne
Behinderung.
Und wir feiern heute uns selbst.
Und das ist toll.

Ich erzähle auch deshalb von dieser Situation, weil ich
mich gar nicht stolz gefühlt habe. Ich stand danach
sogar vor dem Spiegel und habe versucht heraus-
zufinden, was die Person veranlasst haben könnte,
diesen Satz zu sagen. Ich erzähle davon auch deshalb,
weil für mich klar ist, dass meine kleine Unsicherheit
Teil einer großen Unsicherheit ist.

Die Person hat schlecht über mich gesprochen.
Danach ging es mir schlecht.
Ich habe in den Spiegel geguckt und überlegt:
Warum hat diese Person so schlecht über mich gesprochen?

Ich fühle mich oft unsicher.
So geht es vielen behinderten Menschen.
Wir fühlen uns schlecht, weil wir **nicht** selbst bestimmen können, wie wir
leben möchten.
Und wir können **nicht** allein über unseren Körper bestimmen.
Das ist sehr traurig.

Lehrer*innen, Ärzt*innen und Leute auf dem Amt bestimmen über uns.
Diese Menschen entscheiden, wie unser Leben ist.

Ich fordere:
Wir bestimmen selbst, wie wir leben möchten.
Wir bestimmen allein über unseren Körper.
Andere sollen uns als Expert*innen für unsere Leben und unsere Körper
sehen.

Behinderte Menschen fühlen sich wegen verschiedenen Sachen schlecht: 
Viele behinderte Menschen sind arm.
Deshalb fordere ich:

- Wir müssen das Geld gerechter aufteilen.
  Menschen mit Behinderung dürfen **nicht** mehr in
  Behinderten•werkstätten ausgebeutet werden.
  Wenn Menschen ausgebeutet werden, arbeiten sie hart und
  werden schlecht behandelt.
  Und sie bekommen für ihre Arbeit nur sehr wenig Geld.
  Andere Menschen verdienen dadurch viel Geld.

- Und Menschen mit Behinderung müssen eine Arbeit auf dem 1.
  Arbeits•markt finden.

Das fordere ich.

Der 1. Arbeits•markt ist das Gegenteil von Behinderten•werkstätten. 
Der Arbeits•markt ist **kein** fester Ort.
Menschen suchen da nach Arbeit.
Andere bezahlen sie dafür, dass sie bei ihnen arbeiten.
Auf dem 1. Arbeits•markt arbeiten behinderte Menschen mit **nicht**-
behinderten Menschen zusammen.
Viele behinderte Menschen können heute gar **nicht** auf dem 1.
Arbeits•markt arbeiten.
Es ist ableistisch, zu sagen:
Der 1. Arbeits•markt ist der richtige Arbeits•markt.

Viele Menschen mit Behinderung werden ausgegrenzt.
Sie dürfen **nicht** überall mitmachen.
Also brauchen wir überall Barriere•freiheit.

Alle Menschen mit allen Arten von Behinderungen sollen überall gut
mitmachen können.

Immer mehr Menschen wählen rechts•extreme Parteien.
Wie die Partei AfD.
Rechte Gruppen werden immer größer.
Sie sind ableistisch.
Deshalb sind viele behinderte Menschen unsicher.
Dagegen müssen wir gemeinsam kämpfen.

Viele Menschen mit Behinderung erleben Gewalt.
Sie werden zum Beispiel geschlagen.
Oder es wird schlecht über sie gesprochen.
Manchmal werden Menschen mit Behinderung sogar getötet.
Zum Beispiel:
Martina W.
Christian S.
Lucille Heppner
Andreas K.
2021 hat eine Pflegerin in einem Wohn•heim in Potsdam diese Menschen
ermordet.

Deshalb fordere ich:
Wir brauchen gute Stellen, wo Menschen hingehen können, wenn es
Gewalt gibt.
Die Stellen dürfen **nicht** zur Einrichtung gehören.
In so einer Stelle arbeiten Fach•leute.
Sie müssen unabhängig sein.
Behinderte Menschen müssen besser vor Gewalt geschützt werden.
Dafür muss es Pläne geben.

Behinderte Menschen sind in dieser Gesellschaft nicht
sicher, weil unsere Leben während der Pandemie zu
wenig geschützt werden. Erinnert euch an alle, die an
Corona verstorben sind, und auch an die, die heute
nicht hier sind, weil Long Covid sie daran hindert.

Viele behinderte Menschen wurden in der Corona-Zeit zu wenig
geschützt.
Viele behinderte Menschen sind an Corona gestorben.
Viele behinderte Menschen sind immer noch krank, weil sie Corona
hatten.

> Behinderte Menschen sind nicht sicher, weil sie vor den
> Auswirkungen der Klimastrophen nicht geschützt
> werden. Erinnert euch auch an die Opfer in Sinzig,
> erinnert euch an alle, die heute eigentlich hier sein
> müssten und es nicht mehr sind.

Viele behinderte Menschen werden **nicht** gut geschützt,
wenn es Überflutungen, Hitze oder Wald•brände gibt.
Wegen der Klima•krise gibt es immer mehr davon.
Im Ahrtal gab es 2021 eine große Überflutung.
Dabei sind viele Menschen gestorben.
Ganz besonders viele behinderte Menschen.
In einem Wohn•heim sind 12 behinderte Menschen in ihren Zimmern
ertrunken.
Weil es **nicht** wichtig genug war, sie zu retten.

Wir kämpfen gegen eine Mehrheit, die nur sich selbst akzeptiert.
Die zu allen, die anders sind, sagt:
Ihr seid **nicht** normal.
Wir sind besser als ihr.

> Erinnert euch, dass wir an der Seite von allen Menschen
> kämpfen, die eine gesellschaftliche Norm bekämpfen,
> die weiße cis männliche nichtbehinderte Körper und
> Heterosexualität zur Norm erhoben hat. Die
> Behindertenbewegung muss feministisch und
> antirassistisch sein.

Viele Menschen erleben Ungerechtigkeit.
Sie werden ausgegrenzt.
Zum Beispiel, weil sie queer sind.
Oder, weil sie behindert sind.

Wir alle kämpfen gegen diese Ungerechtigkeit.
Wir haben das gleiche Ziel.

Ihr alle seid gut so wie ihr seid.
Vergesst das **nicht**!

Ich finde:
Alle Menschen sind gleich viel wert.
Alle Menschen sollen gute Unterstützung bekommen.
Auch Menschen, die kaum oder **nicht** arbeiten können.

Dieser Tag macht uns stark.
Für uns gilt noch immer:
Nicht ohne uns über uns.
Kein Mensch soll über unser Leben entscheiden dürfen.
Wir können es nur zusammen schaffen, dass sich etwas verändert.
Vergesst das **nicht**!

Erinnert euch, ihr seid gut so, wie ihr seid. Eigentlich geht keine Forderung von mir weit genug: Eigentlich fordere ich eine Welt, in der unsere Fähigkeiten nicht mehr an kapitalistischen Werten gemessen werden. In der wir alle ganz selbstverständlich sein können und mit der Unterstützung, die wir brauchen, leben können. Bis dahin erinnert euch in allen Momenten der Unsicherheit an diesen Tag heute. Es bleibt dabei: Nicht ohne uns über uns und ich nicht ohne euch. Danke euch allen!

Der Schrei

NeleDivergent (sie | ihr)
@neledivergent

Text von: 05.05.2024

CNs:
aktuelle Politik, Faschismus, National•sozialismus (Erwähnung), Sexismus, Rassismus

Der nächste Text kommt von Nele.
Wenn Ihr über Nele sprecht, könnt Ihr auch sagen: sie.
Nele ist autistisch und lebt mit ADHS.
Nele ist eine behinderte Frau.
Sie ist 33 Jahre alt.
Nele mag die Farbe Rot sehr gerne.
Sie hat rote Haare.
Sie macht viel im Internet.
Sie hat diese Rede schon auf mehreren Demonstrationen gehalten.
Auch am 5. Mai 2024 in Bonn.
Der 5. Mai ist der europäische Protest•tag zur Gleich•stellung von
Menschen mit Behinderungen.
Wir fassen Neles Text in Einfacher Sprache zusammen.

Nele sagt:
Behindert ist ein neutrales Wort.
Es ist **kein** Schimpf•wort.
Menschen haben ein falsches Bild von Behinderung.
Sie denken zum Beispiel:
Alle behinderten Menschen brauchen Hilfs•mittel.
Zum Beispiel einen Rollstuhl.
Das stimmt aber **nicht**.
Es liegt auch an Filmen und Büchern,
dass wir ein falsches Bild von Behinderung haben.

Nele sagt:
Wir müssen alle aufpassen, wie wir denken und handeln.
Wir alle diskriminieren andere Menschen.
Es ist egal, ob wir das wollen oder **nicht**.
Wichtig ist, was wir dann machen.
Wir sollten zum Beispiel uns entschuldigen.
Und daraus lernen.

Wir haben alle faschistische Denk•weisen verinnerlicht. 
Es ist zum Beispiel faschistisch, zu denken:
Dieses Leben ist weniger lebens•wert.
Wir sollten versuchen, **nicht** mehr faschistisch zu denken.
Das dauert lange.

Es gibt viele behinderte Menschen in Deutschland.
Viele Menschen kennen aber kaum behinderte Menschen.
Warum ist das so?
Behinderte Menschen gehen oft auf Förder•schulen,
arbeiten in Behinderten•werkstätten und
leben in Wohn•heimen.
Sie werden von **nicht**-behinderten Menschen fern gehalten.

Andere sollen uns zuhören.
Denn es gibt uns.

Nele sagt:
Alle zusammen gegen den Faschismus. 
Wir sollen zusammen was gegen Faschismus machen.
Wenn Menschen Faschismus gut finden, dann sind sie gegen die
Demokratie.
Sie finden es gut, wenn es wenige Menschen gibt, die alles bestimmen.
Sie wollen auch, dass es bestimmten Gruppen schlecht geht.
Manchmal wollen sie bestimmte Menschen töten.

Neles Text ist Kunst.
In dem Text sind manche Wörter **fett** markiert oder <u>unterstrichen</u>.
Das hat Nele so geschrieben.
Das, was *kursiv* ist, hat Nele **nicht** gesagt.
Das beschreibt, was Nele gemacht hat.
Oder wie sie etwas gesagt hat.

Nele tritt vor das Mikro und schreit mit voller Wucht jedoch tonlos, kurze Pause

Habe ich
stumm geschrien oder laut geschwiegen?

Bonn, könnt ihr mich hören?

Pause

Es gibt da so ein Märchen,
das von einer **„schweigenden Mehrheit"** erzählt.
Doch ist das wirklich die Realität?
Ich denke, es ist die Erzählung von denen,
die selbst **nicht** zuhören, **nicht** hinsehen
und alles, was sie dadurch **nicht** wahrnehmen,
als schweigende Zustimmung verstehen.

Nur,
wer **nicht**
bereit ist zuzuhören,
der wird die Stille um sich herum,
als Schweigen verstehen.
Verständnis kommt **nicht** von Meinung,
Verständnis entsteht,
wo wir **aktives Zuhören** leben.

Bonn, was denkt ihr?
Aktiv zuhören,
jetzt und hier?

Pause

Hi, ich bin übrigens Nele und…

Ich bin eine behinderte Frau.

Pause

Jetzt gibt es vermutlich gerade **manche,**
vor allem **nicht-behinderte** Menschen,
die bereits bei der Verwendung des Wortes „**behindert**",
irgendwie ein ungutes Gefühl verspüren.
Es ist **das Gefühl,**
wenn wir uns **selbst**
bei **verinnerlichten**, diskriminierenden **Denkmustern**
ertappt fühlen.

Oder **der Gedanke,**
„sie sieht ja gar nicht behindert aus".
Wenn wir **irgendwo** in den **Medien**
behinderte Menschen sehen,
dann sehen sie **nicht** aus wie ich.
Wir sehen sie eher **nicht**
als **inklusiven Bestandteil**
einer Serie, einer Doku oder eines Films,
in der die Behinderung
zwar **zur Person gehört**
aber **nicht die Storyline bestimmt.**

Auch **das** weckt ein **unangenehmes Gefühl,**
wenn sich plötzlich eine **tiefe** Überzeugung
über **uns** oder unsere Umwelt!
zum **Beispiel:**
„alle behinderten Menschen nutzen sichtbare Hilfsmittel",
mit der **schmerzhaften** Erkenntnis überschneidet,
dass diese absolute Überzeugung,
einfach **nicht stimmt.**

Eine Wahrheit
muss ich euch verraten:
Es geht **nicht** darum, **nie** zu diskriminieren,
Fehler **dürfen** passieren.
Und diese Erkenntnis ist
jetzt vielleicht hart
Wir haben **safe** alle schon mal
etwas **Diskriminierendes** gesagt.
Meistens unbeabsichtigt, **na klar.**
Doch auch dann reicht nicht zu sagen,
„das wollte ich nicht",
wenn der **Schaden**, die **Verletzung**
schon angerichtet ist.
Denn für **dein** Handeln bist <u>**du**</u> **verantwortlich**!

Pause

Und wenn dir **wirklich** wichtig ist,
nicht zu diskriminieren,
dann ist aktives **Zuhören** erforderlich.
Aktives Zuhören, jetzt und hier!

Pause

Diese doch unterbewusst tief verwurzelten Abwertungen
gegenüber Menschen,
die **anders** sind, **denken** oder **leben**,
stammen doch bereits aus einem
faschistischen System.
Dieses basierte auf
der **Abwertung** und **Unterdrückung**
von **Menschenleben.**
Frei nach Fantasie & ihrer **Nützlichkeit**
für das **System**.

Menschen mit irgendeiner **Abweichung**,
von einer als **ideal** bestimmten Norm,
waren **sehr gut** damit
beraten,
sich zu **verstellen**.

Wer das **nicht** konnte oder tat,
verlor daraufhin - vielleicht - **sein Leben**.

<u>Das</u> ist noch immer die Quelle von **dem**,
warum Menschen,
das neutrale **Wort „behindert"**
für sich als Schimpfwort **empfinden**.

Und auch die **Tatsache**,
dass obwohl in Deutschland etwa **10%**
behinderte Menschen leben,
uns **egal** wo wir sind,
in der Regel **nicht 10%** behinderte Menschen begegnen.
Denn die **systematische Ausgrenzung**
in irgendwelche Institutionen,
die sich dann Förderschulen, **Behindertenwerkstätten** oder Wohnheime
nennen,
findet **entgegen der Menschenrechte**
und der **UN-Behindertenkonvention** weiterhin statt.

Intensivierend in der Stimme

<u>**Viel zu lange**</u> **schon**
werden Menschen mit
Behinderungen <u>ausgegrenzt</u>,
<u>diskriminiert</u>
und <u>ausgeschlossen</u>!

**Da können wir
<u>noch so laut sein</u>
oder schreien,
Wer nicht dort ist,
um uns <u>zuzuhören</u>,
wer <u>nicht zuhören</u> will,
was wir <u>zu sagen</u> haben,
der wird unsere Lebensrealität
<u>nie verstehen!</u>**

Pause

Wisst ihr was aktiv Zuhören auch bedeutet?
Ganz **gezielt** nach denn Stimmen und Botschaften von **Minderheiten** zu
suchen!
Auch **in ihren** Räumen und Bubbles **stattfinden**
und sie **aktiv** in eure **einzubinden**.
Aktives Zuhören bedeutet.
"Nothing about us, without us" — **„<u>Nichts über uns, ohne uns!</u>"**

Pause

Auch wenn wir heute,
bewusst **total** davon überzeugt sind,
dass **alle** Menschen **gleichwertig** sind,
dass es **grundsätzlich** falsch ist,
den Wert eines Menschen
überhaupt
betiteln zu wollen.
Unterbewusst, haben wir diese
faschistisch geprägten **Wertesysteme**
noch - **verinnerlicht**.

Und leider ist **das kein** Erbe,
das man so einfach los wird.
Es muss **mühevoll** und schmerzhaft
aktiv entfernt werden.
auffordernd
Lasst uns <u>die</u> Generationen sein,
die **diesem**
Menschen verachtenden System
aktiv und <u>final</u> ein Ende setzen!

Pause

Wovor ich als behinderte Frau Angst hab?
Das zu beantworten war -
eigentlich mein Auftrag.
Und ich habe mich - **dagegen** entschieden,
meine Angst hier auszustellen.
Dafür widme ich mich der Frage,
warum rechte Parteien Ängste **schüren**
und warum das funktioniert?

spitzzüngig/ sarkastisch
So **schürt**
beispielsweise ein **Nazi**
im Thüringer Landtag die Angst,
dass behinderte Kinder,
nicht-behinderte Kinder beim Lernen stören
und **diese** dadurch weniger Wert
für den **Arbeitsmarkt** wären…
…Ich glaub
Bernd oder so… ;).

Andere machen **Geflohene**
verantwortlich für **lange Wartezeiten** in Arztpraxen
aber auch für
Wohnungsnot, Arbeitslosigkeit, Straftaten, Krankheiten
und **im Prinzip <u>alles</u>,**
das bei den **meisten** Menschen
existenzielle Ängste
oder das **Gefühl** von Bedrohung weckt.

Warum schüren sie Angst?
Angst ist zwar ein guter **Botschafter**
aber **kein** guter Berater.

Denn durch Angst,
sind wir **schlechter** in der Lage,
klar zu denken
und treffen Entscheidungen eher **intuitiv**,
mit dem **indoktrinierten**
Wertesystem des – Nationalsozialismus.
Atmen
Und wisst ihr,
was gegen **diese** Ängste wirkt?

Pause

<u>**Wir! Hier!**</u>
Es ist Hoffnung, Vertrauen und Sicherheit.

Und <u>jetzt</u> verrate ich euch mal was,
nämlich das, was uns zu Menschen
wirklich zu Menschen macht.
Das was uns Menschen **<u>alle eint</u>,**
ist unsere <u>Vielfalt</u>, unsere <u>Verschiedenheit</u>
in <u>allen</u> Facetten des seins!
Danke.

Applaus abwarten

Zu Beginn meiner Rede habe ich
stumm geschrien.
Können wir **gemeinsam** zeigen,
dass **viele leise** Stimmen,
die **eine** leise Stimme verstärken,
zusammen eine Laute sind?

flüstert Parole ins Mikrofon und wird lauter:

Alle zusammen gegen den Faschismus!

Alle zusammen gegen den Faschismus!

Alle zusammen gegen den Faschismus!

Abgang

Unser Leben und Behinderung

– Jetzt reden Wir!

„Barrieren in den Köpfen" waren noch nie der Grund, warum eine Rollstuhlfahrerin nicht in dein Gebäude kommt und der Taube dich nicht versteht. Barrieren sind real. Es geht nicht um „Mind Set".

~ Lena Hel Lautner
@one.hell.of.an.l
psychiatrieerfahren, *weiß*, queer und liebt es, Musik zu machen

Selbstständigkeit ist kein Selbstzweck

René Attila Adiyaman (er | ihm)

Text von: 2024

CNs:
Audismus, Covid-19 

René hat diese Rede bei der 2. Disability und Mad Pride Bonn gehalten.
Wenn Ihr über René sprecht, könnt Ihr auch sagen: er.
Wir sagen jetzt in Einfacher Sprache,
worüber er in dem Text spricht.

René Attila Adiyaman ist 28 Jahre alt.
Er kommt aus dem Ruhrgebiet.
Er spricht darüber, wo er **nicht** Teil•haben kann.
Weil er blind ist und schlecht hört.

Das Schul-System ist ungerecht.
Regel•schulen sind die Schulen,
auf die eigentlich **keine** behinderten Kinder gehen sollen.
Viele sagen auch:
Regel•schulen sind die richtigen Schulen.
Förder•schulen sind die Schulen, auf die nur behinderte Kinder gehen.
Auf Förder•schulen haben Kinder und Jugendliche **nicht** die gleichen
Chancen.
Sie machen zum Beispiel oft **keinen** Schul•abschluss.

In der Grund•schule war Renés Mutter immer dabei.
Sie hat dafür gesorgt,
dass er mit **nicht**-behinderten Kindern zur Schule gehen kann.
Seine Eltern haben oft dafür gekämpft, dass er dabei sein kann.
Und die Sachen mit den **nicht**-behinderten Kindern zusammen machen
kann.

René hat Jura studiert.
Er hat also viel über die Gesetze gelernt.
Es war sehr schwer, als blinder Mensch zu studieren.
René nennt mal ein Beispiel:
Er hatte Studien•assistenz.
Das waren Menschen, die ihm geholfen haben, zu studieren.
Sie haben ihm zum Beispiel Texte vorgelesen, die es nur auf Papier gab.

Die er also **nicht** sehen konnte.
Oft hat die Stelle, die die Studien•assistenz bezahlt, erst zu spät gesagt:
Wir bezahlen das.
Dann hatte er **keine** Studien•assistenz.

René spricht auch über Covid-19.
Wir sagen oft einfach: Corona.
Für ihn war das Virus besonders gefährlich.
Er gehört zur Risiko•gruppe.
Leute haben ihm gesagt:
Wenn du **nicht** dabei bist, weil das zu gefährlich für dich ist, dann ist das
dein Problem.
Es gibt jetzt Impfungen gegen Covid-19.
Die sollen verhindern, dass Menschen schwer krank werden,
wenn sie Covid-19 bekommen.
Die Impfungen haben René das Leben leichter gemacht.
Aber junge chronisch kranke Menschen wurden erst spät geimpft.
Sie wurden vergessen.

Andere Menschen sagen:
Du sollst so selbstständig sein, wie es geht.
Du sollst alles allein machen können.
Es ist schlecht, Hilfe zu brauchen.
Das sagen andere Menschen.
Aber das ist Quatsch.
Es ist okay, Hilfe zu brauchen.
Es ist ableistisch, zu sagen:
Du bist weniger wert, wenn Du Dinge **nicht** allein machen kannst.

Es ist gefährlich, dass er als blinder Mensch auch schlecht hört.
Er hört zum Beispiel einen Bus **nicht**.
Elektro•autos sind ein Problem.
Sie sind so leise.
Wenn René über die Straße geht, kann es schnell gefährlich werden.

Jetzt kommt die ursprüngliche Rede in Schwerer Sprache.
René hat die Rede mit Lena Cornelissen vorher vorbereitet.
Eigentlich hält er seine Reden spontan. Das ist für ihn zugänglicher.
Aber es war wichtig, die Rede vorher zu haben, damit sie übersetzt
werden konnte.

Ich bin René Attila Adiyaman, 28 Jahre alt.
Ich bin blind und schwer hörgeschädigt.

Schulen sind in unserem System ableistisch.
Das gilt einerseits für die Zergliederung in Regelschulen und so genannte
Förderschulen, als Abweichung vom so genannten Normalfall. Das gilt
aber auch für das so genannte Regelschulsystem mit seiner
Zergliederung zwischen Gymnasien, Gesamtschule, Realschule,
Hauptschule und Berufskolleg.

In meiner Zeit in der Schule, beginnend in der Grundschule, war meine
Mutter eine ganze Zeit, vor allem in den ersten beiden Jahren, als
Integrationshelferin dabei, um Lernmaterialien, die nicht barrierefrei
waren, entsprechend anzupassen. Meine Eltern haben sich immer mehr
für mich eingesetzt. Sei es im Bereich der Frage, welche Diagnose die
richtige ist. Sei es in der Frage, wo ich zur Grundschule gehen kann. Oder
wenn es darum ging, umzuziehen. Oder auch um auf einer Skifreizeit
entsprechend abgesichert Skifahren zu können.
Nach den ersten beiden Schuljahren war es aber so, dass ich
grundsätzlich von Integrationshelfer*innen begleitet wurde. Die hatten
die Aufgabe, Lernmaterialien für mich barrierefrei zur Verfügung zu
stellen.

Für die Finanzierung dieser Integrationshelfer*innen sind verschiedene
Kostenträger*innen zuständig. Diese haben Leistungen, die notwendig
waren, teilweise nicht, teilweise erst spät, teilweise unzureichend
bewilligt. Damit war immer umzugehen.

Auch wenn ich mein Jura-Studium erfolgreich abgeschlossen habe, gab es viele Barrieren. In einem System ohne Barrieren wäre es leichter, schneller und besser möglich gewesen, mich wohlzufühlen während des Studiums. Das ist mir an der Stelle sehr wichtig, zu sagen.

Jetzt geht bald für mich ein neues Kapitel los.

Ein neues Kapitel im Leben war aber auch die COVID-19-Pandemie. Viele haben das vielleicht schon wieder verdrängt, aber das war eine große Gefahr.
Wir hatten Lockdowns, wir mussten Abstand voneinander halten. Menschen nicht zu sehen, Menschen nicht zu hören, macht es schwierig, Abstand zu halten. Gleichzeitig gehöre ich zu einer Risikogruppe.
Als die Delta-Variante von COVID umging, war es leider so, dass viele Menschen nicht die erforderliche Vorsicht wahren wollten. Mindestens einmal ist mir gesagt worden: „Wenn du damit ein Problem hast, wenn das für dich zu riskant ist, dann ist das dein Problem." Ich finde so ein Verhalten nicht nur ableistisch, sondern auch verantwortungslos.

Die Impfungen haben dann später vieles einfacher gemacht, auch wenn auch da nicht alles gut und richtig gelaufen ist. Einige Risikogruppen wurden vergessen oder waren erst später dran, weil es Priorisierungen gab. So viel zum Thema einer unwahrscheinlichen oder nicht passierenden Triage. [Wenn mehr Menschen Hilfe brauchen, als es Hilfe gibt, wird eingeteilt, wer zuerst Hilfe bekommt.] Wenige Monate konnten in dieser Zeit über Leben und Tod entscheiden.

Kommen wir nun zu einem anderen, wenn auch manchmal weniger gefährlichem Risiko: Mobilität.
Mobilität ist super, wenn Mobilität funktioniert.
Wir freuen uns alle über die Deutsche Bahn/s. Bei der Deutschen Bahn ist es so, dass 24 Stunden vor der Fahrt eine Umstiegshilfe bei der so genannten Mobilitätsservicezentrale gebucht werden kann. Dafür müssen wir da oft anrufen. Zum einen können nicht alle telefonieren. Zum anderen sorgt die sehr erfreuliche Warteschleifenmusik, die über mehrere Minuten ertragen werden muss, dafür, dass mehrere Ressourcen dabei verschütt gehen. Diese Ressourcen können dann nicht mehr für andere Dinge genutzt werden. Das ist sehr schwierig. Auch

kommt es leider häufig dazu, dass Dinge falsch aufgefasst werden, Umsteigehilfe dann nicht da ist, nach Hilfe gefragt werden muss vor Ort, um den Bahnsteig zu finden, in den Zug zu kommen und so weiter.

Die App der Deutschen Bahn ist grundsätzlich mit einem Screenreader nutzbar. Ein Screenreader ist ein Programm, dass die Dinge, die auf dem Bildschirm stehen, für mich vorliest. Wesentliche Informationen – wann der Zug kommt, wann der Zug nicht kommt, wo der Zug stattdessen kommt – werden aber nur auf den Anzeigetafeln am Bahnsteig angeschlagen oder kurz durchgesagt. Für hörsehbehinderte und T*taubblinde Personen sind die Informationen so nicht zugänglich.

Es ist etwas anderes, als hörender Mensch nicht zu sehen oder als sehender Mensch nicht zu hören. Ein Bus, der nicht gesehen werden kann, kann gehört werden. Und umgekehrt. Auch wenn die Elektromobilität das heute deutlich erschwert, weil Geräusche zu leise sind.

Insgesamt kommen wir zu folgender Schlussfolgerung:
Dass Menschen etwas geschafft haben, heißt nicht, dass es ohne Barrieren von Statten gegangen ist.

Der Schachverein, für den ich spiele, findet Lösungen für Barrieren, dort wo sie entstehen. So macht er es ohne Probleme und ohne Weiteres möglich, dass ich als einziger blinder Spieler dabei sein kann. Auch das heißt aber nicht, dass Barrieren nicht da sind. Es wird Gründe haben, warum ich der einzige blinde Spieler dort bin. Selbst im Blinden- und Sehbehindertenschachbund gibt es nur wenige blinde Spieler*innen - die meisten Spieler*innen sind sehbehindert. Auch das muss irgendwo Gründe haben.

Ein Nachteilsausgleich gleicht einen Nachteil nicht immer aus. Und: Ein Nachteilsausgleich wird manchmal nicht mal so umgesetzt, wie er bewilligt worden ist. Auch wenn er bewilligt wurde.

Das große Thema Selbstständigkeit.
Häufig wird uns gesagt: „Wenn du dieses oder jenes nicht selbstständig machen kannst, dann kannst du es halt nicht machen."
Selbstständigkeit ist kein Wert an sich.

Menschen, die selbstständig etwas tun wollen, sollen dies tun. Das ist schön, das ist gut, und das ist völlig in Ordnung. Niemand sollte aber um den Preis der Selbstständigkeit etwas selbst machen müssen. Wir alle brauchen im Alltag an verschiedenen Stellen Hilfe. Manche mehr, manche weniger. Wir alle helfen uns gegenseitig an verschiedenen Stellen auf verschiedene Weisen.

Es ist ableistisch, abgewertet zu werden, weil man etwas nicht selbstständig macht. Viele versuchen, so selbstständig wie irgendwie möglich zu sein, egal zu welchem Preis, nur um nicht abgewertet zu werden.

Selbstständigkeit ist kein Selbstzweck, darf kein Selbstzweck sein.

Ich bin kein Alien

Ohrenkuss

(Andrea Wicke, Angela Fritzen, Anna-Lisa Plettenberg, Daniel Rauers, Julian Göpel, Marley Thelen, Martin Weser, Nora Fiedler, Natalie Dedreux, Paul Spitzeck, Robert Petkewitz, Svenja Giesler, Teresa Knopp, Verena Elisabeth Turin)

Text von: 2024

 CNs:
 ableistische und rassistische Bezeichnungen für Menschen mit Down-Syndrom

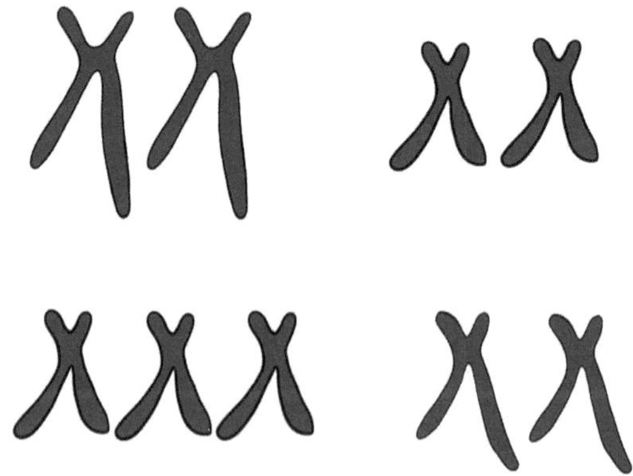

Ohrenkuss ist ein Magazin, das Texte von Menschen mit Down-Syndrom herausbringt.
Ohrenkuss-Autorin Teresa Knopp sagt über den Ohrenkuss:

> Teresa Knopp:
> Ohrenkuss ist ein
> saucooles Magazin.

Ohrenkuss-Gründungsmitglied Angela Fritzen ergänzt:

> Angela Fritzen:
> Ohrenkuss ist eine Zeitschrift, die
> zweimal im Jahr herauskommt.
> Zu verschiedenen Themen.

Sie erscheint seit 26 Jahren, zum ersten Mal im Jahr 1998. Damals wurde an den Universitäten noch gelehrt: Menschen mit Down-Syndrom können **nicht** lesen und schreiben lernen.
Jetzt, 26 Jahre später, denken das nur noch wenige Menschen. Auch weil es den Ohrenkuss gibt.

Viele Menschen lesen den Ohrenkuss. Aus vielen verschiedenen Gründen. Weil die Autor*innen tolle Texte schreiben. Weil Fotos toller Fotograf*innen in den Heften sind. Weil Menschen mit Down-Syndrom einen besonderen Umgang mit Sprache haben. Aber es gibt noch einen anderen Grund.
Heute wissen viele Familien schon während einer Schwangerschaft: Hat das Ungeborene das Down-Syndrom oder **nicht**? Mit einem Bluttest kann man es schon lange vor der Geburt herausfinden. Das heißt: Viele Eltern erfahren es während der Schwangerschaft, und dann müssen sie sich

entscheiden: Wird das Ungeborene zur Welt kommen oder **nicht**?
Manche Familien bestellen dann eine Ausgabe des Ohrenkuss. So wollen
sie herausfinden: Wie denken Menschen mit Down-Syndrom über die
Welt? Und wie könnte ein Leben mit einem Familienmitglied mit Down-
Syndrom aussehen?

Verena Elisabeth Turin ist Fernkorrespondentin des Ohrenkuss. Sie lebt in
Italien und sendet ihre Texte per E-Mail oder mit der Post nach Bonn. Sie
schreibt:

Svenja Giesler schreibt:

Viele Ohrenkuss-Autor*innen mögen den Text ihrer Kollegin sehr und
lesen ihn gerne bei Lesungen. Sie wollen zeigen: Sie leben gerne. Natalie
Dedreux hat ein ganzes Buch darüber geschrieben. Der Titel ihres Buches
ist ‚Mein Leben ist doch cool'.

Darum sind die meisten Texte der Ohrenkuss-Autor*innen positiv.
Manche von ihnen sind lustig. Manche nachdenklich. Aber manchmal
entstehen auch traurige Texte. Oder wütende. Denn auch 2025 erleben
viele Mitglieder des Ohrenkuss-Teams Ableismus. Viele Menschen ohne
Behinderung kennen dieses Wort **nicht**. Es bezeichnet die
Diskriminierung von Menschen mit Behinderung, im Alltag, im Internet
und strukturell. Denn viele Menschen wissen nur wenig über Menschen

mit Down-Syndrom. Das führt dazu, dass ihnen wenig zugetraut wird. Dass sie mit Vorurteilen leben müssen. Und dass ihre Forderungen oft **nicht** gehört werden.

Natalie Dedreux schreibt dazu:

Ihrer Kollegin Teresa Knopp ist es darum wichtig, für ein Magazin zu schreiben und ihre Meinung zu wichtigen Themen mit den Leser*innen zu teilen. Sie diktiert:

Robert Petkewitz ist genervt davon, dass viele Menschen den
Unterschied zwischen einer Krankheit und einer Behinderung **nicht**
kennen. Er schreibt:

Dazu, ob das Down-Syndrom eine Behinderung ist oder **nicht**, dazu gibt
es innerhalb des Teams verschiedene Meinungen. Paul Spitzeck sagt über
sich selbst:

Was ist das Besondere an Menschen mit Down-Syndrom? Martin Weser
findet:

Marley Thelen nervt es am meisten, ‚Downie' genannt zu werden. Sie schreibt:

Daniel Rauers findet:

Seine Kollegin Nora Fiedler sagt:

Julian Göpel hat einen besseren Vorschlag:

Natalie Dedreux sieht das genauso. Sie sagt:

Andrea Wicke stört eigentlich nur eine Sache am Down-Syndrom:

Anna-Lisa Plettenberg hat einen Wunsch, was die Welt über Menschen mit Down-Syndrom wissen sollen:

Denn dass sie Tandem-Führungen in einem Museum anbietet und Klavier spielt, trauen ihr die meisten Menschen auf den ersten Blick **nicht** zu.

Teresa Knopp ergänzt:

> Teresa Knopp:
> Für die Leute, die das wissen wollen, möchte ich
> gerne sagen, dass unser Leben richtig super cool ist.
> Und dass wir einfach akzeptiert werden und
> angenommen werden wollen.
> Und das möchte ich gerne, dass das in dem Buch
> auch drin steht.
> Ich bin mega traurig, dass manche Menschen uns
> nicht so wahrnehmen, uns ignorieren und uns
> diskriminieren. Und deswegen bin ich eigentlich
> beim Ohrenkuss und auch ein Touchdown 21.
> Und das ist das, was ich der Welt in dem Buch gerne
> mitteilen möchte.

Natalie Dedreux setzt sich als Aktivistin für die Rechte von Menschen mit
Down-Syndrom ein. Sie findet, es muss sich noch vieles verändern. Sie
diktiert:

> Natalie Dedreux:
> Ja, meiner Meinung nach muss sich sehr viel was
> verändern.
> In jedem Fall.
> Ja, wie zum Beispiel, als Aktivistin kann ich sagen, es
> muss viel Inklusion gemacht werden und so was.
> Dass dann auch nicht über uns geredet wird.
> Sondern mit uns.
> Genau.

Auch Teresa Knopp hat Forderungen:

Teresa Knopp:
Auf jeden Fall muss sich auch sehr vieles verändern.
Vor allem die schulische Bildung, die ist total schlecht aufgestellt, was das angeht.
Inklusive Schulen fände ich schöner, und nicht mehr so die alten Systeme.
Die Menschen ohne Beeinträchtigung, die können studieren und auch einen Beruf erlernen, von dem sie leben können und sich weiterbilden können.
Aber ich wünsche mir, dass das auch für Menschen mit Beeinträchtigungen auch möglich ist.
Da muss sich einiges verändern, inklusive Kitas, inklusive Schulen, inklusive Betriebe, das würde ich mir vorstellen.
Auch einen inklusiven Arbeitsmarkt.
Und dass wir eigentlich auch mitreden können in der Politik.

Anna-Lisa Plettenbergs letzter Wunsch für diesen Text ist:

Anna-Lisa Plettenberg:
Dass es kein Weltkrieg mehr gibt, wünsch ich mir.

Was genau ist eigentlich das Down-Syndrom?

Manche Menschen werden mit dem Down-Syndrom geboren.
Sie haben das Chromosom 21 drei•mal.
Ein anderer Name für das Down-Syndrom ist deshalb: Trisomie 21.
Die meisten Menschen haben jedes Chromosom zwei•mal.

Auf einem Chromosom sind wichtige Informationen.
Sie beeinflussen, wie unser Körper funktioniert.
Und wie wir denken und lernen.

Menschen mit Down-Syndrom haben also 47 Chromosomen.
Menschen ohne Down-Syndrom haben 46 Chromosomen.

Wer das Down-Syndrom hat, sieht meist anders aus als andere Menschen.
Zum Beispiel:
Viele Menschen mit Down-Syndrom sind kleiner als Menschen ohne
Down-Syndrom.
Und viele von ihnen haben schräg stehende Augen.

Und weil man sich komplizierte Dinge manchmal besser vorstellen kann,
wenn man Bilder dazu sieht, gibt es einen Film zu diesem Thema. Er
heißt: „Wie entsteht eine Trisomie 21?" Ihr findet ihn unter
www.touchdown21.info/filme

Behindert Eltern sein

Karina (sie | ihr)
@cat_kar_2.0

Text von: 2024

Karina hat diese Rede bei der 2. Disability und Mad Pride Bonn gehalten.

Karina ist mehrfach behindert, lebt unter anderem mit sichtbarer Behinderung. Sie ist Mutter eines behinderten Kindes, getrennt erziehend, armutsbetroffen, *weiß*, ohne Unterstützungsnetzwerk.

Einfache Sprache

Wenn Ihr über Karina redet, könnt Ihr auch das sagen: sie.

Ich bin behindert.
Ich bin neuro•divergent.
Ich bin ein Eltern•teil.
Mein Kind ist auch behindert.
Mein Kind ist autistisch.
Deshalb konnte ich die Rede bei der Demonstration **nicht** selbst halten.
Meine Rede ist nur fertig geworden, weil Freund*innen mir geholfen haben.

Wir leben in einem kapitalistischen System.
In diesem System ist Geld sehr wichtig.
Arbeiten ist sehr wichtig.
Alle Menschen sollen gleich funktionieren.

Es ist sehr schwer für uns, Hilfe zu bekommen.
Es ist anstrengend.
Es dauert lange.
Es kostet Geld.
Eigentlich habe ich **keine** Kraft dafür.
Und auch **keine** Zeit und **kein** Geld.

Ich versuche trotzdem zu überleben.
Und das schon sehr lange.
Ich leiste Pflege•arbeit.

Ich frage mich:

- Habe ich Energie und Kraft?
- Wofür habe ich Kraft?
- Was muss ich dringend machen?
- Habe ich Geld?
- Was muss ich am dringendsten bezahlen?

Ich denke dabei auch an mein Kind.

Ich organisiere unser Leben.
Andere Menschen machen diese Aufgaben als ihre Arbeit.
Sie bekommen viel Geld dafür.
Viele Menschen, die andere pflegen, bekommen **kein** Geld dafür.
Ich auch **nicht**.
Es gibt zu wenig Menschen, die andere Menschen pflegen.

Viele Menschen sagen: Behinderte Menschen sind **keine** guten Eltern.
Ich sage:
Wir haben ein Recht auf Unterstützung.
Es ist aber sehr schwer, Unterstützung zu bekommen.

Die Leute sagen oft:
Du bist ein schlechtes Eltern•teil, weil du behindert bist.
Oder weil du neuro•divergent bist.
Deshalb sage ich **nicht**, dass ich behindert und neuro•divergent bin.
Seit mein Kind da ist, habe ich Angst.
Ich muss oft erklären, warum ich Dinge anders mache.
Ich habe Angst, dass andere sagen:
Du darfst dich **nicht** mehr um dein Kind kümmern.
Dein Kind soll bei anderen Menschen oder in einer Einrichtung leben.
Ich habe auch Angst, dass ich schlechte Unterstützung annehmen muss.

Ich vertraue dem medizinischen System wenig.
Zum Glück habe ich noch **keine** richtig schlimmen Erfahrungen gemacht.
Ich habe aber auch wenig gute Erfahrungen gemacht.

Ich möchte meinem Kind beibringen:

- Du bist richtig und toll.

- Es ist egal, was du kannst.

- Es ist egal, was du **nicht** kannst.

- Du musst **nicht** tun, was die Gesellschaft sagt. Was andere
  Menschen sagen.

Aber ich weiß: Dann wird es mein Kind schwerer haben.
Die Gesellschaft ist ableistisch.

Andere sagen: Du musst das können!
Menschen werden zu meinem Kind sagen:

- Du musst das können!

- Du musst zur Schule gehen.

- Du musst gut in der Schule sein.

Egal, was wir machen, es ist anstrengend.
Es ist anstrengend, **nicht** das zu machen, was andere Menschen wollen.
Es ist anstrengend, das zu machen, was andere Menschen wollen.
Es kostet viel Kraft und Energie.
Es kann auch viel Geld kosten.

Viele Menschen können aber gar **nicht** das machen, was andere
Menschen wollen.
Ich kann das auch **nicht** immer.
Es tut mir auch **nicht** gut.
Aber andere Menschen sagen: Du musst das können.
Ich fühle mich hilf•los.
Ich muss an mich und mein Kind denken.
An meine Kraft und die Kraft von meinem Kind.
Ich muss an meine Bedürfnisse denken und an die Bedürfnisse von
meinem Kind.

Ich muss mich entscheiden zwischen:

- Das finde ich richtig. Das möchte ich.

- Das finden andere richtig. Das möchten andere.

Ich überlege:

- Welches Bedürfnis ist gerade am wichtigsten?

- Was passiert, wenn ich eine bestimmte Sache mache?

- Wie geht es uns damit in der Zukunft?

Ich kann **nicht** die Mutter sein, die mein Kind braucht.
Ich kann **nicht** die Mutter sein, die mein Kind verdient.
Das liegt **nicht** an mir.
Das liegt an dem ableistischen System.
Ableistisches System heißt:
Ganz viel in Deutschland ist ableistisch.
Wir lernen alle, ableistisch zu denken.
Gesetze sind oft ableistisch.

Dieses System wird es **nicht** für immer geben.
Das System wird scheitern.
Manchmal möchte ich dabei helfen, dass es scheitert.
Nur dann können wir das Leben führen, das wir verdienen.
Das wir verdienen, einfach weil es uns gibt.

Liebe Disability Pride,

Ich bin behindertes Elternteil eines behinderten Kindes und deshalb vermutlich heute nicht hier. Und ohne meine Freund*innen wäre auch diese Rede nie fertig geworden. Ich bin sehr dankbar, dass ich euch jetzt erzählen kann, wie wir in einem kapitalistischen System leben, das uns nicht unterstützt, sondern diskriminiert.
Jeden Tag werden wir erinnert, dass diese Gesellschaft uns nicht nur nicht mitdenkt, sondern ausgrenzt.

Es ist jedes Mal ein Kampf, die Unterstützung zu bekommen, die wir brauchen. Ob es sich um die Schulbegleitung oder den Antrag auf Pflegegeld handelt, es ist immer anstrengend, es kostet immer Ressourcen, die ich eigentlich nicht habe. Ja, es gibt einen Pflegenotstand in Deutschland, Care-Arbeit wird zu schlecht bezahlt, wir müssen endlich anfangen, Care-Arbeit anders zu denken, anders zu organisieren.

Der Notstand ist überall, nicht nur in den Krankenhäusern, er ist auch bei uns Zuhause. Ich versuche mit viel zu knappen Ressourcen und Kräften zu überleben – und das schon so lange.

Manchmal denke ich, eigentlich leiste ich gar keine Care-Arbeit, sondern vor allem Ressourcenmanagement. Ich muss ständig die Ressourcen meines Kindes und meine Ressourcen zusammendenken. Im Grunde bin ich eine Projektmanagerin, nur ohne das zugehörige Spitzengehalt, denn Care-Arbeit bleibt meistens unbezahlt. Und unser Leben und Überleben hängt davon ab, ob das Projekt erfolgreich läuft.
Und hinter jedem Antrag auf Unterstützung steht auch ein innerer Kampf. Denn das System hat uns beigebracht, dass „behinderte Menschen" keine guten Eltern sind. Deshalb habe ich lange gezögert, die Unterstützung, auf die ich ein Recht habe, zu beantragen. „Was ist, wenn mir abgesprochen wird, dass ich ein gutes Elternteil bin?", denke ich und erwähne im Elterngespräch meine Neurodivergenz nicht. Seit ich Elternteil bin, ist da immer diese diffuse Angst, dass mir mein Kind weg genommen wird oder ich Unterstützung annehmen muss, die mehr schadet als nützt.

Immer wieder muss ich erklären, warum ich Dinge anders mache, und hoffen, dass das keine negativen Konsequenzen für uns hat. Mein Vertrauen ins medizinische und Hilfesystem ist gering, auch wenn wir bisher zum Glück keine richtig schlimmen Erfahrungen gemacht haben. Aber eben auch wenig richtig gute.

 Eigentlich will ich meinem Kind beibringen, dass sein Wert nicht an Fähigkeiten und Leistung geknüpft ist, dass es sich nicht an ableistische Normen anpassen muss. Gleichzeitig weiß ich, dass seine Zukunftsaussichten immer wieder abhängig sind von diesen Normen. Diese Normen, die jeden Tag so viele Ressourcen und Selbstwert verbrauchen.
Für ein Kind ist schwer zu verstehen, warum es diese Widersprüche gibt, wenn im Schulsystem und auch zum Beispiel von Therapeut*innen immer wieder darauf beharrt wird, dass Schule einen so großen und wichtigen Stellenwert haben soll. Diese Hilflosigkeit ist manchmal schwer auszuhalten.

Ich jongliere ständig mit meinen Ressourcen, meinen Bedürfnissen, mit den Ressourcen meines Kindes und seinen Bedürfnissen. [Jonglieren heißt hier: Schauen, dass alles irgendwie funktioniert. Das ist sehr schwer.] Ich wäge ab zwischen meinen Idealen und den Anforderungen von außen.

 Ich denke darüber nach, welches Bedürfnis gerade das Dringendste ist und was das in naher und ferner Zukunft bedeuten kann. Ich kann meinem Kind nicht die Mutter sein, die es braucht und die es verdient. Aber nicht ich bin es, die scheitert. Es ist dieses ableistische System, das zum Scheitern verurteilt ist.
Und in den wenigen stillen Momenten wünsche ich mir, beim Scheitern zu helfen. Denn nur dann können wir das Leben führen, das wir verdienen. Verdienen einfach, weil wir existieren.

Et es wie et es.
Mit Behinderung das Familienleben navigieren

Irene Blaeser (sie | ihr)

Text von: 2024

CNs:
Psychiatrie und Psychiatrie•erfahrungen, Suizidalität

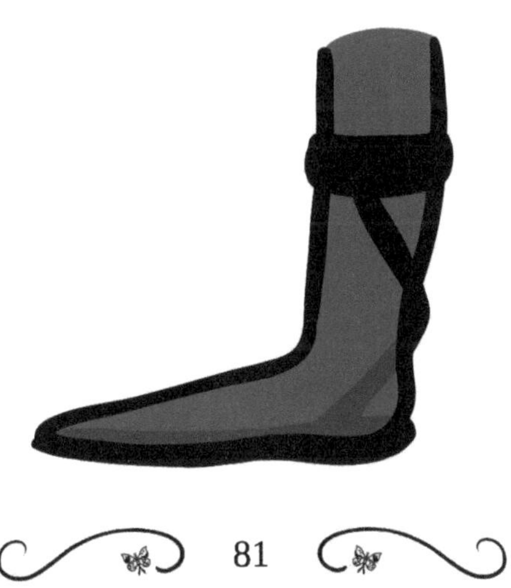

Wenn Ihr über Irene sprecht, könnt Ihr auch sagen: sie.
Irene Blaeser ist die Mutter von Koi Katha.
Koi Katha hat mit Irene gesprochen.
Irene ist 52 Jahre alt.
Sie ist behindert und psychisch krank.

Irene hatte schon früh einen Schlag•anfall.
Seitdem kann sie nur mit einer Schiene laufen.
Und kann die linke Hand **nicht** mehr gut nutzen.
Sie hatte da schon 3 Kinder.
Ihr Sohn ist seit der Geburt behindert.

Nach dem Schlag•anfall war vieles schwer.
Irene hat sich **nicht** getraut, mit ihren Kindern in die Stadt zu gehen.
Weil sie ihnen **nicht** hinterher rennen kann.

Irene hat Depressionen.
Depression heißt:
Menschen haben nur sehr wenig Energie.
Sie können viele Dinge **nicht** machen.
Sie sind sehr traurig.
Oder sie fühlen gar **nicht**s.
Sie denken:
Nichts hat mehr Sinn.

Irene war für 3 Monate in einer Psychiatrie.
Für sie war das eine gute Zeit.
Sie hat in einem Haus mit anderen Menschen zusammen gewohnt,
die auch alle psychisch krank waren.
Sie hat in der Klinik gemerkt:
Ich muss auch **nein** sagen können.

Irene hat viele körperliche Krankheiten.
Zum Beispiel Migräne oder Restless Legs Syndrom.
Migräne sind sehr starke Kopf•schmerzen.

Manchmal sehen Menschen auch schlechter, wenn sie Migräne haben.
Oder sie müssen sich übergeben.
Restless Legs heißt: unruhige Beine.
Was bedeutet das für Menschen mit Restless Legs Syndrom?
Es kann heißen:
Die Beine bewegen sich sehr viel.
Es kann auch heißen:
Die Beine kribbeln und zucken viel.
Wenn sich die Beine **nicht** bewegen, fühlt sich das schlecht an.
Das ist sehr anstrengend.
Sie hatte Arthrose schon als junger Mensch.
Arthrose heißt:
Die Gelenke nutzen sich ab.
Gelenke sind die Stellen, an denen sich Knochen bewegen.
Zum Beispiel das Knie.
Menschen mit Arthrose haben oft viele Schmerzen.
Und sie können oft Gelenke **nicht** so gut bewegen.

Der Titel von diesem Text ist: Et es wie et es.
Das ist Kölsch.
Kölsch ist ein Dialekt.
Das sprechen einige Leute in Köln und der Umgebung.
Der Titel heißt: Es ist, wie es ist.
Irene möchte damit sagen:
Das ist mein Leben.
Daran kann ich **nichts** ändern.
Ich mache das Beste daraus.

Wie war es als junger Mensch schon einen Schlaganfall zu haben?

Ich habe den bekommen mit Anfang 30. Einen Schlaganfall zu kriegen, ist immer doof, egal wie alt oder jung man ist. Das Blöde war nur, dass die drei Kinder noch sehr klein waren. Auf der anderen Seite war das aber gut, weil es weitergehen musste.

Ich war früher Krankenschwester, war dann erst einmal berufsunfähig und habe dann einen neuen Beruf lernen müssen. Und für euch Kinder bin ich längere Zeit ausgefallen. Das war eigentlich das Schlimmste. Und eigentlich hätte ich gerne noch ein Kind bekommen, aber das ging dann nicht mehr.

Ich war nur ein paar Tage von zu Hause weg, weil es auch zu spät erkannt wurde, dass es ein Schlaganfall war. Dadurch sind aber auch die Sachen geblieben, die noch da sind. Ist aber einfach so.
Es war halt nicht der typische Schlaganfall. Es war eine Linksseitenlähmung, und da hätten auch ganz andere Dinge dahinterstecken können.

Wie haben die Leute um dich herum reagiert?

Anfangs habe ich noch keine Schiene getragen. Da bin ich dann durch die Stadt gekrochen, also so schwankend in einem komischen Gang gelaufen. Ich glaube, da haben viele Leute komisch geguckt. Die haben wahrscheinlich gedacht, oh mein Gott, hat die getrunken oder was.

Vielleicht haben Leute noch komischere Dinge gedacht, wenn du mit uns unterwegs warst.

Alleine war ich mit euch am Anfang nicht unterwegs, weil ich nicht hinter euch hätte her rennen können oder sowas.
Als ich die Schiene bekommen habe, da war es schon wesentlich besser. Keine Person hat offen was gesagt, als ich mich mit dann irgendwann getraut habe, mit euch durchs Dorf zu spazieren. Vielleicht haben andere es mir noch nicht zugetraut.

Panik hatte ich, sobald ihr in die Nähe von Wasser kamt. Weil ich nicht mehr wirklich schwimmen konnte und Papa einfach nicht gut schwimmen kann. Ich habe auch dann öfter geträumt, ihr wärt alle ertrunken. Und ich hätte euch nicht rausholen können.

Mein Bruder, also dein Sohn, ist ja von Geburt an behindert. Dann kam der Schlaganfall dazu. Wie war das?

Erstmal hab ich mir nicht lange darüber Gedanken gemacht, warum jetzt mein Kind eine Behinderung hat. Ich war eigentlich nur froh, als ich wusste, was ist. Weil man dann was tun kann.
Insgesamt wäre ein fittes Kind, das dann mit anderthalb rennt wie blöd, schlimmer gewesen. Aber er konnte ja auch mit drei noch nicht laufen und kaum krabbeln.
Irgendwann konnte ich auch wieder länger Auto fahren, und so mit ihm zu den Therapien, bis er in den Kindergarten kam und da Therapie bekam.

Hast du da irgendwie vom Umfeld irgendwas an negativen Reaktionen oder so mitbekommen?

Höchstens durch die Blume/rw. [Das heißt: Etwas nicht direkt oder nur durch Vergleiche ansprechen.]
Eine Situation fand ich eher lustig. Ich hab euch vom Kindergarten abgeholt. Und dann kam die Leiterin vom Kindergarten zu mir und meinte, hör mal, deine Töchter haben gesagt, Andreas ist behindert. Wie können die das sagen?
Dann habe ich die angeguckt und gesagt, weil es auch so ist. Und das fand die ganz komisch. Aber ich finde, behindert ist kein Schimpfwort. Das ist einfach nur eine Tatsache. Für euch war das auch völlig normal.

Du warst ja eine Zeit lang in der Psychiatrie. Wie war das für dich, dass du dahin musstest und dann länger nicht bei uns warst?

Ich hatte eine schwere Depression mit körperlichen Beschwerden.
Aber das passiert nicht über Nacht/rw. [Das heißt: Nicht in so kurzer Zeit.]
Ich habe damals RLS [Restless Legs Syndrom] entwickelt. Das war aber nicht diagnostiziert. Das war so extrem, dass ich überhaupt nicht mehr zur Ruhe kam. Da habe ich wirklich irgendwann gedacht, entweder dir

hilft jetzt eine*r oder du bringst dich um. Ich konnte auch kaum mehr schlafen.

Ich habe dann Gott sei Dank irgendwann diesen einen Neurologen gefunden. Der hat dann erstmal Medikamente verordnet, damit da so ein bisschen Ruhe reinkommt. Ich dachte, wunderbar, alles wieder gut.

Und dann hab ich noch eine Lähmung im rechten Fuß bekommen. Ich bin zum Neurologen, der meinte, jetzt ist der Punkt erreicht. Entweder Sie suchen sich jetzt eine Klinik, oder ich weise Sie an. Er meinte, dass das Ganze wahrscheinlich psychosomatisch sei. Das stimmte wohl auch. Nach der Therapie konnte ich wieder laufen.

Ich dachte in der Klinik erst, so schlecht geht es mir nicht, in zwei Wochen bin ich wieder Zuhause. So war es dann aber nicht.

Um wieder etwas aufzubauen, musste ich erst mal zusammenbrechen. Das ist so nach 4 Wochen passiert. Danach hab ich mir gedacht, bitte schickt mich nicht nach Hause. Ich könnte jetzt gar nichts. Ich würde mein Leben überhaupt nicht auf die Reihe kriegen, weder mit noch ohne Kinder.

Und dann bin ich halt drei Monate da geblieben. Und im Anschluss habe ich noch ambulante Therapie gemacht. Ein gutes Jahr.

Wie war das, dann für so „lange" Zeit in der Klinik zu sein?

Die ersten 14 Tage waren furchtbar, weil da durfte ich keinen Besuch haben und ich durfte auch nicht nach Hause. Danach war es aber gar nicht schlimm.

Aber ich weiß noch, Oma meinte irgendwann, dass du gesagt hast, wenn ich Mama brauche, ist sie nie da. Und das fand ich furchtbar. Nicht, dass du das gesagt hast, aber dass das dein Eindruck war und deine Realität war.

Was waren deine Erfahrungen in der Klinik?

Ich war in einem fast normalen Wohnhaus, mit Therapieräumen im Erdgeschoss und Keller und den Zweibettzimmern oben.

Wir hatten mit dem Krankenhaus nichts zu tun. Das Haus war nicht abgeschlossen. Wir konnten raus, jederzeit.

Das war wie eine große WG [Wohngemeinschaft], in der halt alle
psychisch erkrankt waren.
Also eigentlich psychosomatisch. Menschen mit Essstörungen, Spielsucht,
Alkoholmissbrauch oder eben Depressionen, alles mit körperlichen
Auswirkungen.
Wir wurden natürlich begleitet von Krankenschwestern, von Ärzt*innen,
Therapeut*innen. Die waren super. Aber sonst war es wie in einer
normalen WG, mit Tisch decken, einkaufen, Essen kochen und so weiter.
Das war schon herausfordernd für jemanden, der psychisch sehr
angeschlagen ist. Ein Probelauf.
Es sind immer Leute gekommen und gegangen. Da wurde dann eben
auch überlegt, machen wir ein Abschiedsgeschenk. Solche Sachen.
Alle sagen immer, nee, wir wollen uns nicht wiedersehen.
Natürlich will man da nie wieder hin. Ich meinte aber zum Abschied: Wenn
es wieder so schlecht läuft, dann komme ich auch wieder.

An einem Abend zuvor habe ich mich mit meinem Bruder in einem Café
getroffen. Wir haben die Zeit vergessen/rw, dabei musste ich doch um 22
Uhr wieder zurück sein. Mir hat dann auch so gegen 22:15 noch wer
aufgemacht, ich meinte, es tut mir so leid.
Die Nachtwache meinte dann: Jetzt will ich Ihnen eins sagen. Ich bin froh,
dass Sie mal zu spät gekommen sind. Und dass es eben mal nicht so nach
Takt gegangen ist.
Dann habe ich gedacht, du hältst dich immer an alles, was vorgegeben ist.
Wenn die sagen, geh rechts, dann gehst du rechts. Wenn die sagen, geh
links, dann gehst du links.

Nach der Klinik mussten sich alle dran gewöhnen, dass ich auch mal nein
sage.
Das musste ich üben, das ist mir in der Klinik klar geworden.

Kommt mir irgendwie bekannt vor.

Ja, es klappt mal besser und mal schlechter.
Das ist wie alles im Leben.

Aktuell macht mir mein Knie Probleme. Verschleiß, Alter, Arthrose.
Das ist ja mit Anfang 50 noch nicht unbedingt üblich. Da ich schon mit

18/19 massive körperliche Probleme hatte, sehe ich es mittlerweile sportlich.
Wat nich tötet, härtet ab [Kölsch: Was nicht tötet, härtet ab.]. Weil ansonsten müsste man sich hinsetzen und würde im Tal der Tränen landen/rw. [Das heißt: Die Person würde viel weinen.] Ist auch keine Option. Macht es nicht besser.

Ich schimpfe immer auf Eure schlechten Gene. Von deinen Eltern und von dir und Papa. Dann kriegst du von zwei Seiten RLS und Schilddrüse. Jackpot/s..

Ja, aber der Witz ist ja, dass meine Eltern lange nix hatten. Ich hatte alles schon viel früher. Ich hatte schon mit 9 Jahren Migräne, bei dir war es ja sogar noch etwas früher.

Komplett ins Klo gegriffen/rw.

Ja, ich habe schon immer gesagt, musste alles bei mir landen, damit meine Brüder nichts kriegen.

Rückblick auf mehr als 80 Jahre Leben

Rudi (er | ihm) und Inge (sie | ihr) Kruschke

Text von: 2024

CNs:
Ärzt*innen nehmen Inge nicht ernst, Covid-19, Schikane durch Mitschüler*innen (sie machen sich lustig über Rudi und ärgern ihn sehr), Tod (keine Details), Trauma durch Krieg und Vertreibung

Den nächsten Text hat Lena Cornelissen geschrieben.
In dem Text geht es um Rudi und Inge Kruschke.
Lena wohnt seit Langem neben den beiden.
Rudi und Inge sind mehr als 80 Jahre alt.
Sie haben viele Erfahrungen mit Krankheiten und Behinderungen.
Darum geht es in dem Text.

Andere Menschen sagen zu Rudolf auch: Rudi.
Er war Friseur.
Er hat mehrere Herz•infarkte und Schlag•anfälle überlebt.
Danach konnte er **nicht** mehr arbeiten.
Er kann nur noch schlecht laufen.
Rudi mag seinen elektrischen Rollstuhl.
Ein elektrischer Rollstuhl ist für Menschen, die **nicht** oder **nicht** gut
laufen können.
Dafür brauchen Menschen **nicht** viel Kraft in den Armen.
Sie können den elektrischen Rollstuhl mit einem Hebel steuern.
Den Hebel können sie mit der Hand bewegen.
Inge hat chronische Erkrankungen.
Inge pflegt Rudi seit 6 Jahren.
Jetzt braucht sie auch Unterstützung.
Manchmal hilft ihnen eine Pflegekraft.

Inge hat eine Schwester.
Die sieht **nicht** mehr gut.
Deshalb liest Inge oft Sachen vor.
Inge hört **nicht** mehr gut.
Sie versteht die Antworten ihrer Schwester **nicht** immer.
Sie sind froh, dass es Hilfs•mittel gibt.

Sie hatte einen Hör•sturz.
Hörsturz heißt: Die Person hört **nicht** mehr richtig.
Manche hören Geräusche, die **nicht** da sind.
Inge sagt: Ich hatte einen Hör•sturz, weil ich Covid-19 hatte.

Ärzt*innen haben gesagt: **Nein**, das kann **nicht** sein.
Sie haben Inge **nicht** geglaubt.

Auch bei anderen Sachen haben Ärzt*innen Inge **nicht** geglaubt.
Das war gefährlich.
Sie musste Zuhause den Rettungs•dienst rufen.

Im Krankenhaus hat Inge Ageismus erlebt. 
Junge Menschen haben schlecht über Inge geredet, weil sie alt ist.
Und sie wollten Inge bei allem helfen.
Sie dachten: Inge kann das alles **nicht** mehr alleine.
Aber: Zu viel Hilfe ist anstrengend.

Rudi, Inge und Lena sprechen über Einsamkeit.
Viele alte Menschen sind einsam.

Rudi hat Bücher geschrieben.
Darin schreibt er über sein Leben.
Lena durfte die Bücher lesen.

Rudi war als kleines Kind lange im Krankenhaus.
Er hatte Verbrühungen.
Die waren von der Brust bis zu den Zehen.
Verbrühungen passieren zum Beispiel durch heißes Wasser.
Das macht die Haut kaputt.
Das tut sehr weh.

Rudi ist vor dem zweiten Welt•krieg geboren.
Als der vorbei war, musste er fliehen.
Das heißt: Er musste sein Zuhause verlassen.
Davon hat Rudi ein Trauma.
Ab dann hat er gestottert.
Andere haben darüber gelacht.
Oder Rudi deswegen geärgert.
Ein Lehrer hat Rudi geholfen.
Das Stottern hat irgendwann aufgehört.

Heute probiert Rudi viele neue Hobbys aus.
Er schreibt viel.

 Oft ganz früh morgens, wenn die meisten Leute noch schlafen.
Inge steht dann auf und sieht nach ihm.
Sie hat Angst, weil Rudi schon mehrere Herz•infarkte hatte.

Rudi ist froh, dass er Inge hat.
Und dass sie ihn so akzeptiert, wie er ist.

17. Juli 2024

Ich klingele nebenan, um Päckchen abzuholen.
Wir reden erst an der Tür, dann bitten sie mich rein.
Soll ich die Schuhe ausziehen, frage ich.
Inge winkt ab.
Nee, wir sind doch **nicht** mehr lange hier.
Und solange wir noch leben, wird das so gehen.

Wir unterhalten uns lange.
Wir sprechen viel über Behinderung.
Mein Nachbar Rudolf Kruschke ist 90 und hat schon mehrere Herzinfarkte
und Schlaganfälle überlebt.
Er kann nur noch schlecht laufen und hat jetzt ein E-Mobil.
„Das tolle Ding", sagt Herr Kruschke. Er meint das in keinster Weise
ironisch.
Ich hätte ja auch so einen, dann könnten wir ja Wettrennen fahren, sagt
er zu mir.
Liebend gerne.

Frau Kruschke erzählt mir, sie habe jetzt auch eine Pflegestufe.
Seit 6 Jahren pflegt sie ihren Mann.
Die beiden bekommen Unterstützung durch einen ambulanten
Pflegedienst.
Sie haben die mobile Rampe einer psychisch kranken und dementen
Nachbarin bekommen, die im Pflegeheim gestorben war.

Frau Kruschke hatte einen Hörsturz und hat einige chronische
Erkrankungen.
Nach ihrem Hörsturz wurde sie **nicht** ernst genommen.
Sie meint, dass es mit der COVID-Infektion zusammenhängt.
Die Ärzt*innen meinen, dass das **nicht** sein könne.

Einmal die Woche trifft sie sich mit ihrer Schwester.
Die sieht nur noch schlecht.
Frau Kruschke meint: Wir sind schon ein Traumteam.

Beim Einkaufen muss sie immer alles vorlesen und versteht die
Antworten ihrer Schwester **nicht** immer.
Auch sie und ihr fast gleichaltriger Ehemann sind ein Traumteam.
Sie sind dankbar, dass es Hilfsmittel gibt.

Inge ging mit Beschwerden an ihrer Blinddarmnarbe zu Ärzt*innen.
Diese nahmen das **nicht** ernst.
Eines Abends erbrach sie sich mehrmals.
Darminhalt trat aus der aufgerissenen Narbe aus.

Sie waren alle super nett, die Menschen vom Rettungsdienst und die
Menschen in der Notaufnahme. Und dann, dann kam sie auf ein
Dreibettzimmer mit zwei 17-Jährigen. Diese riefen nachts ihre Eltern an
und meinten: „Die haben uns eine alte Frau aufs Zimmer gelegt." Das hat
Inge getroffen. Sie mag Kinder. Kinder mögen sie, das kann ich aus
eigener Erfahrung bestätigen (sie kennen mich, seit ich knapp 3 Jahre alt
bin).
Die drei haben sich aber arrangiert. Die beiden haben sie wohl sehr
betüdelt und wollten ihr bei allem helfen. Sie kommt zu der gleichen
Erkenntnis wie Rudi und ich: Zu viel Hilfe ist auch anstrengend.

 So gut wie nach dem Gespräch habe ich mich lange **nicht** mehr gefühlt.
Ich gehe nach nebenan mit drei der überwiegend handschriftlichen
Bücher von Rudi.
Und freue mich aufs nächste Gespräch.
In den nächsten Wochen bin ich öfter nebenan.
Wir reden über alles Mögliche, kommen dabei immer wieder auf
Behinderung und Ableismus zu sprechen. Wir sprechen auch viel über
Einsamkeit.
Die beiden sind froh, dass sie sich haben. Viele ihrer gleichaltrigen
Bekannten haben kaum noch Menschen, die für sie da sind.

Rudi hat mehrere Autobiographien geschrieben.
Die sind **nicht** veröffentlicht.
Er hat sie aber als Bücher zu Hause.

Zitate in diesem Text kommen aus den Büchern.[2]
Manchmal sind sie in der Ich-Form, manchmal auch in der Er-Form.

Rudi wurde 1934 in Mark Brandenburg (Neu Mark) geboren.
Im Alter von 2 Jahren überlebte er schwere Verbrühungen. Die
Verbrühungen reichten von der Brust bis zu den Zehen.

„Wie durch ein Wunder überlebte der Kleine trotz gegenteiliger
Prognose der Krankenhausärzte. Allerdings blieben riesige
Verbrühungsnarben zurück, die ihn von nun an zeichneten.
Der kleine verbrühte Rudolf musste dann fast 5 Monate im
Krankenhaus verbringen, bis seine vielen Wunden so weit abgeheilt
waren, dass im Januar 1937 seine Mutter ihn abholen konnte und mit
der Eisenbahn beide nach Hause zurückfahren konnten."

Nach Kriegsende wurden sie vertrieben.
Er gehörte zu den vielen traumatisierten Generationen.
Zur Wahrheit gehört natürlich dazu, dass **nicht** alle gleichermaßen unter
dem Krieg gelitten haben.

Rudolf hat durch das Erlebte eine Sprachbehinderung gehabt – er hat
lange gestottert.

„Nach Krieg und Vertreibung aus der Heimat kehrte für uns in
Barsinghausen im Sommer 1946 endlich wieder eine friedliche Zeit
ein. Allerdings hatte ich durch die vielen traumatischen Erlebnisse ein
Problem bekommen. Ich begann, fürchterlich zu stottern und konnte
kaum ein Wort korrekt aussprechen. In der Schule sorgte unser guter
Lehrer Riedel dafür, dass meine Klassenkameraden mich nicht wegen
meines Stotterns schikanierten, auslachten oder neckten. Aber
außerhalb der Schule war es ganz schlimm, sodass ich nicht wagte,
andere Leute anzusprechen.

---

2   Kruschke, R. (2016). Einiges — aus meinem – nun schon über 80jährigen
      Leben — festgehalten in Wort und Bild.

Das Stottern war auf einmal vorbei.
Rudolf schreibt darüber: „Nun konnte ich meine Gedanken endlich in Worte fassen und diese Worte fehlerfrei aussprechen."

Herr Kruschke ist schon lange herzkrank.
1997 kam ein erster Schlaganfall dazu.
Dadurch musste er den Friseur•betrieb aufgeben.
Die Wohnung war glücklicherweise schon abbezahlt, so dass ihn das **nicht** in große finanzielle Not brachte.
Er ist stets neugierig und lernt immer mehr dazu.
Er nutze den Früh•ruhestand, um vielen seiner Hobbys nachzugehen.
So hat er sehr viel gebastelt.

Heute schreibt er immer mehr.
Oft schreibt er morgens um 4 Uhr seine Gedanken nieder.

Inge steht dann auf, in der Sorge, dass er wieder einen Herz•infarkt hat. 

Herr Kruschke und ich teilen uns eine Leidenschaft: das Schreiben. Meinen jüngeren Bruder konnte er früher für Himmelserscheinungen, die als Ufos bezeichnet werden, begeistern.

„Jetzt im Alter von 80 Jahren bekommt Rudolf die dankbare Erkenntnis, daß seine Ehefrau Ingrid, seine Ruhelosigkeit und seine Spinnereien, seine spontanen Einfälle jahrelang geduldig ertragen und mitgetragen hat, ohne zu murren. Herzlichen Dank der guten Fee!"

Über Grenzen hinweg

Mimo (sie / ihr)

Text von: 2024

⚠ CNs:
Tod (keine Details)

Wenn Ihr über Mimo sprecht, könnt Ihr auch sagen: sie.

Meine Familie kommt aus Marokko.
Das ist ein Land im Norden von Afrika.
Sie sind da Teil der Indigenen Gruppe.
Diese Gruppe wohnt schon seit sehr Langem in Marokko.
Die Gruppe heißt: Amagzinen.
Oder: Berber.
Das heißt: freies Volk.
Früher war diese Gruppe Natur•gläubig.
Das heißt: Sie verehren die Natur.
Sie glauben **nicht** an einen bestimmten Gott.
Dann kam der Islam.

Die medizinische Versorgung in Marokko war schlecht.
Deshalb sind 2 von meinen Geschwistern gestorben.
Das hat mein Vater am Telefon erfahren.
Das war schlimm.
Das wollte er **nie** wieder erleben.
Meine Familie ist nach Deutschland gekommen.

Als Kind habe ich oft Geschichten von bösen Geistern gehört.
Später hatte die Tochter von meiner Schwester psychische Probleme.
Sie war im Krankenhaus.
Das wollte meine Schwester **nicht**.
Sie hat ihre Tochter nach Marokko gebracht.
Da hat ein Imam versucht, sie durch Gebete zu heilen.
Ein Imam leitet das Gebet für muslimische Menschen.
Heute ist die Tochter meiner Schwester gläubig.
Ich frage mich: War Religion wirklich die beste Lösung?

Mein Text heißt: Über Grenzen hinweg.
Damit meine ich auch:
Ich stoße an meine Grenzen, wenn es um Religion geht.
Vieles finde ich **nicht** gut.

Schwere Sprache

Meine Familie hat ihre Wurzeln als Indigene in Marokko. 1979 wagte
meine Familie, mein Vater schon vorher, den Schritt nach Deutschland.
Vielleicht noch einen abschließenden Punkt dazu, dass die Indigenen, die
Berber/ Amagzinen, das freie Volk bedeutet und ursprünglich
naturreligiös waren und durch die Araber muslimisch wurden (eigentlich
gezwungen).
Aufgrund der schlechten medizinischen Versorgung in unserer Heimat
starben zwei meiner Geschwister. Mein Vater wollte nie wieder am
Telefon erfahren, dass eines seiner Kinder gestorben war - besonders
nicht erst Wochen später.

In meiner Kindheit im Rif-Gebirge begegnete ich dem Glauben an
Besessenheit durch den Teufel. Ein halbseitig gelähmter Mann galt als
vom Bösen besessen – eine Vorstellung, die mich prägte und wachsam
hielt.

Vor einigen Jahren kam meine 20-jährige Nichte mit Verdacht auf eine
psychische Erkrankung in die Psychiatrie. Meine ältere Schwester stand
den medizinischen Behandlungen skeptisch gegenüber und lehnte
körperliche Eingriffe ab. Ihre Haltung führte zu Spannungen mit dem
Klinikpersonal, sodass ich die Gespräche mit den ÄrztenInnen übernahm –
ein Balanceakt zwischen professioneller Zusammenarbeit und familiären
Erwartungen.

Die Situation belastete auch meine Beziehung zu meiner Schwester. Sie
warf mir vor, kein Mitspracherecht bezüglich ihrer Tochter zu haben. Ich
vertrat die Ansicht, dass meine Nichte eine eigenständige Person sei.

Paradoxerweise erlebte ich meine Nichte in der Klinik befreiter als je
zuvor. Trotz der räumlichen Einschränkung schienen ihre Gedanken frei.
Sie äußerte unverblümt ihre Meinung, nannte mich wegen meines roten
Wollmantels Frida Kahlo. Den Mantel schenkte ich ihr später.

Meine Schwester hatte ihre eigenen Therapievorstellungen. Sie reiste
daher mit meiner Nichte nach Marokko, wo ein Imam mehrfach
versuchte, einen vermeintlichen Teufel auszutreiben, begleitet von

Koranrezitationen. Inzwischen ist meine Nichte eine offenkundig gläubige Muslima.

Ich betrachtete diese Entwicklung kritisch und fragte mich, ob meine Schwester die Erkrankung ihrer Tochter für eine religiöse Indoktrination genutzt hat. Zwar wollte sie ihre Tochter heilen und fand in ihrem Glauben sehr viel Halt, dennoch mache ich ihr in Gedanken Vorwürfe. Bereits vor der Reise nach Marokko ging es meiner Nichte durch die Auszeit vom Studium, eine therapeutische Anbindung und die Aufmerksamkeit meiner Schwester besser.

Gerne würde ich auch heute noch den Glauben meiner Nichte bei ihr kritisch hinterfragen, befürchte aber, dadurch selbst indoktrinierend zu wirken – nur von der anderen Seite des Spektrums.
Ist Religion wirklich das „Opium des Volkes", wie Marx es formulierte?

Wir alle müssen in unserem Leben Grenzen überschreiten, manche deutlich weiter als andere.
Ich stoße an die Grenzen meiner Toleranz gegenüber Glaubensfragen.
Und frage mich, heiligt jedes Mittel den Erfolg auch bei gesundheitlichen Fragen?

Rassismus und psychische Gesundheit

Steve (er | ihm, -)

@steve_cameraroll.exe

Text von: 2024

 CNs:
aktuelle Politik, Gewalt, Kolonialismus (Gewalt, Sklaverei, Tod, Vergewaltigung), Rassismus, Suizidalität / Suizid•versuch (keine Details)

Wenn Ihr über Steve sprecht, könnt Ihr auch sagen: er.
Oder einfach Steve.

Steve ist Schwarz und queer. 
Er ist das Kind einer alleinerziehenden Mutter.
Steve ist psychisch krank.
Er spricht darüber, was Rassismus mit der psychischen Gesundheit macht.

Ich habe lange über diese Rede nachgedacht.
Ich habe darüber nachgedacht,

- wie ich sprechen soll

- was ich sagen soll

- warum ich es sagen soll

Dann habe ich mir gedacht:
Warum denke ich so viel darüber nach?
Das liegt daran, dass ich schon viel Schlechtes erlebt habe.

Ich bin Schwarz und queer. 
Ich muss aufpassen, was ich sage.
An vielen Orten und in vielen Gruppen bin ich anders.
Ich habe oft Angst.
Ich habe viel Gewalt erlebt.
Ich habe viel Rassismus und Queer•feindlichkeit im Alltag erlebt.
Das, was andere Kleinigkeiten nennen, nenne ich:
Mikro•aggressionen.
Ich erlebe viele Mikro•aggressionen.

Zum Beispiel:

- Was andere Menschen zu mir sagen.

- Was andere Menschen mich fragen.

- Wie andere Menschen sich verhalten, wenn sie mich sehen oder
  mit mir sprechen.

Menschen können andere diskriminieren, auch wenn sie das **nicht** wollen.
Andere Menschen machen mir mit ihren Worten und ihrem Verhalten klar:
Du bist anders, weil Du Schwarz bist.
Ich habe verbale Gewalt erlebt.
Verbal heißt: sprachlich.
Andere Menschen haben mir mit ihren Worten Gewalt angetan.
Sie haben mich zum Beispiel beleidigt.
Ich habe auch schon körperliche Gewalt erlebt, weil ich Schwarz bin.
All diese Mikro•aggressionen und Gewalt führen zu Narben.
Damit meine ich **nicht** nur Narben, die andere sehen können.
Diese Narben bleiben.
Diese Narben haben Folgen.
Ich habe zum Beispiel

- Angst•zustände

- Panik•attacken

- Zwänge

- Schlaf•störungen

Wir erklären diese Wörter jetzt:

Angst•zustände
Menschen bekommen große Angst.
Das kann auch was mit dem Körper machen.
Das Herz schlägt zum Beispiel sehr schnell.
Menschen bekommen schlecht Luft.

Panik•attacken
Menschen bekommen sehr plötzlich große Angst.
Oft denken sie sogar, sie sterben.
Eine Panik•attacke ist oft schnell wieder vorbei.

Zwänge
Menschen müssen bestimmte Dinge machen.
Zum Beispiel sich immer wieder die Hände waschen.

Manchmal konnte ich das Haus **nicht** verlassen, weil meine Zwänge so stark waren.
Ich bin oft am Abend nach Hause gekommen und zusammen•gebrochen.
Dann ging gar **nichts** mehr.
Ich habe darüber nachgedacht, mich zu töten.
Ich habe gedacht:
Es hat **keinen** Sinn, weiter•zu•machen.
Ich habe auch mal versucht, mich zu töten.

All das hat mich **nicht** stärker gemacht.
Es hat mich innerlich gebrochen.
Ich war danach so traurig, dass ich **nicht** mehr weiter machen konnte.

Menschen, die Rassismus erleben, erleben sehr viel Gewalt.
Diese Gewalt führt zu Traumata.
Ein Trauma kann entstehen, wenn wir schlimme Dinge erleben.
Wir erinnern uns dann ganz plötzlich daran.
Wir träumen davon.
Wir bekommen Panik deswegen.
Diese Traumata werden manchmal von Eltern an ihre Kinder weiter•gegeben.
Die Kinder geben die Traumata ihrer Eltern dann wieder an ihre Kinder weiter.
Wir sagen auch:
Trans•generationales Trauma.
Also ein Trauma, das über Generationen weiter•gegeben wird.

Ich nenne ein Beispiel:
Sklav*innen hatten ein ganz schweres Leben.
Ganz viele afrikanische Menschen wurden vor langer Zeit nach Amerika gebracht.
Sie wollten das **nicht**.
Sie wurden gezwungen.

Sie wurden verschleppt.
Da mussten sie ganz schwer arbeiten.
Sie wurden geschlagen und misshandelt.
Sie wurden oft getötet.
Die Kinder und deren Kinder der Sklav*innen sind bis heute öfter
psychisch krank.
Sie haben zum Beispiel öfter Depressionen.
Das liegt auch an dem Stress, den ihre Eltern und deren Eltern ertragen
mussten.

Besonders Schwarze Frauen leiden bis heute an den Folgen der Sklaverei.
Schwarze Frauen wurden oft gezwungen, ganz viele Kinder zu
bekommen.
Sie wurden vergewaltigt.
Das ist ganz schlimme Gewalt.
Sie wurden terrorisiert.
Das heißt:
Sie sollten ganz viel Angst haben.
Damit sie **nichts** dagegen machen.

Nicht alle Menschen, die von Rassismus betroffen sind, stammen von
Sklav*innen ab.
Aber sie alle leiden unter dem Rassismus, den sie erleben.
Rassismus macht psychisch krank.
Menschen, die Rassismus erleben, sind öfter arm.
Arme Menschen sind öfter krank.
Menschen, die Rassismus erleben, sind öfter psychisch krank.

Ich möchte, dass uns allen klar ist:
Auch Menschen, die **nicht** von Rassismus betroffen sind, können so etwas
erleben.
Aber Menschen, die von Rassismus betroffen sind, erleben so etwas
deutlich öfter.

In Deutschland erleben Schwarze Menschen auch heute viel Gewalt.
Wir müssen große Angst haben.
Immer mehr Menschen wählen rechte Parteien.

Immer mehr Menschen sagen:
Ihr gehört **nicht** zu Deutschland.
Geht weg.
Das führt auch dazu, dass es mir schlechter geht.
Meine Depressionen werden schlimmer.
Psycho•therapie hilft da **nicht**.
Psycho•therapie soll uns eigentlich helfen, wenn es uns psychisch
schlecht geht.
Es hilft **nicht**, wenn ich schaue:
Was kann ich ändern, damit es mir besser geht?
Denn ich werde weiter angegriffen.
Ich erlebe weiter Gewalt.
Es gibt weiter Menschen, die sagen:
Geh weg.

Weiße Psycho•therapie hilft mir hier **nicht**.

Ich brauche eine Therapeutin, die mich versteht:
Meine psychischen Probleme liegen auch am Rassismus.
Rassismus macht, dass es mir **nicht** gut geht.
Ich bin wütend, weil ich Rassismus erlebe.
Ich darf wütend sein.
Weiße Psycho•therapie versteht das **nicht**.
Weiße Psycho•therapie ist **nicht** dafür gemacht, mir hier zu helfen.
Oft sagt *weiße* Psycho•therapie:
Das Problem liegt nur bei Dir.
Du musst das Problem bei Dir lösen.
Aber Rassismus ist das Problem.
Das kann ich **nicht** lösen.
Deshalb ist es wichtig, dass meine Therapeutin mich versteht.
Es soll mehr Therapeut*innen geben, die selbst Rassismus erleben.

Ich bin es gewohnt, darauf aufpassen zu müssen, wie ich mich ausdrücke, wie ich mich „gebe", wie ich auftrete. Ich bin es gewohnt, Angst haben zu müssen in Räumen, in denen ich anders bin. Ich bin es gewohnt, in ständige Panik zu verfallen, weil mein Queer-Sein oder mein Schwarz-Sein Gewalt bedeuten kann. Jahrelange Mikroaggressionen, regelmäßige verbale Übergriffe und gelegentlich auch körperliche rassistische Gewalt hinterlassen Narben – Narben, die nicht so mir nichts, dir nichts heilen. Panikattacken, Angstzustände, Zwänge, Schlafstörungen – all das ist mir nicht fremd. Im Gegenteil: Ich kenne es nur zu gut.

Rassifizierte Menschen erfahren ein Ausmaß an Gewalt, das so gewaltig ist, dass es sich über Generationen fortträgt. So gewaltig, dass sich Spuren der strukturellen Gewalt bis in die Epigenetik unserer Nachfahr*innen finden lassen. Traumata verselbstständigen sich und werden zum dunklen Erbe aus einer Zeit, die uns alles abverlangte, die uns die Menschlichkeit absprach. Dieses Phänomen nennt man „transgenerationales Trauma".
Dieser konstante Stress, diese konstante Angst, diese konstante Verzweiflung und Ausweglosigkeit haben Spuren hinterlassen, die selbst wenn alle Raubgüter sofort zurückgegeben würden, wenn alle entstandenen wirtschaftlichen Schäden für die ehemaligen Kolonien heute erstattet würden, wenn alle Gebeine der Ermordeten an ihre Familien übergeben würden, nicht aus der Welt zu schaffen sind und kommende Generationen für Jahrzehnte, vielleicht sogar Jahrhunderte, zeichnen werden.

Wer würde nicht daran zerbrechen, wenn man in Armut aufwächst, wenn man jeden Tag rassistische Zuschreibungen erfährt, wenn man jeden Tag Gefahr laufen könnte, auf der Straße angegriffen zu werden. All das sind Erfahrungen, die auch *weiße* Menschen durchmachen können. Fakt ist aber, dass Rassifizierte diese signifikant häufiger durchmachen müssen und über deutlich längere Zeitspannen hinweg, bis hin zu dem Fall, dass diese Erfahrungen keine Ausnahmen mehr darstellen, sondern die Regel werden. Unsere Existenz ist eine Bedrohung – für ein System, für das wir allenfalls zur Ausbeutung genügen.

Individualisierte Psychotherapie hilft mir da nicht. Wie soll ich an meiner Resilienz arbeiten, wenn ich in den letzten Monaten bereits zweimal angegriffen wurde – auf offener Straße? Wie soll ich an meiner Bewertung von Situationen arbeiten, wenn ich am Ende des Tages gebrochen auf den Boden falle, weil ich Angst habe, dass mir alles genommen wird, sobald die AfD an die Macht kommt? Wie soll ich mich auf das Positive in der Zukunft fokussieren, wenn ich nicht mal weiß, ob ich noch eine Zukunft in meiner Heimat haben werde? Wie soll ich an mir selbst arbeiten, wenn die Gesellschaft alles dafür tut, mir meine Existenz zur Hölle zu machen und mich im äußersten Fall – mit aller Macht – aus dem Land zu vertreiben?

Weiße Psychotherapie hilft mir hier nicht! Ich brauche keine Therapeutin, die mir sagt, dass ich „einfach nur anders drauf schauen" muss, sondern eine Therapeutin, die mir sagt, dass ich ein Recht darauf habe, auch wütend darüber zu sein, was hier geschieht, und vor allem brauchen wir rassifiziertes Fachpersonal, das unsere Erfahrungen nicht als Einzelfälle abstempelt, sondern uns dort auffängt, wo wir drohen, durchs Netz zu fallen.

Anders taub als du

Louisa Albrecht (-)
@das_buecherregal

Text von: 2024

⚠ CNs:
Audismus

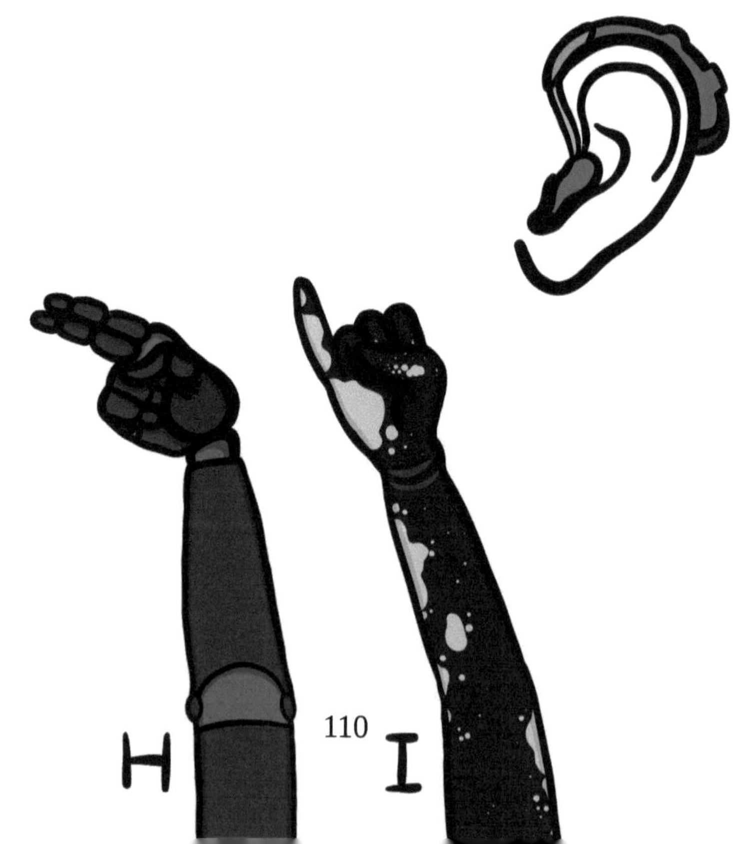

110

Wenn Ihr über Louisa sprecht, könnt Ihr einfach sagen: Louisa.

Label: queer, behindert, einseitig schwerhörig / taub.
Pronomen: **keine**
Perspektive:

- schwerhörig seit Kleinkindalter

- seit Kleinkindalter Hörgerät, aktuell warte ich auf einen Operationstermin fürs CI [Cochlea-Implantat]

- Grund für Schwerhörigkeit unbekannt

- ohne behinderte schwerhörige Vorbilder / Familie etc. aufgewachsen. Von daher Schwerhörigkeit lange eher versteckt, was auch sehr gut funktioniert hat.

- Sprich: Ich wirke **nicht** hörbehindert, bis auf den Umstand, dass ich sehr laut rede

- inzwischen sehr offener Umgang mit Hörbehinderung

Einfache Sprache

Viele Menschen hören schlecht.
Diese Menschen sind schwer•hörig.
Manchmal sagen wir auch: hör•behindert.

Viele Menschen hören **nichts** oder nur sehr wenig.
Diese Menschen sind T*taub.
Oder gehör•los.
Manche Menschen sagen:
Sag besser **nicht** gehör•los.
Denn dann betonst du, was die Menschen **nicht** können.

In Deutschland leben viele Menschen, die schwer•hörig oder T*taub sind.
Sie möchten oft **nicht**, dass andere das wissen.

Schwer•hörige Menschen haben zum Beispiel Probleme,
wenn sie mit mehr als 2 Menschen reden.
Oder wenn es laut ist.

Es gibt auch Vorurteile.
Viele Leute denken zum Beispiel:
T*taube Menschen können alles verstehen, wenn sie auf die Lippen der anderen schauen.
An den Lippen lassen sich manche Wörter ablesen.
Aber: **Kein** Mensch kann alles nur über Lippen•lesen verstehen.

T*taube oder schwer•hörige Kinder müssen oft viele Therapien machen.
Sie müssen viel sprechen üben.
Sie sollen gut Laut•sprache können.
Sie haben oft **keine** Person, die mit ihnen Gebärden•sprache spricht.

Viele T*taube und schwer•hörige Kinder leben in Familien, wo alle gut hören.
Sie haben wenig Kontakt zu anderen, die auch T*taub oder schwer•hörig sind.
Sie müssen selbst entscheiden:
Ist es ok, dass ich schwer•hörig bin?
Das ist schwer.
Auch, weil alle ihnen sagen: Es ist schlecht, behindert zu sein.

Menschen, die gut hören, sind oft genervt.
Wenn sie etwas noch mal sagen müssen.
Sie wissen **nicht**: Hören kann sehr anstrengend sein.
Auch mit Hör•gerät.
Viele denken:
Mit einem Hör•gerät hören schwer•hörige und T*taube Menschen so, wie Menschen, die gut hören.
Das ist aber falsch.
Es ist schwer für Menschen, die fast **nichts** mehr hören:
Will ich ein Cochlea Implantat oder **nicht**?
Oder will ich lieber ganz T*taub sein?

Es gibt verschiedene Hör•hilfen für schwer•hörige Menschen.
Eine davon heißt:
Cochlea-Implantat.
Das könnt Ihr so aussprechen: Kocklea-Implantat.
Das ist für Menschen, die sehr wenig hören.

Ein Unterschied zu Hör•geräten:
Um ein Cochlea-Implantat zu bekommen, werden Menschen operiert.
Ein Teil vom Implantat kommt unter die Kopf•haut.

Aber: T*taube und schwer•hörige Menschen sind sehr verschieden.
Für ihr Leben ist es wichtig,

- ob sie andere T*taube oder schwer•hörige Menschen kennen.

- ob sie Gebärden•sprache können.

- ob sie T*taub geboren wurden oder später T*taub geworden sind.

T*taube und schwer•hörige Menschen grenzen sich auch oft voneinander
ab.

Wir alle sollten die Kultur der T*tauben Menschen respektieren.
Gebärden•sprache ist wichtig für die Kultur.
Oft wird die Kultur **nicht** respektiert.
Lehrer*innen für T*taube Menschen können oft **nicht** Gebärden•sprache.

Es fehlt viel Wissen.
Was ist, wenn ein Mensch nur auf einem Ohr taub ist?
Hilft dann ein Hör•gerät?
Es braucht hier mehr Forschung.

Taub, gehörlos, schwerhörig

„Bist du schwerhörig?" – eine oft gestellte Frage, wenn jemand etwas sagt und das nicht verstanden wird. Für rund 19% der Menschen in Deutschland über 14 Jahre lautet die Antwort hierauf: Ja. Fast jede*r Fünfte*r ist schwerhörig und/oder taub. Etwa die Hälfte von ihnen ist jünger als 50 Jahre und damit nicht „altersschwerhörig" (Ständer, 2021)[3]. Bereits um die Wortwahl – Taub oder Gehörlos? – kann man lange streiten: „Gehörlos" setzt den Fokus auf das vermeintlich fehlende Gehör, während „taub" noch wesentlich häufiger als Schimpfwort oder als Synonym für „Dummheit" in Verwendung ist.

Wer mit einer Hörbehinderung aufwächst, lernt schnell, diese zu verstecken: Das Ziel ist, so zu reden wie voll-hörende Menschen, Gesprächen, auch in Räumen mit vielen Menschen und verschiedenen Geräuschen, folgen zu können, möglichst „nicht behindert" zu wirken. Das ist für alle Beteiligten leichter, oder? Leider nein.

Für viele schwerhörige / taube Menschen ist es schwer, einem Gespräch mit mehreren Leuten zu folgen. Hintergrundgeräusche können es unmöglich machen, das Gesagte zu verstehen, und die Debatte, ob der Fernseher zu laut ist, kennen wohl alle Menschen mit Hörbehinderung. Zu laut – für wen? Für „Normalhörende".
Natürlich könnte auf Lippenlesen zurückgegriffen werden, so eine häufige Fehlannahme. In Filmen werden T*taube und schwerhörige (d/DhoH [deaf, Deaf, Hard of Hearing]) Menschen meist als Profis hierin dargestellt. Dabei kann selbst eine geübte Person nur bis zu 30 % des Gesagten durch das Lippenlesen verstehen (Zante, Stand 2024)[4].

Übung – ein wichtiges Stichwort. Wer schwerhörig/taub aufwächst, kennt oft verschiedene Therapien. Logopädie, Sprechtherapie, Hörtrainings. Häufige Besuche bei Akustiker*innen, HNO-Ärzt*innen sind für d/DHoH

---

3   Ständer, K. (2021). Statistiken. Deutscher Schwerhörigenbund e. V.
    https://www.schwerhoerigen-netz.de/statistiken/?L=0
4   Zante, W. F. (o. D.). Gehörlose können von den Lippen ablesen. nicht stumm!
    https://nicht-stumm.de/gehoerlose-koennen-von-den-Lippen-ablesen

Kinder normal. Etwa 1 bis 3 von 1.000 neugeborenen Kindern werden d/DHoH geboren (Bundesministerium für Gesundheit, 2022)[5]. Schwerhörigkeit oder Taubheit ist also definitiv nichts, was nur alte Menschen betrifft. Allzu oft wollen Eltern jedoch nicht wahrhaben, dass ihr Kind behindert ist, und werden so selbst zur Barriere. d/DHoH-Kinder wachsen sehr unterschiedlich auf. Viele haben lange keinen oder nur geringen Zugang zu Gebärdensprache oder anderen Kommunikationsmethoden als Lautsprache. Bei der „oralen Methode" ist die gesprochene Sprache der Maßstab, den die Kinder verstehen und möglichst selbst sprechen sollen. Je weniger ein Kind hört, umso stärker wirkt sich die orale Methode potenziell negativ auf die Entwicklung des Kindes aus.

Die meisten d/DHoH-Kinder werden in hörende Familien geboren (Grote et al., 2024)[6]. Die Identitätsfindung in Hinblick auf die Hörbehinderung bleibt somit oft dem Kind selbst überlassen, und es lernt oft schnell, „nicht- /nicht-so-sehr behindert" zu wirken, weil es vom Umfeld erwartet wird. Infolgedessen werden eventuelle Hörhilfen versteckt oder nicht getragen und auch andere Hilfsmittel nicht/ selten genutzt, um nicht aufzufallen.

Zugleich wird von Voll-Hörenden wie selbstverständlich erwartet, dass d/DHoH Menschen Hörhilfen benutzen (wollen). Manche Voll-Hörenden erheben einen regelrechten Anspruch darauf, sind genervt, wenn Untertitel eingesetzt werden sollen oder etwas mehrfach wiederholt werden muss. Dass das Tragen von Hörhilfen und Hören insgesamt anstrengend und auslaugend sein kann, ist ihnen oft nicht klar. Das mag auch daran liegen, dass Hörhilfen oft so beworben werden, als ob damit wieder 100% Gehör und Verständnis erreicht werden. Dem ist nicht so,

---

5   Bundesministerium für Gesundheit. (2022). Schwerhörigkeit und
     Gehörlosigkeit bei Kindern. gesund.bund.de.
     https://gesund.bund.de/schwerhoerigkeit-und-gehoerlosigkeit-bei-kindern
6   Grote, K. A., Wegner, S., Stenzel, M., & Karar, E. (2024). Die verheerenden
     Auswirkungen von Sprachdeprivation und fehlgeleiteter Diagnostik bei
     tauben Kindern mit kognitiven und sprachlichen Störungen in
     medizinischen Zentren, Förder- und Bildungseinrichtungen. Journal of
     DeafMind & DeafDidactics, 1.
     https://doi.org/10.13140/RG.2.2.36275.44320

und entsprechend verursacht die Antwort „Nicht so wichtig" oder „Erzähl
ich dir später" häufig Frust bei d/DHoH, da ihnen die Entscheidung
genommen wird, selbst zu entscheiden, ob das Gesagte für sie wichtig /
interessant ist.

Wer sich nun denkt, alle d/DHoH Menschen haben die gleichen Probleme,
irrt sich. Für das Selbstbild macht es einen großen Unterschied, ob es
andere schwerhörige / taube Menschen im Umfeld gibt. Ob bei starker
Schwerhörigkeit / Taubheit Zugang zu Gebärdensprache besteht. Es
macht einen Unterschied, ob die Hörbehinderung angeboren ist oder erst
im Laufe des Lebens dazu kam. Sowohl hinsichtlich der (Selbst-)Akzeptanz
der „betroffenen" Person als auch der Community. DIE Community – sie
existiert nicht. Schwerhörige und taube Menschen sehen sich selten als
„eine" Community. Manche Schwerhörige grenzen sich bewusst ab gegen
taube Menschen und betonen ihr Restgehör. Ob jemand d/DHoH ist und
es auch bleibt oder sich womöglich für ein Cochlea-Implantat entscheidet
– eine Grundsatzfrage für viele. d/DHoH und stolz darauf oder doch mehr
„zu Hörenden hin orientieren" – eine Entscheidung, die nicht leicht ist.
Akzeptieren, dass die Schwerhörigkeit noch stärker geworden ist und
man jetzt vielleicht doch endgültig taub ist, ebenfalls eine
Herausforderung. So stolz war man doch zuvor, noch „klarzukommen".

Natürlich handelt es sich nicht um so stark voneinander abgegrenzte und
sich abgrenzende Gruppen, wie es jetzt vielleicht klingen mag. Nur weil
die Taubheit erworben ist, kann trotzdem Anschluss beispielsweise an die
Gebärdensprach-Community gefunden werden. Aber so, wie es auch in
der Musik und Kunst unterschiedlichen „Szenen" gibt, in die viele
Menschen reinwachsen, ist es bei d/DHoH Menschen. Gemeinsame
Erfahrungen, Insider etc. dienen der Gemeinschaftsstärkung, sind
Grundlage einer gemeinsamen Kultur. Hierbei können auch weitere
Faktoren eine Rolle spielen. So ist BASL – Black American Sign Language –
mehr als nur ein gebärdensprachlicher Dialekt. Sie ist Trägerin Schwarzen
Tauben-/Gehörlosen-Kultur und nochmal mit anderer Geschichte
verbunden als American Sign Language.
Es gibt **nicht** „die eine" globale Gebärdensprache, wie es sich viele Voll-
Hörende oft vorstellen, sondern viele. Die Benutzung wurde lange
verboten, und bis heute müssen schwerhörige und taube Kinder oftmals

mit Lehrkräften zurechtkommen, die eine Fremdsprache nutzen – Lautsprache. Dass sich das auf den Bildungsweg und die berufliche Zukunft auswirkt, liegt auf der Hand.

Zusätzlich macht es auch einen großen Unterschied, ob jemand beidseitig hörbehindert ist oder nur einseitig. Lange galt eine Versorgung mit Hörimplantaten als ungeeignet für einseitig taube Menschen. Die Annahme: Das Gehirn könne mit den unterschiedlichen Inputs – „natürliche" Geräusche vs. „technische Signale" – nicht klarkommen. Ein „natürliches" Hören sei unmöglich. Dabei geht es nicht immer um die Natürlichkeit, sondern den Barriere-Abbau an sich, die einfachere Teilhabe. Zur Hörgewöhnung an ein CI bei einseitiger Taubheit gibt es viel weniger Erfahrungen, Forschungen, Informationen als für beidseitig taube Menschen. Noch höher ist also die Hemmschwelle.

Was vermeidbar wäre

Kate Diener (sie | ihr)

Gedicht von: 6. August 2022

 CNs:
ableistische Gewalt, Suizidalität

Wenn Ihr über Kate sprecht, könnt Ihr auch sagen: sie.
Wir erklären in Einfacher Sprache, worüber Kate in dem Gedicht spricht.

Kate spricht in dem Gedicht über viele Fragen,
die sie sich immer wieder stellt.
Geht es mir morgen auch wieder so schlecht?
Traue ich mich morgen überhaupt noch, weiter zu leben?
Werde ich auch morgen nur eine Last für andere sein?
Andere sagen zu ihr:
Du armes Ding.
Du bist so fröhlich.
Du bist eine Heldin.
Andere denken:
Sie ist **nicht** so viel wert wie andere Menschen.

Sie denkt darüber nach, dass sie vieles **nicht** machen kann.
Vieles ist nämlich wegen ihrer Behinderung schwierig.
Und viele Menschen denken **nicht** daran,
wie behinderte Menschen mitmachen können.
Sie fragt sich deshalb auch:
Habe ich auch morgen wieder Angst?
Fühle ich mich gefangen?
Weil ich **nicht** allein rein• oder raus•komme?
Kann ich **nicht** frei wählen, wie ich leben möchte
und was ich machen möchte?

Sie kann sich nur eine kleine Wohnung leisten.
Da kann sie **nicht** tanzen.

Sie braucht eigentlich bessere Hilfs•mittel.
Sie hat aber **keine** Zeit und **keine** Kraft, die zu beantragen.
Denn sie ist immer mit Überleben beschäftigt.

Sie hat viel Gewalt erlebt.
Behinderten Menschen erleben oft Gewalt.

Oft kann sie deshalb kaum atmen.
Und **nicht** schlafen.
Wird das auch morgen so sein?

Muss sie auch morgen allein mit der Gewalt klarkommen?
Wird sie auch morgen **kein** Geld haben für gutes Essen?
Wird sie auch morgen **keine** würdige Arbeit machen können?
Weil sie zu schwach und anders und zu klein ist?
Bleibt auch morgen nur die Arbeit in einer Werkstatt?
Oder wird sie auch morgen viel zu viel arbeiten,
damit sie **nicht** in einer Werkstatt arbeiten muss?
Wird sie deshalb **keine** Zeit und Ruhe haben,
um guten Freund*innen Geschenke zu schicken?
Wird auch morgen **kein** Mensch sie umarmen?
weil sie oft alleine ist
und weil sie schon lange **kein** Mensch mehr umarmt hat?
Ist sie auch morgen zu müde, um eine gute Freundin zu sein?
Werden andere Menschen ihr weiter **nicht** glauben?
Und sie **nicht** verstehen?
Traut sie sich auch morgen, weiter zu leben?
Sie möchte sich abends **nie** wieder diese Fragen stellen.
Aber das muss sie, weil sie behindert ist.
Und weil ihr Leben so schwer ist.
Immer noch.

Was vermeidbar wäre

Ich möchte mich nie mehr abends schlafen legen mit all diesen Fragen.
 Muss ich auch morgen wieder all den Schmerz ertragen?
 Werde ich morgen nochmal Leben wagen?

 Werde ich auch morgen in den Augen der Gesellschaft,
 wie so oft, nur die Bürde sein;
 das arme Ding oder der heldenhafte Sonnenschein,
 ohne Sexualität und Geschlecht, kein Alien, kein Tier,
 aber auch kein vollwertiger Mensch, mit Würde und Namen?

 Sind auch morgen unzählige Straßen zu steil,
 Stufen zu viele und Wege zu schmal?
 Verschiebe ich mangels Barrierefreiheit auch morgen
 alle wichtigen Arzttermine zum 7. Mal?
 Kann ich auch morgen nur in Restaurants und ins Café,
 wenn ich dort nicht zur Toilette geh?

 Hab ich auch morgen wieder und wieder unterschwellig Angst?
 Fühle ich mich auch morgen ständig inner– und außerhalb all der Häuser,
 die mich umgeben gefangen, weil ich die aller meisten von ihnen
 weder allein betreten noch verlassen kann?

 Kann ich deshalb nicht mal eben zu den Nachbar*innen
 oder in Freude und Not zu Freund*innen gehen?
 Kann ich deshalb auch morgen keine Schule,
 keine Uni oder Ausbildung wirklich frei wählen?
 Wird mich so auch morgen die fehlende Barrierefreiheit
 überall quälen und auszählen?

Kann ich auch morgen mit dem kostenlosen Ticket der Bahn
für behinderte Menschen doch nicht fahren?
Wird nämlich auch morgen der Zug oder der entscheidende Bahnsteig
dafür nicht ausreichend zugänglich sein?
Bleibt das einzige zahlbare barrierefreie Apartment meiner Stadt
mit 11qm auch morgen zum Tanzen zu klein?

Lassen Sie mich auch morgen mit dem Rolli nicht ins Schwimmbad rein?
Reiht sich ein weiteres Jahr ohne Urlaubsreise in die 15 vorherigen ein?
Findet sich auch morgen kein Weg zum Wald,
um Gefühle in den Wind zu schreien?

Fürchte ich auch morgen die Folgen des Klimawandels umso mehr?
Kann ich mich doch weniger als die meisten Menschen
aus eigener Kraft retten.
Aber Schutz– und Notfallpläne für behinderte Menschen fehlen zu sehr.

Werde ich auch morgen zu sehr mit Überleben beschäftigt sein,
um Mobilitätshilfen zu beantragen,
die ich seit mehr als 10 Jahren brauche?
Fehlt mir dafür, allein, auch morgen ein weiteres Mal
die Zeit und die Kapazität?

Kann ich auch morgen kaum atmen und nicht schlafen,
weil sich sexualisierte Ausbeutung und Gewalt
Jahrzehnte durch mein Leben zogen?
Denn wehrloser und andersartig
widerfährt einem so Grausames ganz häufig.
Das zeigen Studien seit Jahren deutlich.

Menschen mit Behinderung sind
2-3x häufiger von sexualisierter Gewalt betroffen.
Zugleich kommen sie aber viel weniger und später an Hilfen,
um der Gewalt zu entkommen oder sie zu verarbeiten.

Denn die meisten Beratungsstellen
oder ambulanten und stationären Therapieplätze
sind nicht barrierefrei.
Bin ich also auch morgen mit den Folgen wieder allein?

Wird auch morgen das Geld für gutes Essen,
den Friseur und neue Kleidung zu knapp sein?
Werde ich mit all dem auch morgen
für würdige Lohnarbeit zu schwach sein,
zu anders, zu abnorm und zu klein?

Droht auch mir dann abgeschottete Arbeit
für unmenschliche 1,35€ pro Stunde
in der Werkstatt für behinderte Menschen?
Oder werden sich zur Vermeidung dessen
auch morgen die 8 Päckchen und Geschenke an gute Freund*innen
einen weiteren Tag vieler Monate und Jahre im Schrank stapeln,
weil mir vor lauter Arbeit Zeit und Ruhe fehlen, sie zu verschicken?

Wird sich ein weiterer Tag ohne Umarmung
an all die unberührten Monate reihen?
Bin ich auch morgen zu schwach,
um so entmenschlicht noch eine gute Freund*in zu sein?
Werde ich mit all dem auch morgen für simple Liebe zu verängstigt sein?

Wache ich auch morgen in einer Gesellschaft auf
die die Folgen ihrer eigenen Handlungsweise von sich lenkt,
die all das oft nicht glaubt und meine Realität nicht mitdenkt?

Muss ich auch morgen wieder
all den Schmerz, der vermeidbar wäre, ertragen?
Werde ich auch morgen nochmal Leben wagen?
Ich möchte mich nie mehr abends schlafen legen mit all diesen Fragen.

 Aber das muss ich. Anders ist mein Leben in Deutschland nicht
als schwer traumatisierte behinderte chronisch kranke Frau
aus der Unterschicht ohne Geld, aber ein werter und würdiger Mensch
Immer noch.

In meinem Leben habe ich einfach sehr viel Glück gehabt.

Hans Peutler (er | ihm)

Text von: 2024

Lena Cornelissen hat mit Hans ein Interview gemacht.
Die beiden kennen sich vom Para-Schwimmen.
Da schwimmen sie bei Wettkämpfen mit.

Im nächsten Text geht es um das Leben von Hans.
Hans ist 60 Jahre alt.
Er hat kurze Beine und Arme.
Ihm fehlen Teile der Beine und Arme.
Er hat einen Finger.
Hans sagt:
Ich hatte Glück in meinem Leben.
Das verstehen andere **nicht**.
Wenn sie ihn sehen, dann denken sie **nicht**, dass er Glück hatte.

Hans wohnt in Bayern.
In der Stadt Regensburg.
Da wohnt er in einem barriere•freien Haus.
Er hat selbst geplant, wie das Haus sein soll.

Hans arbeitet beim Finanz•amt.
Er hat da die Aufgabe,
andere Menschen mit Behinderungen zu unterstützen.

Hans ist Para-Schwimmer.
Er schwimmt bei Wettkämpfen mit.
Das macht er seit 5 Jahren.
Als er mit dem Para-Schwimmen angefangen hat, war er schon 55 Jahre
alt.

Hans sagt:
Es ist wichtig,
dass wir Menschen mit Behinderungen selbstständig sind.
Sachen, die wir allein machen können, sollen wir auch allein machen.
Er sagt auch:
Wir Menschen mit Behinderungen sollen die gleichen Chancen haben.
Andere Menschen sollen offen sein.
Sie sollen sich **nicht** daran stören, wenn Menschen anders sind.

Schwere Sprache

Ich bin Hans Peutler.
Ich bin seit 32 Jahren verheiratet.
Wir haben drei inzwischen erwachsene Kinder.
Ich wohne in einem selbst geplanten, behindertengerechten Haus, am
Stadtrand von Regensburg.
Ich habe an allen vier Extremitäten eine Dysmelie, also mir fehlt an allen
vier Extremitäten irgendwas, und sie sind verkürzt.
Meine Beine enden zum Beispiel oberhalb des Knies, und so sind
beidseitige Beinprothesen das wichtigste Hilfsmittel. Für uns Menschen
war es schon immer wichtig, bei Gefahr wegzulaufen.
Außerdem habe ich noch einen (Schiebe-)Rollstuhl und auch einen
Elektrorollstuhl. Ich habe mit circa 30 Jahren einen Führerschein
gemacht, und habe seitdem auch ein behindertengerecht umgebautes
Auto. Und das, denke ich, ist eigentlich das wichtigste Hilfsmittel. Also
neben den Prothesen, weil man dadurch halt einfach Mobilität hat.
Meine Schwimmtrainerin hat mich mal vom Auto abgeholt.
Sie macht die Tür auf und hat die „zweite Hälfte" von mir – meine
Beinprothesen – im Auto liegen sehen, und sich ein bisschen erschrocken.
Ansonsten nutze ich auf der Arbeit Spracherkennungssoftware. Bei mir
ist es so, das Zehn-Finger-System bereitet mir so ein bisschen Probleme.
Ich habe ja nur einen Finger. Deswegen ist also auch die
Spracherkennungssoftware ganz hilfreich.
Ansonsten fallen mir jetzt keine weiteren Hilfsmittel ein.
Aber manchmal vergisst man Sachen, die man eigentlich als
selbstverständlich erachtet.

Ich habe in meinem Leben immer auch viel Glück gehabt.
Ich bin 1964 geboren; kurz vorher war der sogenannte Contergan-
Skandal.
Das war prinzipiell natürlich gar nicht gut, aber für mich wohl
wegbereitend: man hat damals die Gesellschaft und damit mein Umfeld
einfach für schwerbehinderte Menschen sensibilisiert. Es gab wegen des
Medikamenten-Skandals wohl ein „schlechtes Gewissen". Dieser Umstand
hat sicherlich einige Hindernisse beseitigt und jedenfalls mir das Leben

etwas einfacher gemacht:
Ich war von Anfang an auf einer ganz normalen Regelschule, bin anschließend aufs Gymnasium gewechselt und habe danach eine Ausbildung beim Finanzamt gemacht.

Ich finde, zu viel oder zu früh Assistenz für uns Schwerbehinderte ist nicht gut.
Wenn ein Mensch mit Einschränkungen immer eine Begleitperson an der Seite hat, gewinnt man nicht die Selbstständigkeit, die während des ganzen Lebens aber wichtig ist.
Auch bin ich kein Freund von Sondereinrichtungen und von Sonderbeschulungen. Ich bin jedenfalls froh, dass ich damals keine Assistenzkraft hatte, sonst hätte ich mich später zweifellos schwerer getan.
Aber da bin ich natürlich zwiegespalten: es gibt immer Situationen, wo man sagt, okay, da geht es nicht anders. Auch bei mir gibt es Situationen, die ich ohne fremde Hilfe nicht meistern könnte.

Ich bin Beamter und beim Finanzamt in Regensburg tätig.
Inzwischen mache ich ausschließlich Schwerbehindertenvertretung.
In Regensburg waren es mal um die 50 Menschen mit anerkannter Schwerbehinderung, die beim Finanzamt gearbeitet haben. Inzwischen sind es etwas weniger - ich hoffe, das liegt nicht an mir. Das Finanzamt ist unterschiedlich auf die Bedürfnisse von Menschen mit verschiedenen Behinderungen ausgelegt. Bei manchen Behinderungen tut sich die Finanzverwaltung als sogenannte „Eingriffs"-Verwaltung schwerer als zum Beispiel bei Rollstuhlfahrenden.
Ich habe als Selbstbetroffener früh gelernt, dass man um die eigenen Rechte kämpfen muss.
Dann habe ich festgestellt, dass ich etwas aus diesem Erfahrungsschatz an meine Mitmenschen mit Einschränkungen weitergeben kann. Und ja, deswegen bin ich so auch in die Schwerbehindertenvertretung reingerutscht oder reingewachsen.
Meine Aufgabe dabei ist es, schwerbehinderte Menschen beim Bewerbungsverfahren und später im beruflichen Alltag zu unterstützen, wenn irgendwelche Probleme auftauchen. In meinem Job muss man gut

zuhören können. Diese Eigenschaft habe ich, glaube ich und hoffe, dass das so bleibt.

Zum Schwimmen bin ich als Spätstarter gekommen.
Ich habe erst mit 55 Jahren, also vor etwa fünf Jahren, mit dem Vereinsschwimmen begonnen.
Davor bin ich schon regelmäßig zum Schwimmen gegangen. Aber halt nur für mich allein.
Dann hat mich eine Trainerin vom Para-Schwimmen angesprochen. Ob ich mit der Annke auf die Bahn möchte. Die Annke hat 2000 und 2004 Goldmedaillen bei den Paralympics gewonnen.
Annke, so die Trainerin, sei die einzige Schwimmerin in der Para-Schwimmgruppe. Und als Einzelkämpferin ist es bekanntlich nicht so schön. Zu zweit macht es mehr Spaß.
Meine erste Reaktion war aber, dass ich mir das nicht zutraue. Es ist ja auch für das eigene Ego nicht so ganz gut, wenn man immer hinterherschwimmen muss.
Die Trainerin war aber beharrlich. Ich müsse das ja nicht immer als Wettkampf sehen, sondern einfach als körperliche Betätigung. Es hat mich jedenfalls schon ein bisschen gereizt, angesprochen zu werden und mit der Annke auf die Bahn zu kommen.
Habe das dann auch gemacht. Mit Corona war dann erst mal Pause, aber seitdem bin ich eigentlich beim Para-Schwimmen.
Ich schwimme immer noch der Anke hinterher, aber es macht trotzdem Spaß.

Die Para-Abteilung in Regensburg ist mittlerweile stark gewachsen, und Annke wäre auch ohne mich nicht mehr „allein".
Und beim Para-Schwimmen läuft es ganz gut für mich.
Ich bin Startklasse 2, in allen Schwimmarten.
Beim Para-Schwimmen gibt es 14 Startklassen. S1 bis S10 für körperbehinderte Menschen, S11 für blinde Menschen, S12 und S13 für sehbehinderte Menschen und S14 für geistig behinderte Menschen.
Je niedriger die Startklasse, desto stärker ist die Einschränkung beim Schwimmen.
Das mit der Einteilung beim Para-Schwimmen ist schon echt gut gemacht.

Sonst hinkt man als Mensch mit Einschränkungen immer hinterher. Das ist oft frustrierend.
Auch wenn es bei der Einteilung in Startklassen natürlich Ungerechtigkeiten geben kann, können die Leistungen von Menschen mit unterschiedlichen Einschränkungen dank dieser Einteilung in Punkte umgerechnet und miteinander verglichen werden.

Als ich in einem früheren Interview mal gesagt habe, dass ich in meinem Leben einfach sehr viel Glück gehabt habe, konnten das die Außenstehenden natürlich erst mal nicht verstehen. Nichtsdestotrotz bin ich der Meinung, ich hätte es echt schlechter haben können im Leben. Ich bin immer auf die richtigen Leute getroffen; da hoffe ich jetzt einfach, dass mir dieses Glück noch möglichst lange erhalten bleibt. Dass ich es auch weiterhin schaffe, immer oder zumindest überwiegend auf die richtigen Leute zu treffen und gemeinsam einen guten Weg zu gehen.

Was wünsche ich mir für unsere Gesellschaft?

Das ist natürlich noch schwieriger, da kommen jetzt bestimmt ein paar 5-Euro-Scheine, die ich dann ins Phrasenschwein werfen muss [Phrasen hießt hier: Das sind Sätze, die Menschen oft sagen, ohne das so zu meinen. Oder sehr ungenaue Sätze. Dafür Geld ins Phrasenschwein zu werfen, meint: Hans weiß, dass die Wünsche sehr allgemein sind.].
Gut, für die Schwerbehindertenvertretung ist es immer so, dass man für Chancengleichheit eintritt. Das wünsche ich mir nicht nur im Beruf, sondern das wünsche ich mir auch in unserer Gesellschaft.
Ich wünsche mir, dass die Gesellschaft offener wird und Offenheit denen gegenüber zeigt, die ein bisschen aus dem Raster fallen.
Und es ist wichtig, dass wir auf unseren Planeten, Mutter Erde, achten.

Diagnosen und Stigmatisierung

The most valuable thing we can do for the psyche, occasionally, is to let it rest, wander, live in the changing light of room, not try to be or do anything whatever.

Das wertvollste was wir für unsere Psyche tun können, ist ihr hin und wieder Ruhe zu gönnen, sie wandern zu lassen, im wechselnden Licht des Raums leben zu lassen und nicht zu versuchen etwas zu sein oder zu tun.

~ May Sarton
lesbische US-amerikanische Dichterin, Romanautorin und Feministin[7]

---

7 Sarton, M. (1971, 18. Januar). *I always forget how important the empty days are. Diaries of note.* https://diariesofnote.com/2024/01/18/i-always-forget-how-important-the-empty-days-are/

Schizophrenie neu denken

Caro (dey / deren)

@carotisch.und.caroace

Text von: 2024

 CNs:
Saneismus / Mentalismus (Diskriminierung von psychisch kranken Menschen)

Wenn Ihr über Caro sprecht, könnt Ihr auch sagen: dey.

Wir sagen jetzt in Einfacher Sprache, worüber Caro in dem Text spricht.
Caro hat Schizophrenie.
Das ist eine psychische Krankheit.
Menschen mit Schizophrenie denken und fühlen anders.
Sie nehmen die Welt oft anders wahr.

Wir nennen ein paar Beispiele dafür:
Menschen mit Schizophrenie haben oft

- Halluzinationen:
  Sie sehen oder hören dann etwas, was andere Menschen **nicht**
  sehen oder hören.

- Wahn•vorstellungen:
  Sie haben dann zum Beispiel das Gefühl, dass andere Menschen
  ihre Gedanken hören können. Oder dass sie verfolgt werden.

- Antriebs•schwäche:
  Es ist schwer für sie, Dinge zu machen.

- Sozialer Rückzug:
  Sie haben weniger Kontakt zu anderen Menschen.
  Sie treffen sich dann zum Beispiel mit weniger Menschen.

- Konzentrations•störungen:
  Sie können sich schlecht konzentrieren.

Schizophrenie ist eine sehr stigmatisierte Krankheit.
Menschen haben viele Vorurteile.
Sie denken zum Beispiel, dass alle Menschen mit Schizophrenie genial
sind.
Das heißt:
Wenn Menschen Schizophrenie haben, müssen sie in etwas sehr gut sein.
Das stimmt **nicht**.
Eine Schizophrenie macht es manchmal sehr schwer, in etwas sehr gut zu
sein.
Menschen denken auch, dass Menschen mit Schizophrenie immer ihr

ganzes Leben lang Schizophrenie haben.
Das kann sein, muss aber **nicht**.
Menschen denken auch, dass alle Menschen mit Schizophrenie Drogen
nehmen.
Sie finden das schlecht.
Nicht alle Menschen mit Schizophrenie nehmen Drogen.
Und wir sollten **nicht** sagen:
Es ist schlecht, Drogen zu nehmen.

Andere sagen:
Menschen mit Schizophrenie sind eine Gefahr für die Gesellschaft.

Menschen mit Schizophrenie arbeiten oft **nicht** auf dem 1. Arbeits•markt.
Wenn sie arbeiten, dann werden sie oft schlecht bezahlt.
Sie sind oft arm.
Menschen mit Schizophrenie werden sehr oft ausgegrenzt.
Auch von Menschen, die Inklusion gut finden.
Menschen, die Inklusion gut finden, sagen oft:
Wir sind ja **nicht** verrückt.
Sie sagen damit:
Wir sind besser als Menschen mit Schizophrenie.
Denn Menschen mit Schizophrenie werden oft verrückt genannt.

Ich habe mich endlich überwunden, diesen Text anzufangen. Die Kraft gefunden, ein paar Worte zu schreiben. Denn ich bin leider oft müde und kraftlos. Das liegt zum einen an den sedierenden Antipsychotika, die ich nehme, aber auch an der Krankheit selbst. Schizophrenie. Dabei gibt es so viel dazu zu sagen. Wenige Diagnosen sind so stigmatisiert wie diese, selten trifft mensch auf so viele Vorurteile.

Aber was ist das eigentlich, Schizophrenie? Das ist gar nicht so einfach zu sagen, denn es gibt ungefähr so viele Arten von Schizophrenie, wie es Menschen mit Schizophrenie gibt. Grob lässt sich aber sagen, dass drei Hauptkategorien von Symptomen unterschieden werden: Positivsymptomatik, Negativsymptomatik und kognitive Symptome. Dabei ist Positivsymptomatik nicht wirklich positiv. Positiv meint: es kommt bloß zum Erleben von Menschen ohne Psychose etwas dazu, wie Halluzinationen, Ich-Störungen oder Wahn. In der Psychose kann es zum Beispiel zu Stimmenhören kommen, und es kann das Gefühl entstehen, die eigenen Gedanken könnten gehört werden oder mensch werde verfolgt. Negativsymptomatik ist weniger bekannt, aber nicht weniger belastend. Zu den Symptomen gehören Antriebsschwäche, Niedergeschlagenheit, sozialer Rückzug und Interessensverlust, sie können einer Depression ähneln. Kognitive Symptome sind so etwas wie Konzentrationsstörungen und sprunghafte Gedanken.

Nachdem wir das geklärt haben, können wir zu den Vorurteilen übergehen, und davon gibt es eine Menge. Das gesellschaftliche Stigma ist groß, was auch an der medialen Darstellung des Themas liegen dürfte. Ein sicherlich sehr bekanntes Vorurteil ist, dass Menschen mit Schizophrenie mehrere Persönlichkeiten hätten. Das kommt vermutlich vom Namen der Krankheit, der so viel wie gespaltene Seele bedeutet. Doch wer bei den Symptomen aufgepasst hat, weiß, dass Schizophrenie wenig mit mehreren Persönlichkeiten zu tun hat, das ist eine andere Diagnose. Trotzdem werden beispielsweise Politiker*innen hartnäckig schizophren genannt, wenn diese sich widersprüchlich verhalten.

Eine weitere Annahme geht davon aus, dass schizophrene Menschen gleichzeitig auch „genial" sind, wie der Mathematiker John Forbes Nash

Jr. aus „a beautiful mind" oder der Mathematiker Kurt Gödel. Nun kann mensch über das Konzept von Genialität trefflich streiten, aber vielleicht ist Schizophrenie der Preis, den beide für ihren außergewöhnlichen Einfallsreichtum zahlen mussten? Natürlich nicht, denn in einer voll ausgeprägten Psychose leidet das logische Denken ganz erheblich. Wer weiß, worauf die beiden noch gekommen wären, hätten sie sich nicht mit Krankheit und den fragwürdigen Behandlungsmethoden ihrer Zeit herumschlagen müssen.

Oft trifft mensch auch auf die Vorstellung, dass Schizophrenie nie weggehen würde oder damit nur ein sehr eingeschränktes Leben möglich wäre. Beides ist natürlich möglich, doch nicht unausweichlich. Mir persönlich hat das Buch „Morgen bin ich ein Löwe" von der Psychologin und selbst Betroffenen Arnhild Lauveng viel Mut gemacht.

Ein anderes Vorurteil hat mit Drogen zu tun. Ich persönlich habe noch nie welche konsumiert (auch **keinen** Alkohol und **kein** Nikotin), aber viele andere Psychose-Erfahrene schon. Doch ich finde, wir sollten uns damit zurückhalten, diese Menschen zu verurteilen. Sie sind nicht „schuld" an ihrer Erkrankung, und frei nach der Bibel: wer noch nie Drogen konsumiert hat, werfe den ersten Stein…

Es gibt noch einige weitere Vorurteile, aber wir belassen es hier erst mal dabei. Warum schreibe ich das alles? Natürlich um dieses Krankheitsbild bekannter zu machen und mit Vorurteilen aufzuräumen [Vorurteile abzubauen]. Aber auch, weil sich politisch noch einiges tun muss. Nicht nur, dass schizophrene Menschen oft als Abschreckungsbeispiel herhalten müssen und als Gefahr für die Gesellschaft gesehen werden. Die meisten Menschen mit Schizophrenie arbeiten zum Beispiel auch nicht auf dem ersten Arbeitsmarkt und leben unter der Armutsgrenze. Auch in Bewegungen, die sich Entstigmatisierung und Inklusion auf die Fahnen geschrieben haben [die sich dafür einsetzen], wird oft die Phrase „wir sind ja nicht verrückt" verwendet. Aber was ist, wenn ich genau das bin, habe ich dann weniger Rechte verdient?! Ich denke nicht.

Nach Troja

Lena Hel Lautner (sie | ihr)
@one.hell.of.an.l

Text von: 2025

CNs:
Fehldiagnosen, Psychiatrie (keine Details)

Diese Rede hat Lena so ähnlich bei der 2. Disability und Mad Pride Bonn gehalten.
Der Text ist ein bisschen anders als die Rede.
Wenn Ihr über Lena sprecht, könnt Ihr auch sagen: sie.

Lena ist *weiß*, trans* und psychisch krank.
Lena organisiert die Disability und Mad Pride Bonn mit.

Der nächste Text von Lena ist Kunst.
Wir übersetzen den Text **nicht** direkt.
Lena schreibt über Troja.
Troja war früher eine Stadt.
Es kann gut sein, dass es Troja **nicht** gab.
Es gibt viele Geschichten über Kriege um Troja.
Zum Beispiel von den alten Griech*innen.
Lena schreibt ihre Geschichte so, als wäre sie dabei gewesen.
Weil es an manchen Stellen so ähnlich ist wie das, was sie erlebt hat.
Die Menschen in Troja wollten frei sein.
Lena auch.

Lena spricht über die Folgen von schlimmen Erlebnissen.
Sie spricht dann darüber, was eine falsche Diagnose für Schaden anrichten kann.
Sie spricht auch über Schizophrenie.
Was das ist, erklärt der Beitrag von Caro.

Hallo. Ich bin Lena.
Ich erzähle eine Geschichte.
So ähnlich wie ein Märchen.
Was Du aus der Geschichte mitnimmst, entscheidest Du selbst.

Es war einmal, vor etwa dreißig Jahren.
Da wurde ein Kind geboren.
Die Eltern liebten das Kind sehr.
Aber sie konnten es **nicht** vor allem beschützen.

Schon bald hat das Kind schlimme Dinge erlebt.
Es trug die schlimmen Dinge in sich, wie einen Splitter unter der Haut.
Das Kind hatte **keine** tatsächlichen Splitter in der Haut.
Es ist ein Vergleich.
Der Vergleich soll sagen: Das Kind hatte etwas, das es für sehr lange Zeit belastet hat.

Das Kind war oft sehr wütend.
Die Eltern machten sich Sorgen.
Das Kind war wütend, denn der Splitter tat ihm weh.
Da hatte es oft Streit mit den Eltern.
Auch das tat dem Kind weh.
Wie ein zweiter Splitter unter der Haut.

Jetzt kommt ein Zeit•sprung.
Das heißt: Ich habe jetzt gerade über etwas gesprochen, das sehr lange her ist.
Jetzt spreche ich über etwas, das viele Jahre später passiert ist.
Das Kind ist erwachsen geworden.
Aber es ist die Splitter **nie** los geworden.
Es hatte sie schon sehr lange unter der Haut.
Das Kind hatte vergessen, dass sie **nicht** zu ihm gehören.
Das heißt: Das Kind hat ganz lange Schmerzen gehabt.
Irgendwann hat das Kind vergessen, wie sich ein Leben ohne Schmerzen anfühlt.

Das Kind ist jetzt ein junger Erwachsener.
Alle, die diesen jungen Erwachsenen kennen, sind sich einig: Da stimmt etwas **nicht**.
Irgendwann bittet er um Hilfe.
Er geht zu Ärzt*innen, um Medikamente zu bekommen.
Er geht zu Psycholog*innen.
Psycholog*innen helfen Menschen, denen es psychisch **nicht** gut geht.
Die zum Beispiel sehr viel Stress haben. Oder die sehr viel Angst haben.
Da war der junge Erwachsene schon mal richtig.
Denn die Splitter sind ja **keine** echten Splitter.
Es sind Splitter in der Psyche.
Das heißt, sie können **nicht** einfach herausgezogen werden.

So bekommt er Hilfe.
Er bekommt Medikamente.
Und er bekommt ein Wort: Schizophrenie.
Das ist der Name einer Krankheit.
Das soll die Krankheit sein, die der junge Erwachsene hat.
Und gegen die bekommt er Medikamente.
Weil es eine starke und unheimliche Krankheit ist, bekommt er auch
starke und unheimliche Medikamente.
Aber das Problem ist: Der junge Erwachsene hat diese Krankheit **nicht**.
Er hat eine völlig andere Krankheit.
Aber alle sind sich einig: Das ist Schizophrenie.
Das Wort passt dazu, wie er sich benimmt und wie er denkt.
Der junge Erwachsene glaubt selbst, dass er Schizophrenie hat.
Er will auch Hilfe.

Jetzt kommt noch ein Zeit•sprung.
Der letzte Zeit•sprung in dieser Geschichte.

Ich spreche jetzt über heute, wo ich vor Euch stehe und Euch dieses
Märchen erzähle.
Der junge Erwachsene ist noch einmal älter geworden.
Er hat herausgefunden, wie die Krankheit wirklich heißt.
Und wie sie entsteht.
Wenn ein Mensch etwas Schlimmes erlebt, dann kann er davon psychisch
krank werden.
Dann bleibt ein Splitter.
Diesen Splitter nennen wir auch: Trauma.
Trauma ist so ein ähnliches Wort wie Schizophrenie.
Es ist auch so etwas Ähnliches wie eine Krankheit.
Ein Trauma und Schizophrenie können ähnlich aussehen.
Das ist das Problem.
Denn Schizophrenie muss anders als ein Trauma behandelt werden.

In meiner Geschichte ist das falsch gelaufen:
Ein Mensch mit Trauma wurde so behandelt wie ein Mensch mit
Schizophrenie.
Die Ärzt*innen und Psycholog*innen wussten **nicht**, dass es ein Trauma
war.

Auch das ist das Problem.
Kein Mensch wollte sehen, was das Kind Schlimmes erlebt hatte.
Kein Mensch hat darüber geredet.
Kein Mensch hat nachgefragt.
Kein Mensch hat das Kind gefragt:
Was genau fühlst Du?
Kein Mensch hat den jungen Erwachsenen gefragt:
Was macht die falsche Behandlung mit Dir?
Und so wurde dieser Mensch zu lange falsch behandelt.
Er hat 10 Jahre lang die falschen Medikamente bekommen.
Erst nach 10 Jahren hat eine Ärztin gesagt:
Du hast **nicht** Schizophrenie.
Du hast ein Trauma.
Das war zu spät.

Das ist ein Märchen ohne guten Ausgang.
Zumindest wenn wir in die Vergangenheit schauen.
Da müssen wir viele Fragen stellen.
Und ich muss dieses Märchen erzählen.
Erstens ist es eine wahre Geschichte.
Ich habe sie nur wie ein Märchen erzählt.
Zweitens ist es eine wahre Geschichte, die vielen passiert.
Wahrscheinlich auch vielen, die es gar **nicht** wissen.
Viele Krankheiten zeigen sich **nicht** am Körper.
Es ist oft schwer, diese Krankheiten zu unterscheiden.
Und so bekommen viele Menschen die falsche Behandlung.

Es ist ein Märchen. das sagt: Ärzt*innen, Psycholog*innen und andere
müssen mehr und besser fragen.
Sie müssen auch sich selbst hinter•fragen.
Und die Menschen, die mit ihnen arbeiten.
Für mich ist heute wichtig und die Zukunft.

Was mir passiert ist, kann ich **nicht** ändern.
Aber, was anderen passiert, vielleicht schon.
Deswegen erzähle ich diese Geschichte.

Und ich erzähle sie noch weiter, aus einem anderen Blickwinkel. Ich erzähle die Geschichte einer Stadt.

Troja, das ist ein großes Projekt, eine Stadt, ein Staat, eine Stein, Stahl und Gesang gewordene Tat, ein Fakt. Früher war Troja für mich ein Trans*mythos: die Geschichte eines Begehrens, das das Meer überquert. Aber da ist noch mehr: die Stadt selbst und ihr Mythos.
Von all dem konnte ich als Kind nichts wissen. Ich, das Kind aus dem Märchen, wuchs bei den Griechen auf.

Und meine Eltern liebten mich. Ein Schutz war das nicht. Ich habe von Stacheln gesprochen. Und so wie der Stachel der Brombeere Deine Hand findet, wenn Du nach den süßen Früchten greifst, fand er damals auch meine Finger. Aber dieser Stachel war nicht zu ziehen, die Wunde unheilbar. Einen Stachel, der auf den Geist zielt, den zieht keiner. Den sieht mensch auch nicht, höchstens als zorniges, altes, böses Flackern in den Augen des Kindes. Aber dann ist der Moment vorbei, und mensch fragt sich, ob dieses alte, böse Flackern wirklich in einem Kind wohnen kann. Was aber ist, wenn die Beeren selbst, vergoren und ungenießbar geworden, den Geist im Kind vergiften?
Vielleicht ist es auch so: Die Liebe derer, die mich umgaben – sie erklärt, was geschehen ist. Aber Liebe entschuldigt nicht. Das alte Böse wächst.

Als ich, frisch erwachsen geworden, das erste Mal die Trojaner*innen sah, wuchs mein Interesse für die Vielfalt der Menschen und die Weite der Welt ins Unermessliche. So glatt, zärtlich und sanft waren sie, und vielleicht ist das eine Erklärung für meine Liebe zu ihrem Prinzen Paris. Und so entscheide ich. Ich gehe mit dem Prinzen der Trojaner, Paris, nach Troja. Eine Flucht nach vorne. Das alte Böse schläft, aber es geht mit. Ich konnte nicht wissen, dass das Krieg bedeutet. Die Griechen nämlich reden nicht von einer Flucht, einem Wunsch, der das Meer überquert, sondern von einem Raub. Und sie entfesseln den gewaltigsten Krieg um den kindlichen Geist. Mit hunderten Schiffen fahren sie nach Troja, tausende Soldaten schwitzen und bluten am trojanischen Strand, in aberdutzenden Kämpfen, immer unter den Blicken des alten Bösen, das von der Mauer des Palastes aus auf sie herabblickt und aus mir, aus dem Kind grinst. Es weiß bereits, dass es selbst, der Prinz, die Trojaner, diesen Krieg verlieren werden. Und es freut sich.

Als ich 18 war, war ich so weit, dass ich mir psychiatrische Begleitung wünschte. Diesem Wunsch entsprachen meine Angehörigen. Auffällig war ich schon zuvor. Ich habe mein Abitur gemacht, dann habe ich entschieden, dass die Vergangenheit eine böse Fratze ist und ich Unterstützung brauche, um der Zukunft entgegenzublicken. Die Zukunft, das waren zu diesem Zeitpunkt die nächsten zehn Jahre. Ich fing an, für einige Jahre Risperidon zu nehmen, ein Medikament, das, so wie die Schizophrenie, gegen die ich es genommen habe, stark war, hoch potent und unheimlich.
Zehn Jahre sind lang. Zehn Jahre Belagerung, wie würdest du die Zeit rumbringen? Wie würdest du zur Arbeit gehen, wie würdest du leben? Ich war schizophren. Ich hatte verlernt, zu lächeln, ohne dass das alte Böse mit lächelt.
Aber das Medikament tut seine Arbeit. Und tut sie und tut sie, mit Deiner Erlaubnis und mit der der anderen. Und es ging nie darum, Gutes zu tun. Es ging nur darum, überhaupt etwas zu tun.

Zehn Jahre, viele unglückliche Sekunden und einen einzigen glücklichen Zufall später bin ich hier, um diese Geschichte zu erzählen. Auch das Pferd hat nur eine Nacht gebraucht, um die so unglaublich lang belagerte Stadt zum Fallen zu bringen.
Denn als ich mich in dem Glauben, ich sei psychotisch, in diejenige Klinik aufmache, die mir Jahre zuvor die Schizophrenie diagnostiziert hatte, schicken sie mich weg: Ich bin umgezogen und eine andere Klinik ist zuständig. Dort angekommen werde ich ausgebremst: Ich lande im geschützten Bereich, sitze im Innenhof und warte, während ohne meine Kenntnis meine Gewissheiten wie alte Mauern umgeworfen werden.

Du ahnst bereits, was sich hier ankündigt. Unter der dichten Decke aller meiner Schatten, der Stachel aus Kindertagen, der immer wieder angestauten Wut, der verlorenen Zeit, der vergeblichen Schein-Heilung, in dem Sumpf aus Medikamenten, ihren Nebenwirkungen und echten

Symptomen, ist eine Wahrheit wirklich ganz im Dunklen geblieben.
Ich bin überhaupt nicht schizophren.

Und ich weiß das, jetzt, zehn Jahre später. Ich habe sie mit brutaler Wucht gelernt, diese Wahrheit. Und mit dieser Wucht, dieser uralten Wut, die sich aber jetzt gegen das Böse richtet, schreibe ich diesen Text und frage Dich, wer Du auch bist, Patient*in, Psychiater*in und Ärzt*in, Angehörig*e oder Freund*in:

Kennst Du meine Geschichte? Hättest Du es wissen können?

Hättest Du es sehen müssen?

Aus dem Leben eines halbblinden Archivisty

Lumine/Wyrm Hagedorn (sie | es)
@sl33pycatsyndr0me

Text von: 2024

Lumine/Wyrm hat mehrere Namen.
Für Lumine/Wyrm sind sie- und es-Pronomen okay.
Wenn Ihr über Lumine/Wyrm sprecht, könnt Ihr auch sagen: sie.
Oder: es.
Es-Pronomen sind neutral.
Es-Pronomen sind für Lumine/Wyrm okay.
Es wohnt in Berlin.

Jetzt kommt die Rede in Einfacher Sprache.
Die hat Lumine/Wyrm für die 2. Disability und Mad Pride Bonn
geschrieben.

Danke, dass ich hier sprechen darf.
Das ist mir sehr wichtig.
Das bedeutet mir ehrlich sehr viel.
Ich bin Lumine/Wyrm.
Ich bin Teil eines DIS-Systems.
Das steht für: Dissoziative Identitäts Störung oder Struktur.
Menschen sagen dazu auch: Pluralität.
Ich sage dazu: System.
Das heißt:
In meinem Körper sind viele Personen.
Wir haben verschiedene Namen.
Wir sind alle verschieden alt.
Wir erinnern uns an verschiedene Dinge.

Wir haben verschiedene

- Interessen

- Sexualitäten

- Bedürfnisse

- Identitäten

- Behinderungen

Mein Körper ist 18 Jahre alt.
Ich bin 1 Jahr älter.
Mein Körper hat **keine** Seh•behinderung.
Die anderen Personen im System haben eine leichte Seh•schwäche.
Ich bin halb•blind.
Und ich bin halb•taub.
Wenn ihr mich anguckt, seht Ihr das **nicht**.
Behinderung hat **kein** bestimmtes Aussehen.
DIS hat **kein** bestimmtes Aussehen.

Es ist für mich schwer anderen Person zu sagen:
Ich bin seh•behindert.
Ich bin schwer•hörig.
Ich würde das gerne sagen können.
Dann wären manche Dinge leichter.

Meine Aufgabe in unserem System ist: archivieren.
Es gibt noch 8 andere Personen im System mit der gleichen Aufgabe.
Wir schaffen das nur gemeinsam.
Ich rede gern über meine Arbeit im System.
Ich mache viele Sachen, die anderen **nicht** auffallen.
Auch die Sachen sind wichtig.
Das heißt:
Ich organisiere die Informationen in unserem Head-Space.
Head-Space ist Englisch.
Auf Deutsch heißt das etwa: Kopf•raum oder Raum im Kopf.
In unserem Kopf sind Informationen, die alle von uns kennen.
Das sind zum Beispiel Informationen zu Personen, die wichtig sind.
Die ordne ich.
Wichtige Personen sind zum Beispiel:

- Beziehungs•menschen
  Das sind zum Beispiel: Partner*innen, Freund*innen oder Familie.

- Lehrer*innen

Manche Personen im System können **nicht** schreiben.
Manche Personen im System haben wenig oder **keine** Zeit.
Manche Personen im System haben wenig oder **keine** Kraft.

Darum können sie **keine** Informationen zu sich selbst im Head-Space
[Kopf-Raum] geben.
Das mache ich dann.
Ich mache sehr viel, damit wir überleben können.

Menschen, die mit Medizin zu tun haben, glauben:
In unserem Körper gibt es nur eine Person.
Meine Therapeutin sagt:
Du kannst **kein** System sein.
Du organisierst dich zu gut.
Du verhältst dich zu sehr wie Menschen, die **kein** System sind.
Das stimmt **nicht**.
Das verletzt mich und uns.
Das sind Vorurteile.
Wir sind ein System.

Es gibt gefährliche Menschen.
Sie können unser Leben unsicher machen.
Sie sollen **nicht** merken, dass wir ein System sind.
Wir Archivist*innen machen viel dafür.
Diese Menschen sollen denken:
Du kannst **kein** System sein.

Wir erleben viel Diskriminierung.
Am meisten

- weil wir autistisch sind

- weil wir neuro•divergent sind

- weil wir psychisch krank sind

Andere sagen, unser Geist ist krank.
Das ist ableistisch.
Wir haben Krankheiten.
Aber wir sind **nicht** krank, weil wir ein System sind.
Und wir sind **nicht** krank, weil wir neuro•divergent sind.

Jetzt sagen auch andere:
Ihr seid behindert.

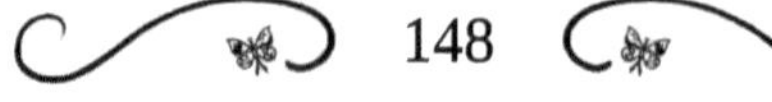

Das sagen zum Beispiel Ärzt*innen.
Wir gelten jetzt offiziell als schwer•behindert.
Deshalb bekommen wir jetzt Hilfe bei manchen Dingen.
Ich bin sehr froh darüber.
Nicht alle haben das Glück, dass ihre Behinderung anerkannt wird.
Zum ersten Mal habe ich das Gefühl:
Ich werde **nicht** nur diskriminiert.
Wir werden **nicht** nur diskriminiert.
Wir bekommen auch etwas.

Wir brauchen aber mehr Hilfe.
Ich versuche mehr Hilfe für uns zu bekommen.

Meine Eltern sind Akademiker*innen.
Das heißt:
Sie haben studiert.
Sie kriegen viel Geld für ihre Arbeit.
Für meine Eltern ist Leistung sehr wichtig.
Sie haben uns Druck gemacht.
Weil wir auch Akademiker*in sein sollten.
Weil wir auch studieren sollten.
Wir hätten als Kind Hilfe gebraucht.
Viele Dinge waren schwer für mich und uns.
Zum Beispiel:

- Schule

- mit anderen Personen umgehen

- Hobbys

Unsere Eltern haben uns sehr lange **nicht** unterstützt.
Wir haben lange **keine** Diagnosen bekommen.

Wir haben heute 2 Diagnosen:

- Legasthenie
  Leute sagen dazu auch:
  Lese•schwäche und Rechtschreib•schwäche.
  Das heißt:
  Wir können **nicht** gut lesen.
  Wir können **nicht** gut rechnen.

- schwere Depressionen

Das ist wenig.
Es ist schwer, Diagnosen zu bekommen.
Andere Leute sagen:
Das hast du **nicht**.
Das stimmt **nicht**.

Wir geben uns selbst Diagnosen.
Das ist wichtig.
Selbst•diagnosen können Leben retten.
Sie haben unser Leben gerettet.

Wir sind ein System.
Wir sind verrückt.
Wir sind behindert.
Wir wissen, wer wir sind.
Andere dürfen **nicht** mehr sagen:
Ich weiß, wer du bist und was du hast.
Du weißt das **nicht**.
Ich weiß es besser.
Wir wissen es besser.

Danke, dass Ihr mir zugehört habt.
Danke, dass ich hier reden durfte.

Erstmal,
Danke, dass mir die Möglichkeit ne Rede zu halten gegeben wurde, ich
weiß es sehr zu schätzen. /gen
/gen heißt: Das meine ich ehrlich.

Nun zu mir,
ich bin Lumine/Wyrm und körperlich 18.
Falls jetzt einige verwirrt sind, keine Sorge, ich versuche ein paar Fragen
zu beantworten. Ich hab eine DIS, ausgeschrieben für Dissoziative
Identitäts Störung (oder Struktur, je nachdem, wen mensch fragt). Ich bin
eine Persönlichkeit von vielen in einem Körper, wir alle haben eigene
Interessen, Sexualitäten, Bedürfnisse, Alter und Identitäten, oder auch
Behinderungen.
Ja auch Behinderungen können variieren, während die Anderen, wie ich
sie ab jetzt vereinfacht nennen werde, nur eine leichte Sehschwäche
haben, bin ich halbblind und halbtaub. Mensch sieht es mir nicht an, ich
weiß, Behinderung hat kein Aussehen, so auch bei einer DIS. Ich bin 19
Jahre alt und habe eine Sehbehinderung, unser Körper jedoch nicht. Ich
habe Probleme bis heute damit, Menschen zu sagen, ich bin sehbehindert
und schwerhörig, auch wenn es Dinge leichter machen würde.

Zu meiner Arbeit im System, eines meiner Lieblingsthemen offen
gestanden, 
als Archivistin mache ich hauptsätzlich Hintergrundkram, der doch relativ
viel Relevanz hat. Ich lege Akten an zu Menschen, die in Relation zu uns
stehen, ob Lehrkraft oder ein Beziehungsmensch von mir, auch lege ich
Einträge an für Persönlichkeiten im System, die es nicht können,
entweder weil sie nicht schreiben können, nicht die Zeit haben oder die
Kraft. Ich mache sehr vieles damit wir überleben können. Das
Gesundheitssystem glaubt nicht, dass wir überhaupt eine DIS haben, weil
wir in Worten unserer Therapeutin, zu geordnet seien und unseren Kram
unter Kontrolle hätten. Beleidigend, aber auch ein gutes Kompliment an
mich und die Anderen, die versuchen alles zu vertuschen für
Außenstehende, unsichere Menschen (unsicher, im Sinne von gefährlich
für uns). Es gibt ungefähr neun Archivist*innen (mich eingeschlossen), die

 den ganzen Laden schmeißen/rw, nur damit wir bloß nicht geclockt werden als plural [damit andere Menschen **nicht** sagen: Ihr seid ein System]. Wir erfahren ohnehin schon ne Menge Diskriminierung (hauptsächlich wegen unserem Autismus und nem Haufen an sogenannten Geisteskrankheiten) das kommt nur dazu obendrauf.

 Vor kurzem kam der Brief, dass unser GdB (Grad der Behinderung) nicht nur anerkannt wurde sondern auch die, bis dahin, so sehr erhofften 50 waren, inzwischen bin ich dabei mehr zu beantragen, ich war diejenige, die den Brief aufmachte und zum ersten Mal, hatte ich das Gefühl, dass doch wenigstens etwas richtig war in unserem Leben. ich weiß was das für ein riesiges Privileg das ist.

Ich bin Akademikerkind, meine Kindheit bestand aus Leistungsdruck und mangelnder Unterstützung in allen Lebenslagen, sei es Schule, Soziales, Hobbies, etc.
Bis heute haben wir „nur" Legasthenie und schwere Depressionen als gesicherte Diagnosen. Selbstdiagnosen haben das Potenzial Leben zu retten. Sie haben unser Leben gerettet.

Wir sagen kollektiv von uns wir sind verrückt, wir sind behindert und werden uns nicht mehr kleinreden und unterkriegen lassen.

Danke fürs Zuhören /gen
und danke an die Disability und Mad Pride Bonn für die Möglichkeit

„Selbstdiagnosen, wie sie in der neurodivergenten Community meist verstanden und anerkannt werden, sind seeehr detailliert und basieren auf Recherche, Reflexion, Beobachtung, Einordnung… über einen längeren Zeitraum (z.B. mehrere Monate bis Jahre) hinweg.

Unter „offiziellen" Diagnosen werden meist einfach ALLE Diagnosen / Diagnostiken durch „offizielle" Stellen wie Psychiater*innen, Psychotherapeut*innen verstanden. Diese „offiziellen" Diagnosen werden dann per se mit „qualitativ gute Diagnose" gleichgesetzt."[8]

~ Senami Hotse (sie | ihr)
@sen_vi_
neurodivergente Schwarze Soziologin, Doktorandin und Mutter

---

8   Hotse, S. [@sen_vi_]. (2023, 28. Juni). Meine Perspektive zu Selbstdiagnosen. Instagram. https://www.instagram.com/p/CuBu30cMh-X/

(Un)Sichtbar

Koi Katha Delfin Blaeser (em | ems, xier | xies)

Text von: 2024

 CNs:
selbstverletzendes Verhalten (keine Details), Suizidalität

Wenn wir über Koi Katha Delfin sprechen, können wir Koi sagen.
Oder wir sagen: em.
Oder: xier.
Koi mag, wenn ihr mal em sagt und mal xier.
Koi hat auch noch andere Pronomen.
Koi ist *weiß*.
Koi ist chronisch und psychisch krank.
Em ist neuro•divergent.
Em spricht in dem Beitrag darüber, dass andere Menschen em **nicht** als behindert sehen.

Koi hat viele Label.
Ein paar davon sagt Koi im Text:
- Crow-Raven-Lonxiecollector
- nomi-pronoun-fluidflux
- aldernic
- cypric pan* oriented aroace
- loveless-questioning
- polarsensuellspike
- agenderflux-nymangi-vortexid-voidarianflux-prox
Die Label erklären wir im online Glossar.
Link: https://disability-pride-bonn.de/behindert-und-verrueckt-jetzt-reden-wir-online-glossar

Koi möchte gerne Hilfe.
Zum Beispiel von Ärzt*innen.
Aber Koi bekommt oft **keine** Hilfe.
Ärzt*innen diskriminieren Koi oft.
Sie sprechen Koi zum Beispiel **nicht** als Koi Katha Delfin Blaeser an.
Sie sprechen em mit dem Namen an, den Koi bei der Geburt bekommen hat.
Der Name passt aber **nicht**.
Koi ist **nicht** binär.

Andere Menschen verwenden für em oft den falschen Namen.
Oder sie nehmen die falschen Pronomen.
Das tut Koi sehr weh.

Andere Menschen sagen zu Koi:
Du musst dich anpassen.
Du musst dich mehr anstrengen.
Du bist faul.
Dir geht es doch gut.
Koi sagt:
Das System muss sich verändern.

„Aber dir geht's doch besser."
„Aber dir geht's doch gut."
„Aber du hast doch alles."
„Aber du machst doch so viel."

Ich weiß, und trotzdem. Auch wenn du es nicht siehst, geht es mir schlecht. Was du besser nennst, ist Gewöhnung und Maskieren. Das ist das Ding mit (vermeintlich) unsichtbaren Erkrankungen, du siehst mich an und siehst nur eine Fassade. Vielleicht bröckelt innen der Putz, die Balken sind morsch und das Haus einsturzgefährdet/rw. Doch alles, was du siehst, ist eine Maske, die verbirgt, was dahinter liegt. Oder du siehst nur, was du sehen willst. Siehst die Risse in der Fassade nicht/rw.

Du siehst den Schmerz nicht, an den ich mich gewöhnen musste. Du siehst nicht die unendliche Müdigkeit. Du siehst nicht, wie sinnlos es meist scheint, zu versuchen, in dieses System zu passen, wenn der eigene Körper und die eigene Psyche so durch und durch inkompatibel damit scheinen. Wenn es so schwer ist, dass ich mir wünsche, etwas würde passieren. Wenn ich so müde vom Leben bin, dass auf dem Stuhl sitzen die Tagesleistung ist. Wenn ich mir selbst nicht erlaube, zu entspannen oder zu schlafen, weil ich weiß, ich muss eigentlich etwas leisten. Denn wenn ich nichts leiste, was passiert dann mit mir? Was, wenn die Ersparnisse aufgebraucht sind? Die Ämter mich einfach weiter im Kreis schicken/rw, ohne zu helfen? Die Familie nicht sieht, dass ich einfach nicht kann? Dass ich rund bin und nie in das eckige System passen kann/rw? Das System, das mir die Schuld dafür gibt, dass ich rund bin, um auch ja nicht anerkennen zu müssen, dass es fehlerhaft ist. Dass es Menschen zurücklässt und auf dem Rücken von Menschen arbeitet/rw [es ihnen schadet]. Dass es verändert werden muss.

Wenn du mich ansiehst, dann heißt das, ich habe es heute geschafft, zu duschen. Dann heißt es, es geht mir gut genug, um mich zu zeigen. Mein gut genug, nicht deines. Auf meiner Skala von richtig übel krass beschissen bis okay. Die Skala, die seltenst zu einem ganz gut ausschlagen kann. Wo das aber so ein Ausreißer ist, dass es nicht zur normalen Skala gehört.

Wenn du mich ansiehst, dann siehst du eine junge, *weiße* Person. Vielleicht weißt du nicht, wie du mich einordnen sollst. Ich möchte dir dann sagen, lass es. Ich passe nicht in deine vermutlich binären, allonormativen und amatonormativen Schubladen. Denn ich bin Crow-Raven-Lonxiecollector, nomi-pronoun-fluidflux, aldernic, cypric pan* oriented aroace, loveless-questioning, polarsensuellspike, agenderflux-vortexid-voidarianflux-prox und nymangi. Ich habe einen Labelberg, welche Namen und Pronomen passen wechselt, dieser Körper bin nicht ich, Anziehung is a weird soup/rw [Critical Role Referenz] und mein Geschlecht ne wibbly wobbly/rw [Doctor Who Referenz] Void-Wasserwirbel-Nicht-Geschlecht Sache.

Wenn du mich ansiehst, dann siehst du eine Maske. Du siehst einen neutralen oder grimmigen Gesichtsausdruck. Das siehst du, weil ich es dich sehen lasse. Das siehst du, weil hinter dieser Maske ein Sturm, eine Flut, ein Wirbel, ein Sog, ein Void, ein alles und nichts an Gefühlen tobt. Weil ich diese Maske brauche, um in diesem System annähernd zu funktionieren. Weil ohne diese Maske mein (Welt-)Schmerz, meine Verzweiflung, meine Selbstverachtung, meine Wut, mein Zorn, meine Trauer – weil sie alle freibrächen und mich einnehmen würden. Und dann, dann könnte ich gar nicht mehr funktionieren. In dieser Welt, in die ich auf so viele Weisen *scheinbar* nicht hineinpasse.

Wenn du mich ansiehst, dann siehst du nicht, dass ich jeden Tag Schmerzen habe. Und wenn ich es dir sage, dann glaubst du mir nicht. Oder du behandelst mich, als würdest du es vergessen. Diese täglichen Kopfschmerzen und Migräne, die da sind, wenn ich aufwache, wenn ich wach bin und wenn ich einschlafe. Jeden Tag. Immer. Doch du siehst sie nicht. Für dich sind sie *unsichtbar*. Weil sie unsichtbar gemacht werden. Für mich sind sie allgegenwärtig.

Wenn du mich ansiehst, dann siehst du nicht, wie ich unter Dysphorie leide. Wie es mich kaputt macht, in diesem Körper zu sein – und das schon mindestens, seit ich 11 bin. Du siehst nicht, wie ich mich immer und immer wieder selbst verletze. Du siehst nicht, wie schlimm es ist und was es heißt, daran erinnert zu werden, dass dieser Körper nicht wirklich meiner ist. Dass dieses System mich zwingt, in ihm zu leben, und zu leiden. Versteht denn niemensch, dass dieser falsche Körper krass zu meiner Depression beiträgt? Dazu, dass es mir schlecht geht?

Wenn du mich ansiehst, dann siehst du nicht, was für eine Tortur [Qual] das Thema Essen für mich bedeutet. Vermutlich siehst du mich gerade sogar essen. Weil ich immer Hunger hab. Und vermutlich glaubst du mir das nicht mal. Und doch ist es auch ein Grund, weshalb Essen für mich wie ein freiwilliger Pflichtkurs ist. Ich will nicht essen, weil es mir nichts gibt und weil ich durch Gewichtszunahme nur dysphorischer werde, aber ich muss essen. Weil ich nach nur wenigen Stunden das Gefühl habe, zu verhungern. Weil ich vieles nicht vertrage, und oft nichts da ist, was ich essen kann.

Wenn du mich ansiehst, dann siehst du nicht, dass ich chronisch entzündete Ohren hab, die schmerzen und jucken und bluten. Die alle paar Monate behandelt werden müssen, damit ich wieder besser hören kann. Du siehst meine Hörstürze nicht. Du siehst nicht, wie ich ständig mit Grippesymptomen kämpfe. Du siehst nicht, dass ich Schmerzen in Armen und Handgelenken hab.

Wenn du mich ansiehst, dann siehst du mein Restless Leg Syndrom, meine rastlosen Beine nicht. Weil ich krampfhaft versuche, sie still zu halten. Damit meine Maske hält. Damit es andere nicht stört. Du siehst nicht, wie meine Beine mich vom Schlafen abhalten, weil sie zucken und mich zur Bewegung zwingen.

Wenn du mich ansiehst, dann siehst du nicht, dass ich konstant Angst habe, etwas „falsch" zu machen, von dir bewertet zu werden, komisch aufzufallen. Du siehst vielleicht, dass ich mich unwohl fühle, aber du siehst meine Gedankenstrudel/rw nicht, und du siehst meine innere Anspannung in sozialen Situationen nicht. Du siehst nicht, wie anstrengend das für mich ist, und dass ich mich oft tagelang davon erholen muss. Du siehst meine Soziale Angst nicht.

Wenn du mich ansiehst, dann siehst du nicht, wie schwer es ist, medizinischen Support [Unterstützung] zu bekommen. Vielleicht denkst du, geh doch zu Ärzt*innen, und die helfen dir dann. Ich hab's versucht und versuche es immer noch. Aber einfach ist es nicht, meist scheint es

unmöglich, Hilfe zu bekommen. So sehr, dass ich oft denke, es ist wirklich unmöglich. Und wenn es doch klappt, Termine zu bekommen, heißt das noch lange nicht, dass ich Support bekomme. Oft bekomme ich auch einfach Misgendering, Deadnaming und Diskriminierung. Wenn du mich ansiehst, dann siehst du nicht, was das für eine psychische Belastung ist. Dann siehst du nicht, wie suizidal das macht und machen kann.

Wenn du mich ansiehst, dann siehst du nicht, dass ich keine psychiatrische Betreuung mehr hab, weil das konstante Misgendern und Deadnaming zu viel war und ich einfach keinen Ersatz finde. Du denkst vermutlich, dass ich scheinbar keine Hilfe wolle und mich scheinbar nicht bemühe. Du siehst nicht, dass das weit gefehlt ist/rw [dass das gar nicht stimmt] oder, dass ich teils seit Jahren versuche, Termine oder einen Platz auf Wartelisten zu bekommen.

Wenn du mich ansiehst, siehst du nicht, was die vielen

- „Ja, aber das hast du ja nicht."

- „Aber das kann ja nicht sein, dass dir Sex und Liebe nichts gibt. Da müssen wir den Grund rausfinden."

- „Ja, aber was warst du bei deiner Geburt?"

- „Du kannst nicht erwarten, dass ich Rücksicht darauf nehme, wie du angeredet werden möchtest."

- „Ich kann dir nicht helfen."

 angerichtet haben. Oder, dass Ärzt*innen mir nicht geglaubt haben und dachten, ich übertreibe. Oder, dass Therapeut*innen mich von meinen Labeln „heilen" wollten. Etwas, dass ich nie wollte. Yay, Sexismus und andere *ismen/s. Wie soll ich da Vertrauen haben, dass mir geglaubt wird und der Wille da ist, mir überhaupt helfen zu wollen und können?

 Wenn du mich ansiehst, dann siehst du meine Depressionen nicht, mein ADHS oder meine Autophobie, den Visual Snow, meine Probleme mit Hörverstehen. Wenn du mich ansiehst, dann siehst du nicht, dass ich Mad/Verrückt, neurodivergent, Spoonie und Punk bin.

 Wenn du mich ansiehst, dann siehst du nicht, wie sehr es mich gerettet hat, meine Label zu finden, wie Selbstdiagnosen gegen das Kaputt-Fühlen helfen können.

Wenn du mich ansiehst, dann siehst du all das wahrscheinlich nicht. Du siehst nicht, welche Probleme ich habe und welche Probleme mir in den Weg geschmissen werden/rw.
Du siehst nur eine gesunde Person, die faul ist.
Du siehst meine Label nicht. Das heißt aber nicht, dass sie nicht existieren oder nicht wichtig sind.
Aber es heißt, dass du mich nach Maßstäben misst, die mich automatisch schlechter stellen. Es heißt, dass du mich nach Produktivität beurteilst, an meiner Anpassung an das System, das mich strukturell unterdrückt und unsichtbar macht.
Fix dieses System und nicht mich.

Der Schmerz, mein anstrengender Nachbar, klingelt, wenn ich gerade aus der Dusche komme, wenn ich voll bepackt aus der Tür will, schon wieder zu spät, klingelt, wenn mir die Kartoffeln überkochen. Steht in der Tür und grüßt ganz freundlich. Sagt: „Ich wollte nur Bescheid sagen, es wird wieder etwas lauter in nächster Zeit."

~ Sabrina Busch
@fraufroschschreibt
sammelt Material für ihre Texte aus ihrem
Alltag als Rollstuhlfahrerin

Böse Behinderte
Furiosa (sie / ihr)

Text von: 2024

CNs:
Gewalt, Mobbing, Psychiatrie (keine Details), Suizidalität

Der Text ist von Furiosa.
Das ist **nicht** ihr wirklicher Name.
Der Name kommt von furious oder wütend.
Furiosa ist oft wütend.
Furiosa spricht über Dinge, die andere sehr schlimm finden.
Auch über Dinge, die sie selbst schlimm findet.
Deshalb möchte sie **nicht** mit ihrem wirklichen Namen hier stehen.

Furiosa ist eine böse Behinderte.
Sie reagiert anders auf ihre Umwelt.
Schon als Kind wurde sie deshalb ausgegrenzt und gemobbt.
Sie war oft wütend.
Sie war oft aggressiv.
Deshalb hatte sie viele Probleme.
Sie hatte **nicht** viele Freund*innen.
Sie hatte Probleme, eine Arbeit zu finden.
Sie war in der Psychiatrie.

In einer Therapie hat sie gelernt, wie sie besser mit ihren Gefühlen
umgehen kann.
Wer ihr auch hilft:
Ihr Mann.
Sie kann ihre Wut besser kontrollieren.
Sie kommt mit ihrem Leben besser klar.
Sie weiß also, was sie machen muss.
Sie hat immer noch Probleme.

Ich bin eine böse Behinderte. Ihr wisst nicht, was das ist? Ich will es euch erklären!

Wenn die Menschen früher an Behinderte dachten, haben sie gedacht: „Die Armen! Sie können nicht laufen. Oder sie haben Durcheinander im Kopf. Die können einem ja leidtun!" Oder auch: „Die Angehörigen können einem ja leidtun!" – bis hin zu Gedanken, ob es denn nicht für alle besser wäre, die behinderten Menschen wären gar nicht erst geboren…
Abgesehen davon, dass behinderte Menschen diese Art von Mitleid nicht wollen, klingt da zumindest ein wenig Verständnis mit: „Die können ja gar nichts dafür. Ach, die Armen!"
Anders ist das allerdings, wenn ein Mensch mit Behinderung „frech" ist, seine Wut zeigt, wenn die Wut gar Ausdruck der Behinderung ist. Dann ist das mit dem Verständnis sehr schnell vorbei!

Ich habe wohl das, was man „Emotions-Regulations-Störung" nennt, „emotional-instabile (Persönlichkeits?)-Störung", „Impulskontrollstörung", könnte aber auch ADHS sein.
Die Ärzt*innen und Therapeut*innen wissen es nicht genau. So richtig passe ich in kein Raster.
Borderline? Nee, ich verletze mich ja nicht selbst, eher würde ich anderen eine reinhauen.
„Das ist eher typisch männlicher Borderliner." Häh?? Ich bin aber kein Mann, definiere mich auch nicht als solcher.
Wie auch immer, ich weiß selbst nicht ganz genau, was mir fehlt.

Es fing im frühen Kindesalter an. Sobald ich unter Gleichaltrige kam, bekam ich Probleme. In der Schule wurde ich innerhalb kürzester Zeit zur Außenseiterin und zum Mobbing-Opfer. Ich habe mich etwas „anders" bewegt, ich bin zusammengezuckt, wenn sie vor meinen Augen rumgefuchtelt haben. Das hat gereicht.
Ich hab das aber nicht still erduldet, sondern begonnen, verbal und tatsächlich auch physisch „um mich zu schlagen". Ich habe herumgebrüllt. Ich habe Kraftausdrücke benutzt. Ich habe einer „unschuldigen" Mitschülerin ein Büschel Haare ausgerissen, eine andere mit einer Schere bedroht.

Die Lehrer*innen bekamen meist nur meine Ausbrüche mit, nicht aber,
was dem vorangegangen war.
Also war ich die Böse, die Verhaltensgestörte, wegen der man vielleicht
die Klasse abgeben muss…

Meine Mutter hielt dennoch zu mir, auch wenn sie mich oft ausschimpfte,
dass ich mich ständig daneben benehme. Sie hat wie eine Löwin für mich
gekämpft.
Meine älteren Geschwister sind irgendwann zuhause ausgezogen und
kamen nur noch an den Wochenenden nach Hause. Sie haben mir später
gesagt: „Mit dir war immer Theater, immer Drama!" Dass man sich in
meiner Nähe immer wie auf einem Vulkan fühle, der jederzeit ausbrechen
kann, sagten meine Eltern und Geschwister.

Meine Lage besserte sich nicht maßgeblich, als ich älter wurde. Mein
Leben außerhalb des Elternhauses war eine einzige Aneinanderreihung
von Ablehnungen und Zurückweisungen.
Ich habe mich immer gefühlt wie die Aussätzigen, die in der Bibel
beschrieben werden.
Mit diesen Aussätzigen wollte niemand etwas zu tun haben. Mit mir auch
nicht.
Ich habe angefangen, meine „lieben Mitmenschen" zu hassen. Mit 13
bekam ich Selbsttötungsgedanken.
Es wurde nicht besser bis ins Erwachsenenalter. Auch wenn ich vereinzelt
sogar Freundinnen hatte, blieb ich die Außenseiterin und das Mobbing-
Opfer bis zum Abitur und auch darüber hinaus.

Mein Hass, meine ganze Wut richtete sich jetzt auch gegen meine Eltern,
meine Mutter. Ich habe sie sogar mehrfach körperlich angegriffen und
misshandelt, wofür ich mich bis heute schäme. Natürlich weiß ich, dass
das nicht richtig war.

Mit 19 landete ich in der Klapse [Psychiatrie], weil ich mit der Situation, in
mein Erwachsenenleben zu starten, mit Auszug von zuhause und Beginn
einer Ausbildung, völlig überfordert war. Auch die nächsten Jahre
gestalteten sich holprig. An der Uni, beim Sprachkurs in Südspanien, in
der Zweck-WG des Hauses, in dem ich meine Student*innen-Bude hatte –
überall war es dasselbe. Ich war ausgegrenzt, man wollte mich nicht

dabeihaben. Das hat mich immer wieder aufs Neue retraumatisiert.

Dann begann meine berufliche „Karriere": Aus etwa 30 Jobs bin ich
rausgeflogen, wenn ich jetzt noch alle Aushilfsjobs während des
Studiums mitzähle. Ich konnte mich abmühen, wie ich wollte!! Es hat
nichts genützt! In einer Zeitarbeitsfirma sagte man mir: „Über die Arbeit
gab es keine Beschwerden. Aber menschlich klappt es nicht." Ich hab
mich am Ende schon gar nicht mehr getraut, mir Praktikumsstellen in
Bereichen zu suchen, die mich besonders interessierten. Denn ich wusste:
„Wenn die mich kennen lernen, wollen die nach spätestens einer Woche
nichts mehr von mir wissen. Und dann habe ich mir dieses Berufsfeld
auch noch verbrannt."
Meine Wut, mein Hass wurden durch all das nicht weniger. Ich habe sie
auch bei jedem noch so kleinen Anlass rausgelassen. Das führte zu noch
mehr Ablehnung.

Meine Schwester hat mich immer unterstützt. Sie hat sich oft mit mir
getroffen, mich oft am Telefon angehört. Doch zu denen nach Hause
durfte ich nicht kommen. Weihnachten wollte ich irgendwann nicht mehr
zu den Eltern fahren. Ich hatte aber keinen Partner – der jüngste Bruder
meines Schwagers auch nicht. Der wurde an Heiligabend zu meiner
Schwester und zu meinem Schwager eingeladen, ich nicht. Ich musste
zusehen, wie ich klarkomme.

Endstation Behindertenwerkstatt! Auch da war ich die Böse! Ich habe
immer gegen das repressive System dort aufbegehrt, das war für die
Gruppenleiter*innen und Sozialarbeiter*innen natürlich nicht bequem!
Sie haben nach kurzer Zeit entschieden, dass ich nicht in der Lage sei, auf
dem Allgemeinen Arbeitsmarkt zu arbeiten – dass man mich nicht auf die
Menschheit loslassen könne…
Die Folge von all dem: häufige Verzweiflung über meine Ohnmacht und
Perspektivlosigkeit, großer Hass und große Wut!

Wie bin ich da rausgekommen? Bin ich überhaupt je da rausgekommen??

Nun ja, so ganz sicher nicht. Aber es hat sich etwas geändert. Irgendwann
wurde es besser.

Als ich 2013 nach meiner letzten schweren Krise aus der Klinik zurück in
die Behindertenwerkstatt kam, war da ein Gruppenleiter, der mich ernst
nahm. Er hörte mir zu. Er konnte mich verstehen.
Zum ersten Mal hatte ich das Gefühl, jemand in dieser Werkstatt kapiert,
wovon ich rede.
Das hat sehr viel bewirkt.
Außerdem konnte/durfte ich wieder erste Arbeitsversuche außerhalb der
Werkstatt übernehmen – auch wenn es zuerst nur in geringem Umfang
war. Wie war das möglich? Jahre lang hatten sie mich behandelt, als sei
ich ein „hoffnungsloser Fall". Und jetzt auf einmal?
Einige Jahre später habe ich sogar selbst einen weiteren
Außenarbeitsplatz gefunden!

Die Sozialarbeiterin in der Werkstatt muss also den Eindruck gewonnen
haben, dass ich mich gut entwickle.
Aber entscheidend war sicher auch, dass ich mich um einen Platz in einer
speziellen Gruppentherapie bemüht habe. Diese wurde von einer
örtlichen Tagesklinik angeboten. Hier konnte ich verschiedene Methoden
lernen, wie man es schafft, sich nicht völlig von seinen Emotionen
kontrollieren zu lassen, sondern diese zu kontrollieren. Wir haben
Achtsamkeitsübungen gemacht. Wir haben Methoden gelernt, wie man
mit Stress umgeht. Wir haben gelernt, dass viele Situationen, die uns an
früher erinnern, mit „früher" gar nichts zu tun haben – auch wenn es sich
so anfühlt!!
Diese Therapie hat mir einen entscheidenden Schritt weitergeholfen.
Ich habe gelernt, viele Situationen im Leben anders wahrzunehmen. Ich
habe gelernt, dass viele Dinge, die im Leben passieren, nicht mit der
Absicht passieren, mich zu vernichten. Sondern sie passieren mir und
vielen anderen auch.
Meine Wut und mein Hass wurden weniger.

Ich werde immer noch sehr schnell wütend. Aber es ist nicht mehr so
extrem wie früher.

Ich kann heute arbeiten und mein eigenes Geld verdienen, außerhalb der
Behindertenwerkstatt – auch wenn das manchmal nicht einfach ist.
Meine Beziehung ist ruhiger und ausgeglichener geworden. Und ich kann
mich auch besser als früher in andere Menschen hineinversetzen.

Das ging früher überhaupt nicht, weil ich bereits durch kleine Dinge im Leben so gekränkt war, dass ich in einem Meer von Kränkung zu ertrinken drohte.
Heute habe ich schwimmen gelernt/rw.
[Das heißt: Heute komme ich damit besser klar.]

Mein Mann hat dazu ebenfalls wesentlich beigetragen, dass es mir besser geht. Er hat meine Verhaltensweisen oft nicht verstehen und nachvollziehen können - und es gab Zeiten, in denen wir uns „bis aufs Messer gefetzt" haben/rw [uns sehr stark gestritten haben]. Doch sind wir immer zusammengeblieben, und das hat mir Liebe, Geborgenheit und Stabilität gegeben! Ich habe manchmal Angst, wieder in ein Loch zu fallen, sollte er einmal nicht mehr da sein…
Und da ist noch ein anderes Lebewesen, das gespürt hat, als es mir nicht gut ging, als ich nachts draußen auf der Straße in einem Vorgarten im Gras lag. Dieses Wesen kam auf mich zu und sah mich mit großen Augen an – die Katze aus der Nachbarschaft, die wir später übernommen haben!

Ich wollte nie eine „böse" Behinderte sein. Doch empfand ich die Welt als böse mir gegenüber. Und daher wurde ich selbst böse.

Ein paar wirklich gute Erfahrungen haben mich aber besser gemacht. Die hätte ich früher gebraucht als erst in der zweiten Lebenshälfte…
Doch besser spät als nie!!

Die Müdigkeit des Andersseins: Ein Leben zwischen Identität und Stigmata

c.

Text von: 2024

 CNs:
(sexualisierte) Gewalt (keine Details)

Der Text ist von C.
Wir sagen **nicht** den Namen von C.
Das wäre gefährlich.

Ich bin anders.
Das merken andere auch.
Ich habe oft das Gefühl:
Hier gehöre ich **nicht** dazu.
Ich verstehe andere Menschen **nicht**.
Andere Menschen verstehen mich **nicht**.

Heute weiß ich:
Es gibt noch andere Menschen wie mich.
Ich lerne Wörter, die beschreiben, wie ich denke und fühle.
Ich bin neuro•divergent.
Die Wörter helfen mir, mich besser zu verstehen.

Ich habe viele Eigenschaften und Label.
Ich bin

- queer

- **nicht**•binär

- neuro•divergent

- traumatisiert

- chronisch krank

Ich muss viel arbeiten.
Ich habe 2 Jobs.
Und ich mache Sex•arbeit.
Ich habe Sex mit Menschen und bekomme Geld dafür.

Ich fühle mich oft zerrissen.
Und kaputt.

Weil meine Teile **nicht** zusammen•passen.
Das macht mich müde.

Verschiedene Menschen wissen verschiedene Dinge über mich.
Ich muss immer überlegen, was andere wissen dürfen.
Dürfen sie wissen, dass ich queer bin?
Dass ich chronisch krank bin?
Dass ich Sex•arbeit mache?

Die Menschen, mit denen ich arbeite, wissen **nicht**, dass ich **nicht**•binär
bin.
Die Menschen in dem einem Job wissen **nicht**, dass ich auch Sex•arbeit
mache.
Die Menschen in der Sex•arbeit wissen **nicht**, dass ich chronisch krank bin.
Wenn sie das wissen, dann kommen weniger Menschen zu mir.
Und dann bekomme ich weniger Geld.
Es macht mich traurig und wütend, dass ich **nie** ich sein darf.

Ich wünsche mir, dass ich ich sein darf.
Mit allen meinen Teilen.

Ich kann **nicht** so arbeiten wie andere Menschen.
Ich kann **nicht** jeden Tag morgens zur Arbeit gehen.
Und dann abends müde nach Hause kommen.
Das macht mich kaputt.

Ich brauche Sicherheit.
Ich brauche Geld, das ich regelmäßig bekomme.
Aber ich muss mich sehr oft anpassen.
Ich muss mich sehr oft verstecken.

Warum mache ich Sex•arbeit?

Sex•arbeit gibt mir mehr Freiheit und Sicherheit als viele andere Jobs.
Es ist trotzdem anstrengend.
Aber viele andere Jobs waren noch schlimmer für mich.
Ich will, dass Menschen verstehen:
Ich werde **nicht** gezwungen.
Ich habe in meinem Beruf **keine** Gewalt erlebt.

Ich habe Gewalt erlebt.
Aber eben **nicht** bei der Arbeit.

Viele Menschen sagen:
Sex•arbeit ist immer Gewalt.
Das tut mir weh.
Solche Menschen nehmen mir meine Stimme.
Sie sorgen dafür, dass mir andere **nicht** zuhören.
Und mir **nicht** glauben.
Ich will, dass Menschen uns zuhören.
Und uns respektieren.

Ich bin müde.
Weil ich so oft erklären muss, warum ich so bin, wie ich bin.
Weil ich erklären muss, warum ich Sex•arbeit mache.
Weil ich dafür kämpfen muss, dass andere mich akzeptieren.
Mich und andere Menschen, die Sex•arbeit machen.
Ich möchte, dass Menschen uns glauben.
Sie sollen uns unterstützen.
Sie sollen **nicht** sagen:
Das, was ihr macht, ist schlecht.

Manche Menschen sagen:
Wir brauchen ein Sex•kauf•verbot.
Das schützt Menschen, die Sex•arbeit machen.
Ich sage:
Das stimmt **nicht**.
So ein Verbot macht alles schlimmer.

Ich möchte **nicht** immer kämpfen.
Ich möchte mich ausruhen.

Es gibt Situationen in meinem Leben, in denen ich mich fehl am Platz
fühle. Als wäre ich nicht Teil einer größeren Einheit, als würde ich in einer
Blase schweben, die von außen deutlich erkennbar für alle ist und
signalisiert: Ich gehöre nicht dazu.
Früher als Kind dachte ich, ich wäre ein Wesen, das die Sprache der
anderen nicht versteht und dessen Sprache andere nicht verstehen.
Mittlerweile habe ich gelernt (oder lerne immer noch), dass es häufig gar
nicht so ist, dass ich mich so sehr von anderen unterscheide. Ich lerne,
dass es da draußen Menschen gibt, die ähnlich fühlen und denken wie ich,
die ähnliche Dinge tun wie ich, die auch irgendwie „anders" sind.
Ich lerne, dass es mir hilft, Namen für diese Dinge zu finden, um mich
zuordnen und verbunden fühlen zu können, ich lerne, dass es Plätze auf
dieser Welt gibt, die auch für mich bestimmt sind. Und dennoch wünsche
ich mir häufig sehnlichst, diese Plätze nicht getrennt voneinander
besuchen zu müssen.

 So viele Bereiche meines Lebens funktionieren nur, weil sie
nebeneinanderher existieren. Immer wie Parallelen, die gleichzeitig
laufen, aber sich nie berühren. Das macht mich müde. Da bin ich. Ich bin
queer und nicht-binär. Ich bin neurodivergent und traumatisiert und
chronisch krank. Und neben zwei anderen Jobs bin ich Sexworker. Die
Schubladen, in die ich mich einzukategorisieren versuche, funktionieren
wie diese Sicherheitsschubladensysteme, wo sich eine Schublade immer
erst dann öffnen lässt, wenn alle anderen verschlossen sind. Viel zu
häufig möchte ich aber aus zwei Schubladen gleichzeitig etwas greifen.

In einem regulären Arbeitsalltag kann ich nicht arbeiten, weil ich das
System nicht aushalte. Es macht mich kaputt, mich täglich irgendwohin zu
schleppen, wo ich nicht sein will, wo ich nicht ich sein kann, wo ich mich
anpassen und verstellen und verstecken muss. Morgens aufstehen,
Kaffee trinken, los zur Arbeit, Gespräche führen, die für mich sinnlos
erscheinen, Feierabend machen, nach Hause fahren, schlafen und am
nächsten Morgen wieder los. Es gibt natürlich noch weitere
Möglichkeiten, Schichtdienst, Teilzeit, Homeoffice. Aber immer wird mir
gesagt, was ich tun muss, und immer muss ich mich daranhalten, sonst

fliege ich raus.

Ich habe enorme Schwierigkeiten, mich einem solchen System anzupassen, weil ich es schlichtweg nicht verstehe. Ich bin jedoch darauf angewiesen, weil die alleinige Selbstständigkeit ohne Anspruch auf Krankengeld für mich keine Option darstellt. Häufiger muss ich mich krankmelden, werde operiert oder schaffe es aus anderen Gründen nicht, arbeiten zu gehen. Das sind Zeiten, in denen meine einzige Einnahmequelle mein Angestelltenverhältnis ist.

Ich bin dort nicht geoutet. Weder als nicht-binär noch als Sexworker. Ich weiß, ich würde meinen Job verlieren und damit ein wirklich sicheres Einkommen. Ich bin auch in der Sexarbeit nicht geoutet. Weder als queer  noch als nicht-binär noch als chronisch krank. Die Wahrscheinlichkeit, dass ich nicht mehr gebucht werden würde, wäre zu hoch.

Dieses Leben fühlt sich mehr als häufig an wie ein Strudel, aus dem ich nicht entkommen kann. Egal, wie ich versuche, meine Lebensentwürfe zu gestalten, ich sehe keine optimale Lösung. Egal, wie sehr ich versuche, das Schubladensicherheitssystem zu knacken, mir gelingt es nicht.

Das Thema Arbeit war für mich schon immer ein schwieriges Thema. Ich will mich beschweren, ich möchte schreien, weinen, schlafen, nicht nachdenken. Jedoch fehlt dafür häufig die Kraft, die Ruhe und die Zeit. Denn all dies geht nicht selten dafür drauf, für mich einzustehen und um Anerkennung meines Lebens zu kämpfen.
Ich wünsche mir Akzeptanz. Vor allem von den Menschen, die selbst keine Erfahrungen darin haben, wie es ist, Stigmatisierungen ausgesetzt zu sein; für das, was du bist und was du tust, gehasst zu werden.

Ich bin müde, sowieso schon von all diesen Themen in meinem Leben, aber noch mehr, dass ich mich immer und ständig Menschen erklären muss, mich und meine Berufswahl rechtfertigen muss. Ich wünsche mir, dass das Wort Outing nicht unbedingt an Bedeutung, aber an Gewicht verliert. Ich möchte von meinem Beruf erzählen können und dabei nicht auslassen müssen, was mir Schwierigkeiten bereitet, ohne dass mir gesagt wird: Dann such dir doch einen anderen Job. Ich möchte mich nicht immer wieder daran erinnern müssen, dass nicht ich das Grundproblem bin, sondern die Bedingungen unserer Gesellschaft. Und

 erst recht möchte ich nicht mit SWERFs [Sex Worker Exclusionary Radical Feminists] über meinen Beruf diskutieren oder mir diesen von ihnen absprechen lassen.

 Ich könnte jetzt beginnen, fachlich zu argumentieren, aber viel zu oft müssen Sexworker stark sein, rational sein, empowert sein. Darauf würde ich in diesem Beitrag gern verzichten und die Anonymität dafür nutzen, um zu sagen, wie genervt ich bin. Ich bin genervt davon, dass mir gesagt wird, dass meine Arbeit auf Ausbeutung beruht. Denn dies ist bei jeder Form von Arbeit der Fall.

Wie freiwillig kann ein Job sein, wenn er dazu dient, die bloße Existenz eines Menschen zu sichern? Und im Chaos dieses ganzen Berufslebens habe ich schnell festgestellt, dass die Sexarbeit ein Beruf für mich ist, der mich sicherer und freier fühlen lässt als manch andere Jobs. Wenn er dennoch auch Schwierigkeiten für mich beinhaltet, die ich teilweise wegen meiner Neurodivergenz oder meinen körperlichen Erkrankungen und ja, auch wegen meines Traumas, nicht wie gewünscht bewältigen kann. Ja, es ist anstrengend und teilweise belastend, körperlich sowie psychisch. Aber das waren viele Jobs für mich. Und teilweise in einem deutlich höheren Ausmaß.

Ich möchte mir nicht sagen lassen, dass mir sexualisierte Gewalt angetan wird und ich dies noch unterstütze. Sätze wie solche sind auf verdammt viele Ebenen triggernd und verletzend und vor allem auch herabwürdigend. Und sie verschleiern die Realität und machen es bei tatsächlich erlebter Gewalt so viel schwieriger für uns, tatsächlich darüber zu sprechen.
Ich habe bereits sexualisierte Gewalt erlebt.
Häufig.
Aber: dies ist nie auf meiner Arbeit geschehen (und es sind auch nie Fremde aus irgendwelchen Gebüschen gesprungen), sondern immer im privaten Raum.

Die Gewalt, die mir angetan wurde, verarbeite ich noch immer. Zu hören, dass ich nichts weiter als ein Opfer von Gewalt in meinem Beruf bin und dieser auch noch zustimme, entmündigt mich nicht nur, sondern schiebt gleichzeitig die Schuld auf mich.
Ich übe meinen Beruf so selbstbestimmt wie möglich aus, beziehungsweise versuche ich es. Denn das Gefühl der Selbstbestimmung

 176

wird mir nicht durch die Sexarbeit genommen, sondern häufig durch eben genau solche Aussagen.

Und genau das ist auch einer von vielen Gründen, warum ich dann doch auch hier in diesen Beitrag noch einbringen möchte, warum es so wichtig ist, sich aktiv gegen ein Sexkaufverbot (nicht nur) in Deutschland einzusetzen. Ein Sexkaufverbot (auch Nordisches Modell genannt) schützt Sexarbeiter*innen nicht – im Gegenteil. Es macht alles nur noch schwieriger als es eh schon ist. 

Ich bin müde, und diese Kämpfe machen mich schwach.
Ich möchte mich ausruhen.

My body doesn't lie to me.
Mein Körper lügt mich nicht an.

@LongCovidCelia (Celia Gorman) (sie | ihr)

Bilder von: 2023 und 2024

CNs:
Covid-19, Fat Shaming / Fat Bias / Dick_Fett•feindlichkeit (Diskriminierung gegen dicke, fette und dick_fette Menschen)

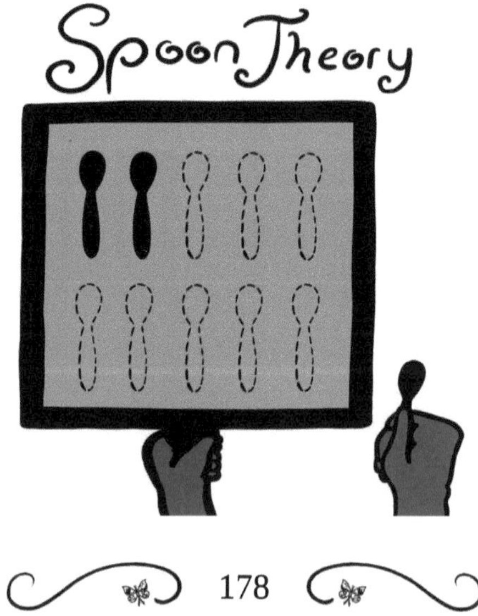

Wenn Ihr über Celia sprecht, könnt Ihr auch sagen: sie.
Celia Gorman macht Kunst.
Sie hatte Covid-19.
Das ist ein Virus.
Manche Menschen werden davon sehr krank.
Manche Menschen erholen sich **nicht** mehr.
Sie bleiben krank.
Sie haben dann: Long Covid.

Celia ist queer.
Sie ist neuro•divergent und behindert.
Sie hat Wissenschafts• und Gesundheits•journalismus studiert.
Sie kann **nicht** mehr arbeiten.
Sie will aber etwas machen.
Sie will anderen etwas sagen.
Deshalb zeichnet sie.
Sie zeichnet Strich•männchen.

Celia macht Graphic Medicine.
Graphic Medicine heißt: Dinge malen, die mit der eigenen Behinderung
oder Krankheit zu tun haben.
Das hilft Celia.
Sie kann damit besser ihre Behinderung besser verstehen.
Das, was sie malt, teilt sie im Internet mit anderen Menschen.
So lernt sie andere Menschen mit ähnlichen Behinderungen kennen.
Celia sagt:
Probiert zeichnen aus.
Das kann das Gehirn beruhigen.
Ich fühle mich danach besser.

Celia lebt mit vielen Krankheiten und Behinderungen:

- Long Covid

- ME / CFS

- Dys•autonomie

- POTS

- ADHS

Celia lebt in New York.
Das ist eine große Stadt im Land USA.
Sie wohnt da mit ihrem Mann und Stief•kind.
Sie hat auch Katzen, einen Hund, Fische und Kuschel•tiere.

Wir erklären jetzt die Wörter.

ME/CFS
ME / CFS steht für: myalgische Enzephalomyelitis / chronisches Fatigue-Syndrom.
Menschen mit ME / CFS fühlen sich immer sehr müde und erschöpft.
Sie sind ganz anders müde als Menschen ohne ME / CFS.

Dys•autonomie
Es gibt das autonome Nerven•system.
Das sorgt dafür, dass unser Herz schlägt.
Und dass wir atmen.
Bei Menschen mit Dys•autonomie funktioniert das **nicht** richtig.
Sie haben zum Beispiel Probleme mit dem Herz•schlag, dem Blut•druck oder der Atmung.

POTS
POTS steht für: Posturales Orthostatisches Tachykardie•syndrom.
Das ist eine Form von Dys•autonomie.
Bei Menschen mit POTS schlägt das Herz viel zu schnell.
Besonders, wenn sie aufstehen oder lange stehen.

Celia schreibt für WebMD.
Das ist ein Unternehmen, das über Gesundheit informiert.
Celia schreibt über

- gesundheitliche Chancen•gleichheit

- die Gesundheit von trans* Menschen

Sie schreibt auch viele Texte dazu, wie Menschen mit Long Covid leben.

Jetzt kommt der Originaltext auf Englisch.

Celia Gorman became Long Covid Celia when she didn't recover from COVID-19. She is a queer, neurodivergent and disabled creator with a Master's degree in science and health journalism. Unable to work but compelled to communicate, Celia started penning stick figure cartoons. When she was suddenly able to draw her hands, she realized her brain had truly changed.

Graphic medicine – comics that tell stories about health – provides a way to frame and understand her own symptoms and disabilities. Posting her illustrations online helps Celia find community and friends with similar experiences. She recommends doodling to everyone, as it's great way to calm your brain and activate your parasympathetic nervous system, your body's feel good rest state.

Celia resides in New York with her husband, stepkid, cats, dog, fish and weighted stuffed animals. She is living with Long COVID with ME/CFS (myalgic encephalomyelitis), dysautonomia and POTS (postural orthostatic tachycardia syndrome). Celia also has ADHD. She is an editor at WebMD, where she focuses on health equity, transgender health, and is writing "Living with Long Covid," a series of articles on what's wrong with us and how to survive it.

Bildbeschreibung:

Zu sehen ist eine Strichfigur mit langen lockigen Haaren und Xen für die Augen.
Darunter steht auf Englisch:
When you wanted to shower but just existing was enough
Das heißt auf Deutsch:
Wenn du duschen wolltest, aber existieren schon genug war.
@longcovidcelia[9]

---

9   (2023, 8. August). https://www.instagram.com/p/CvspRBfOCC9/

Bildbeschreibung:

Der Titel ist: Spoonie Core Workout.
Das ist Englisch und heißt: Spoonie Rumpf-Workout.
Darunter ist eine Strichfigur mit langen lockigen Haaren, die gerade im Bett sitzt und lächelt.
Dort steht: Spend more time sitting up.
Auf Deutsch heißt das: Verbringe mehr Zeit sitzend.
@longcovidcelia[10]

---

10   (2023, 14. September). https://www.instagram.com/p/CxLLF-MOE2m/

I'm not for talking today
#butyoudontlooksick

Bildbeschreibung:

Zu sehen ist eine Strichfigur mit langen lockigen Haaren und Xen für die Augen mit einem Handy in der Hand.
In einer Sprechblase steht: Dear therapist, not today...
Darunter steht auch noch: I don't have the spoons to explain why I don't have the spoons...
Auf Deutsch heißt das: Liebe*r Therapeut*in, **nicht** heute... Ich habe **nicht** genug Löffel, um zu erklären, warum ich **nicht** die Löffel habe. @longcovidcelia[11]

---

11 (2023, 6. Dezember). https://www.instagram.com/p/C0hDIijMDLa/

Does this happen to anyone else?

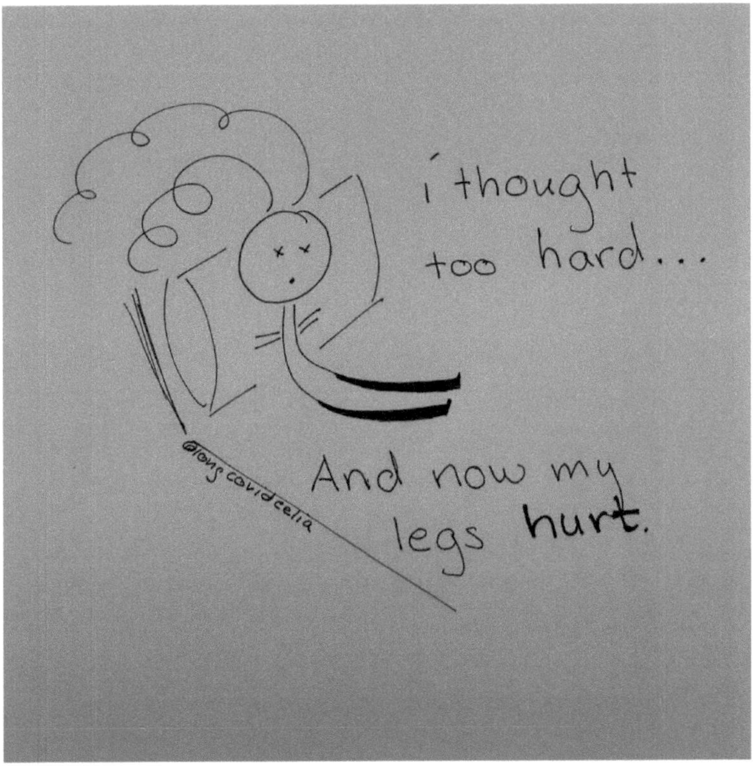

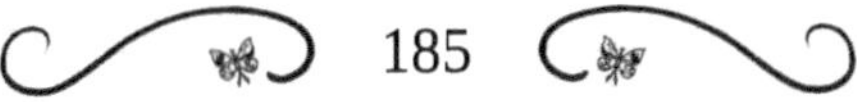

Bildbeschreibung:

Zu sehen ist eine Strichfigur mit langen lockigen Haaren und Xen für die Augen, die im Bett sitzt.
Die Beine sind hervorgehoben.
Dort steht:
i thought too hard… And now my legs hurt.
Auf Deutsch heißt das:
Ich habe zu hart nachgedacht… und jetzt tun meine Beine weh.
@longcovidcelia[12]

12 (2024, 16. August). https://www.instagram.com/p/C-vfpjTvNJT/

My disabili-belly will kick your fat bias's ass.

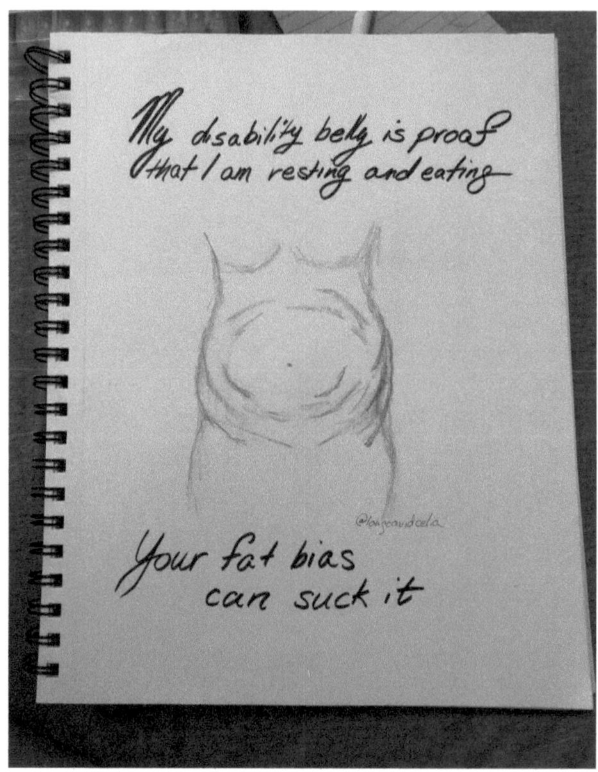

Bildbeschreibung:

Zu sehen ist ein runder Bauch mit Andeutungen von Brüsten und Hüften.
Dort steht: My disability belly is proof that I'm resting and eating. Your fat bias can suck it.
Auf Deutsch heißt das:
Mein behinderter Bauch ist der Beweis, dass ich mich ausruhe und esse.
Deinen Fat Bias [Dick_Fett•feindlichkeit] kannst du Dir sonst wo hinstecken.
@longcovidcelia[13]

---

13   (2023, 10. Juli). https://www.instagram.com/p/Cuhv34PuUyZ/

 186 

Shove it. Fuck off. Shut up. All of that. If you don't know, try listening or go look shit up.

Bildbeschreibung:

Zu sehen ist eine Hand mit lackierten Nägeln und ausgestrecktem Mittelfinger.
Drum herum ist Text, der in Großbuchstaben sagt:
My disability is hard enough already. Keep your ableist bullshit to yourself.
Auf Deutsch heißt das: Meine Behinderung ist schwer genug. Behalte deinen ableistischen Bullshit bei dir.
@longcovidcelia[14]

---

14 (2023, 26. Juni). https://www.instagram.com/p/Ct9puH0uz1R/

Ableismus Tötet

– Jetzt reden Wir!

The world doesn't want us around and wants us dead. We live with that reality, so there's always gonna be, uh, 'Am I gonna survive? Am I gonna push back? Am I gonna fight to be here?' that's always true. So, if you wanna call that anger, I call it kind of drive. You know, you have to be willing to thrive or you're not going to make it.

Die Welt möchte nicht, dass wir da sind und möchte uns tot sehen. Wir leben mit dieser Realität, daher wird es immer ein, uh, "Werde ich überleben? Werde ich mich wehren? Werde ich dafür kämpfen, hier zu sein?"geben und das wird immer so sein. Also wenn Du das Ärger nennen möchtest, ich nenne das Antrieb. Weißt Du, Du musst bereit sein, aufzublühen, oder wirst Du es nicht schaffen.

~ Corbett O'Toole[15]

queere *weiße* behinderte Autorin und Aktivistin seit vielen Jahrzehnten, Community elder

---

15 Newnham, N., & LeBrecht, J. (2020). *Crip Camp*. Netflix. https://www.netflix.com/de/title/81001496

Ableismus Tötet!

Disability und Mad Pride Bonn
@disability.pride.bonn

Text von: 2024

 CNs:
ableistische Gewalt, ableistische Morde, Polizeigewalt, Rassismus, Tod

Wir haben am 28. April 2024 eine Gedenk•veranstaltung gemacht.
Wir haben an die behinderten Menschen erinnert, die vor 3 Jahre in einem Wohn•heim ermordet wurden.
Ermorden heißt: Ein Mensch tötet absichtlich einen anderen Menschen.

Es geht um schwierige Themen.
Diese Themen sind: Mord und ableistische Gewalt. 
Das heißt: Es geht um Gewalt an Behinderten, weil sie behindert sind.
Das kann bei manchen schlechte Gefühle und Erinnerungen auslösen.
Passt auf Euch auf!

Wir erinnern an 4 Tote
und eine Person, die mit schweren Verletzungen überlebt hat.

Wir wollen hier **nicht** fragen,
ob das wirklich ableistische Gewalt war.
Es war ableistische Gewalt.
Es ist sehr anstrengend,
dass das immer relativiert wird.
Dass andere also sagen:
Das war **keine** ableistische Gewalt.
Das macht Menschen, die Gewalt erleben, unsichtbar.
Deshalb trauen sie sich oft **nicht**, etwas zu sagen.

Was ist passiert?
Vor einigen Jahren, am 28. April 2021, sind 4 Menschen in Potsdam gestorben.
Sie wohnten im Oberlinhaus.
Das ist ein Wohn•heim für behinderte Menschen.
Sie sind **nicht** friedlich eingeschlafen und gestorben.
Sie sind **nicht** gestorben, weil sie vernachlässigt oder **nicht** beachtet wurden.
Sie wurden ermordet.
Martina, Lucille, Christian und Andreas starben auf gewalt•volle Weise.
Elke hat die Gewalt•tat überlebt.

Nach rassistischer Gewalt hören wir oft den Spruch #SayTheirNames.
Auf Deutsch heißt das: Sagt ihre Namen.
Erinnert an sie.

Wenn es um behinderte Menschen geht, dann kennen wir selten die Namen.
Wir sprechen jetzt hier über Martina, Lucille, Christian und Andreas.
Wir wissen **nicht** viel über sie.
Ash hat viel dazu recherchiert (@ashducation, 28.04.2022).[16]
Vielen Dank, Ash!

Martina W. wird 1990 geboren.
Die Ärzt*innen haben bei ihrer Geburt gesagt:
Sie stirbt als kleines Kind.
Martina hat aber weiter gelebt.
Ihre Mutter konnte sich **nicht** alleine um sie kümmern.
Martina hat bei ihrem Onkel Falko gelebt.
Dann wird die Mutter von Falko krank.
Falko muss sich um seine Mutter kümmern.
Martina muss ins Oberlinhaus ziehen.
Da wird sie mit 30 oder 31 Jahren ermordet.
Sie wird auf See beerdigt.

Lucille Heppner wird 1978 geboren.
Sie hat 5 ältere Geschwister.
Viele sagen zu ihr: Cilly.
Cilly hat lange ohne Behinderung gelebt.
Sie war Friseurin.
Sie hatte pinke Strähnen.
2013 hatte sie einen schweren Auto•unfall.
Sie war bei dem Unfall mit ihrem 2. Kind schwanger.
Sie und ihr Kind überlebten knapp.
Nach dem Unfall ging es ihr sehr schlecht.
Sie hat ihr 2. Kind nur wenige Male gesehen.
Und dann hatte sie **keinen** Kontakt mehr zu ihren Kindern.

---

16 Ash. [@ashducation]. (2022, 28. April). *Morde im Oberlinhaus - ein Jahr danach*. Instagram. https://www.instagram.com/p/Cc4orgxsJFn/

2014 kommt sie ins Oberlinhaus.
Sie kann **nicht** selbst essen.
Sie kommuniziert mit den Augen und einem Computer.
Ihre Familie geht mit ihr im Park spazieren.
Andere Menschen lesen ihr oft etwas vor.
Sie mag Rock•musik.
Sie mag die Musik•band „die Toten Hosen" sehr gerne.
Im Oberlinhaus wird sie mit 42 oder 43 Jahren ermordet.
Das Lied „Alles wird vorübergehen." von den Toten Hosen läuft bei der
Beerdigung von Lucille.

Christian S. wird 1985 geboren.
Er ist von Geburt an blind.
Seine Mutter sagt, dass er sehr gut hören konnte.
Er mag das Geräusch von raschelndem Laub.
Er findet das Geräusch von Staub•saugern ganz schrecklich.
Er mag Kinder•lieder.
Er weint, wenn er traurige Gitarren•musik hört.
Er ist einer der ersten Bewohner*innen in dem Wohn•heim.
Seine Familie wohnt in der Nähe und besucht ihn oft.
Am Sonntag geht es immer ins Hotel Mama.
Im Oberlinhaus wird er mit 35 oder 36 Jahren ermordet.

Andreas K. wird 1964 geboren.
Er hat 3 Geschwister.
Er hat von Geburt an Lern•schwierigkeiten.
Seit 2015 ist er halbseitig gelähmt.
Er kann also eine Hälfte von seinem Körper **nicht** oder nur schlecht
bewegen.
Er lebt erst einmal in einem Pflege•heim für ältere Menschen.
Von da ist er ins Oberlinhaus gezogen.
Dort wird er mit 56 oder 57 Jahren ermordet.
Seine Schwester sagte vor Gericht: „Ich konnte es einfach **nicht** fassen.
Warum er? Er tut **keinem** was. Wir dachten immer, er ist gut
untergebracht."

Über diese Gewalt•tat wurde oft ableistisch berichtet.
Oder gar **nicht**.
Das ist oft so.
Wenn ableistische Gewalt passiert,
sprechen Nachrichten•sendungen und Zeitungen oft **nicht** darüber.

Viele Menschen haben gesagt:
Die Täterin hat das gemacht, weil sie psychisch krank ist.
Das haben auch Menschen
in Nachrichten•sendungen und Zeitungen gesagt.
Das haben sie gesagt,
bevor sie das sicher wussten.
Sie haben gedacht:
Ein Mensch, der so etwas macht, muss psychisch krank sein.
Das ist ableistisch.
Nur ganz ganz wenige Menschen, die psychisch krank sind, töten andere
Menschen.
Es gibt auch Menschen, die **nicht** psychisch krank sind, die andere
Menschen töten.

Ein Polizei•psychologe hat gesagt:
Vielleicht wollte die Täterin die behinderten Menschen erlösen.
Weil sie ja ein schlechtes Leben haben.
Das ist sehr ableistisch.
Das hat der Polizei•psychologe in der Nachrichten•sendung Zibb gesagt.
Viele Menschen haben das gehört.
Die Täterin hat schon vorher darüber nachgedacht,
wie sie behinderten Menschen weh tun kann.
Wir wissen mehr über die Täterin als über die Menschen,
die sie getötet hat.
Das soll **nicht** so sein.

Die Gewalt im Oberlinhaus wurde auch damit erklärt,
dass die Arbeits•bedingungen da schlecht sind.
Schlechte Arbeits•bedingungen rechtfertigen aber **nicht** solche Gewalt!

Heute hören wir die einfachen Antworten auf schwere Fragen.
Vorsicht, jetzt wird es ironisch.
Nicht-Behinderte sind gütig, wenn sie sich pflegend aufopfern.
Sie sind psychisch krank, wenn sie morden.
Sie morden, weil sie psychisch krank sind.
Das sind die einfachen Antworten.
Wir drehen das um/rw und fragen:
Wie viel Überlastung rechtfertigt Mord?
Wie viele Stunden gütiger, aufopfernder Pflege muss ich leisten, bis ich einen Menschen töten darf?
Was verbindet uns mit der Mörderin?
Was verbindet uns mit den Menschen, die getötet wurden?

Einfache Sprache

Gewalt gegen behinderte Menschen wird verharmlost.
Menschen sagen also: Es ist **nicht** so schlimm.
Menschen sagen:
Immerhin sind sie jetzt von ihrem Leiden erlöst.
Menschen sagen auch:
Es gibt **nicht** viel Gewalt gegen behinderte Menschen.
Es sind Einzel•fälle, sagen Menschen.

Selbst das Gedenken ist ableistisch.
Es gab einen Gedenk•gottesdienst.
Da standen 4 weiße Rollstühle.
Die sollten für die 4 Menschen, die getötet wurden, stehen.
Das ist ableistisch.
Weil die Menschen damit nur als Menschen mit Behinderung gesehen wurden.
Und **nicht** auch als Menschen.

Wohn•heime sind oft **keine** sicheren Orte.
Es gibt da viel Gewalt.

Das sind **keine** Schutz•räume.

Es gibt viel Gewalt gegen behinderte Menschen.
Es gibt viel ableistische Gewalt.
Auch durch die Polizei.
Die meisten Menschen, die durch die Polizei getötet werden, sind
psychisch krank oder nehmen Drogen.
Der Kriminologe Feltes sagt: Es sind fast 80%.[17]

Im April 2024 hat die Polizei in Dortmund **einen Mann** getötet.
Er war psychisch krank und 52 Jahre alt.
Er hat auf der Straße gelebt.

Am 30. März 2024 hat die Polizei **Lamin Touray** getötet.
Im Bundes•land Niedersachsen.
Lamin Touray war Schwarz und psychisch krank.

Im August 2022 hat die Polizei in Dortmund **Mouhamed Lamine Dramé**
getötet.
Mouhamed Lamine Dramé war Schwarz und ist nach Deutschland
geflüchtet.
Die Einrichtung, in der Mouhamed Lamine Dramé gelebt hat, hat die
Polizei gerufen, weil sich Mouhamed das Leben nehmen wollte.
Er wurde mit 16 Jahren erschossen.

2020 hat die Polizei **Maria B.** in Berlin erschossen.
Maria B. war psychisch krank.
Sie lebte mit der chronischen Krankheit Multiple Sklerose.
Sie hatte schon mal Probleme mit der Polizei.
Sie war in der linken Szene aktiv.

2011 hat die Polizei **Christy Schwundeck** in Frankfurt erschossen.
Christy Schwundeck war Schwarz.
Sie hat Sozial•leistungen bekommen.
Sie war beim Job-Center in Frankfurt und wollte 10 Euro haben.

---

17 Feltes, T., & Alex, M. (2020). *Polizeilicher Umgang mit psychisch gestörten
     Personen.*
     https://www.thomasfeltes.de/pdf/veroeffentlichungen/2020_Polizei_und_ps
     ychisch_Gestoerte_Ruch_Hunold.pdf

Das Job-Center hat die Polizei gerufen.
Die Polizei hat Christy Schwundeck erschossen. [18]

Das sind nur einige Beispiele.
Wir sagen:
Sagt ihre Namen.
Ableismus Tötet.

---

18 Wir gedenken – *Der Tod von Christy Schwundeck*. (2022, 19. Mai).
    Bildungsstätte Anne Frank.
    https://www.bs-anne-frank.de/mediathek/blog/der-tod-von-christy-schwundeck

Quellen

Calvez, S. & Haase, J. (2021, 6. Mai). *Nichts ist mehr so, wie es war. Potsdam gedenkt der Opfer der Gewalttat.* in: Potsdamer Neueste Nachrichten. https://www.pnn.de/potsdam/potsdam-gedenkt-der-opfer-der-gewalttat-nichts-ist-mehr-so-wie-es-war/27168458.html

Gerner, L. (2021, 23. November). *Gewalttat im Oberlinhaus Potsdam: „Nur noch im Bett gelegen".* Taz.de. https://taz.de/Gewalttat-im-Oberlinhaus-Potsdam/!5817400/

Högel-Vorgesetzte vor Gericht: Wer ist mitverantwortlich für die Patientenmorde? (2022, 17. Februar). n-tv NACHRICHTEN. https://www.n-tv.de/panorama/Wer-ist-mitverantwortlich-fuer-die-Patientenmorde-article23132004.html

Krauthausen, R. (2021, 30. April). *Vier Menschen sind tot, der Ableismus lebt.* Die Neue Norm; Sozialhelden e.V. https://dieneuenorm.de/gesellschaft/vier-menschen-sind-tot-der-ableismus-lebt/

L´Audace, L., Buschmann, A. (2022, 28. April). *Ein Jahr nach den Mehrfachmorden im Oberlinhaus.* Angry Cripples. https://www.angrycripples.com/Ein-Jahr-nach-Potsdam

Singelnstein, T. (2019, 28. März). *Singelnstein: Polizeigewalt ist strukturelles Problem.* Legal Tribune Online. https://www.lto.de/recht/hintergruende/h/polizeigewalt-gerichte-beweise-justiz-glaubwuerdigkeit-interview-tobias-singelnstein/

Tod von Mohamed Idrissi durch Polizeischüsse. (2020, 11. September). Uni-bremen.de. https://blogs.uni-bremen.de/rassismusinbremen/2020/09/11/tod-von-mohamed-idrissi-durch-polizeischuesse/

Tod durch Polizeikugeln: Psychisch Kranke erschossen. (2014, 27. Mai). Süddeutsche Zeitung. https://www.sueddeutsche.de/panorama/tod-durch-polizeikugeln-wenn-polizisten-schiessen-statt-helfen-1.1975656

Wegener, J. (2021, 11. Mai). *Schreckenstat im Oberlinhaus: Getötete Priorterin hatte noch so viel Lebenswillen.* Märkische Allgemeine. https://www.maz-online.de/Lokales/Havelland/Wustermark/Schreckenstat-im-Oberlinhaus-Getoetete-Priorterin-hatte-noch-so-viel-Lebenswillen

Wangemann, U. (2021, 24. November). *Die Mordopfer aus dem Oberlinhaus: Das sind ihre Geschichten.* Märkische Allgemeine. https://www.maz-online.de/Brandenburg/Gewalttat-im-Oberlinhaus-5.-Tag-im-Mordprozess-Das-sind-die-Opfer

Ableistische Gewalt und Antifaschismus

Noah (er | ihm)

Text von: 2024

CNs:
ableistische Gewalt, ableistische Morde, Faschismus (keine Details), Tod

Noah ist *weiß*, behindert und trans*.
Wenn Ihr über Noah sprecht, könnt Ihr auch sagen: er.
Noah spricht über ableistische Gewalt und Anti•faschismus.

Diese Rede habe ich schon einmal gehalten.
Bei einer Gedenk•demonstration in der Stadt Gladbach.

Es sollen **nicht** nur behinderte Menschen sprechen, die viele Privilegien
haben.
Oder die wichtige Ämter haben.
Oder über die andere sagen:
Die machen wichtige Sachen.

Wenn wir den Raum **nicht** bekommen, dann nehmen wir uns den Raum.
Dabei meine ich **kein** Zimmer.
Raum nehmen heißt:
Wir sagen, was wir denken.
Andere sollen uns zuhören.
Andere fragen uns selten, ob wir etwas sagen wollen.
Sie hören uns selten zu.
Wir müssen trotzdem sprechen.
Bis sie uns zuhören.

Menschen aus Werkstätten, Tages•einrichtungen und Wohn•gruppen
haben viel Wichtiges zu sagen.
Andere sollen ihnen zuhören.
Sie sollen **nicht** nur Menschen zuhören, wo Inklusion schon immer
funktioniert hat.
Es sollen **nicht** nur Menschen sprechen, deren Eltern sie sehr unterstützt
haben.
Alle sollen die Möglichkeit bekommen, zu sprechen.
Nicht nur heute, sondern auch an allen Tagen.

Ich möchte an die behinderten Menschen erinnern, die in einem
Wohn•heim in der Stadt Potsdam ermordet wurden.
Ich nenne ihre Namen:

- Martina W.

- Christian S.

- Lucille H.

- Andreas K.

Sie wurden von einer Pflegerin ermordet.
Das lag **nicht** daran, dass die Pflegerin überfordert war.
Das war auch **kein** Einzel•fall.
Das war ableistisch.
Das war Mord.

Das war vor 3 Jahren.
Vor 3 Jahren war auch die Flut im Ahrtal.
Das ist in der Nähe von Bonn.
In der Flut sind 12 behinderte Menschen gestorben, die in einem
Wohn•heim gelebt haben.
Sie sind gestorben, weil es **keinen** Flucht•weg für sie gab.
Und weil das Heim sich **nicht** darum gekümmert hat, sie vor der Flut in
Sicherheit zu bringen.

Ich sage:
Alle Menschen sollen den Mindest•lohn bekommen.
Auch Menschen, die in Werkstätten arbeiten.
Auch Geflüchtete, die arbeiten müssen.
Und auch Menschen, die in Gefängnissen arbeiten müssen.
Der Mindest•lohn ist das Geld, das Menschen für eine Stunde Arbeit
bekommen müssen.
Weniger ist **nicht** erlaubt.
In Deutschland sind das etwa 12 Euro.
Heute bekommen aber **nicht** alle Menschen den Mindest•lohn.

Alle Leben sind lebens•wert.
Kein Mensch soll mehr sagen:
Das Leben dieser Menschen ist aber **nicht** lebens•wert.

Jeder Mensch soll frei entscheiden können, wie er wohnen möchte.
Heime sollen abgeschafft werden.
Denn in Heimen gibt es viel Gewalt.
Heime sorgen dafür, dass Menschen ausgeschlossen werden.
Sie sorgen dafür, dass **keine** Begegnungen im Alltag stattfinden.
Menschen mit Behinderung treffen also **nicht** Menschen ohne
Behinderung.

Alle Leben sind lebens•wert.
Wir brauchen Anti•faschismus.
Und zwar richtigen Anti•faschismus.
Anti•faschismus ist eine politische Bewegung.
Da sind Menschen aktiv, die gegen Faschismus kämpfen.
Sie kämpfen gegen Menschen, die Faschismus gut finden.
Wenn Menschen Faschismus gut finden, dann sind sie gegen die
Demokratie.
Sie wollen das Leben für viele Menschen ganz schwer machen.
Wenn es Faschismus gibt, dann entscheiden wenige Menschen über alles.
Dann gibt es viel Gewalt.
Dann werden viele Menschen schlecht behandelt.
Und getötet.

Diese Rede habe ich so ähnlich zu einer Gedenkdemo in Gladbach
gehalten.
Menschen mit verschiedenen Betroffenheiten
Nicht nur Betroffene sprechen, die ne hohe politische Funktion haben
Nicht nur Betroffene, die irgendeinen Rang haben
Nicht nur Menschen, die Privilegien genießen

Darum:

Wenn der Raum uns nicht gegeben wird, müssen wir uns den Raum
nehmen.

Ich bin der Meinung, dass mehr Leute aus Werkstätten,
Tageseinrichtungen, Wohngruppen und Co zugehört werden sollte. Und
nicht nur Leute wo die Inklusion von Tag 1 funktioniert hat.

Ich will nicht, dass nur Leute sprechen, deren Eltern dafür gekämpft
haben/harte Arbeit reingesteckt haben und Glück hatten, dass Inklusion
für sie klappt. Sondern alle sollen die Möglichkeit kriegen zu sprechen.
Nicht nur heute sondern an allen Tage.

Wir wollen diesen Tag auch nutzen, um an die ermordeten Menschen in
Potsdam:

- Martina W.

- Christian S.

- Lucille H.

- Andreas K.

Zu gedenken. Dies war keine Überforderung der Pflegekraft und auch
keine Ausnahme. Diese Tat war ableistisch. 

Das war Mord.

Auch im Ahrtal mussten nur wenige Monate später nach Potsdam 12
Menschen sterben, weil es für sie kein sicheren Flucht weg aus der Flut
gab.

Ich fordere für alle den Mindestlohn jetzt. Damit meinen wir alle Beschäftigten in Werkstätten, Geflüchtete die zur Arbeit gezwungen werden und Menschen, die in Gefängnissen arbeiten müssen.

Ich will, dass es überhaupt keine Diskussion gibt, ob Leben von irgendwem lebenswert ist oder nicht.

Alle Leben sind lebenswert. Da gibt es keine Diskussion. Das steht nicht zur Debatte.

Ich fordere, dass jeder Mensch die freie Wahl hat, wie der Mensch wohnen möchte.

Ich fordere die Abschaffung von Heimen und Unterbringung, weil da Gewalt herrscht und Exklusion gefördert wird.

Die Aussonderung ist so krass, es gibt keine Begegnungen im Alltag.

Alle Leben sind lebenswert. Deshalb braucht es Antifaschismus, der sich den Namen auch verdient hat.

Ableismus und Kapitalismus

Sam von der Anti-Ableistischen Aktion Ruhr (sie | dey)

Text von: 2023

CNs:
Faschismus

Einfache Sprache

Wir sind die anti-ableistische Aktion.
Wir sind gegen Ableismus.
Ableismus kommt vom Kapitalismus.
Kapitalismus meint:
Heute geht es immer nur ums Geld.
Große Firmen entscheiden alles.
Wer heute **kein** Geld verdient, ist **nichts** wert.
Deshalb denken viele:
Behinderte Menschen sind **nichts** wert.
Und deshalb werden wir behinderte Menschen unterdrückt.

In Deutschland entscheiden nur die großen Firmen.
Alle anderen werden unterdrückt.
Diese Unterdrückung durch einige wenige ist eine Form von Faschismus.
Einige Gruppen kämpfen gegen den Kapitalismus und gegen den
Faschismus.
Also dagegen, dass es nur ums Geld geht.
Und dagegen, dass wir immer etwas leisten müssen.
Sonst sind wir für die meisten Menschen **nichts** wert.
Warum kämpfen wir **nicht** mit den anderen Gruppen zusammen?
Warum kämpfen wir als eigene Gruppe?

Das hat 3 Gründe:

Grund 1:
Behinderte Menschen können bei anderen Gruppen **nicht** immer
mitmachen.
Die Gruppen planen ihre Aktionen ohne uns.

Grund 2:
Heute geht es immer nur ums Geld.
Aber vielleicht werden wir auch noch aus anderen Gründen unterdrückt.
Es hat auch damit zu tun, wie die meisten Menschen über uns behinderte
Menschen denken.

Dass sie denken, dass wir behinderten Menschen **nichts** wert sind.
Weil wir **nicht** arbeiten können.

Grund 3:
Wir brauchen andere Regeln.
Bei denen es **nicht** nur darum geht, wie gut ein Mensch arbeiten kann.

Aber das braucht Zeit.
Und wir müssen jetzt das Leben von behinderten Menschen verbessern.
Wir können **nicht** warten.

Wichtig ist:
Wir behinderte Menschen kämpfen selbst für unsere Rechte.
Nicht-behinderte Menschen dürfen **nicht** weiter über uns entscheiden.

Wir fordern:
Wir wollen **keinen** Gott.
Wir wollen **keinen** Staat.
Wir wollen **keinen** Ableismus.

Forderungen, Wünsche und Empowerment einer Betroffenen zum Umgang mit Gewalt und Behinderung

Kate Diener (sie | ihr)

Text von: 2023

CNs:
ableistische Gewalt, familiäre Gewalt (keine Details), sexualisierte Gewalt (keine Details) und deren Folgen, Tod (keine Details)

Wenn Ihr über Kate sprecht, könnt Ihr auch sagen: sie.
Diesen Text haben wir bei unserer 1. Demonstration vorgetragen.
Kate konnte ihn damals **nicht** selbst vortragen.
Das war zu gefährlich für Kate.

Wir sagen jetzt erst in Einfacher Sprache, worum es in dem Text geht.

Kate ist chronisch krank.
Kate ist körperlich behindert.

Kate hat viel Gewalt erlebt.
Gewalt gegen ihren Körper.
Sexualisierte Gewalt.
Menschen von ihrer Familie haben ihr Gewalt angetan.
Aber oft auch Menschen, die **nicht** zu ihrer Familie gehört haben.
Deshalb hat Kate psychische Behinderungen.
Sie hat schwere Trauma•folge•störungen.
Aber heute lebt Kate sicher.
Sie kann sogar studieren.

Viele behinderte Menschen haben so etwas Ähnliches erlebt wie Kate.
Viele dieser Menschen können **nicht** über die Gewalt sprechen.
Sie können das noch weniger als Kate.
Deshalb möchte Kate heute auch für diese Menschen sprechen.

Alle behinderten Menschen erleben Gewalt.
Wir erleben zum Beispiel Gewalt:
Wenn wir beim Amt schlecht beraten werden.
Wenn wir **keine** Ausbildung machen können.
Wenn wir **keine** gute Behandlung von Ärzt*innen bekommen.
Wenn wir **keine** Arbeit finden.
Wir können viele Dinge **nicht** machen, weil es so viele Barrieren gibt.
Wir erleben öfter Gewalt als Menschen ohne Behinderung.
Auch Gewalt gegen unseren Körper.
Auch sexualisierte Gewalt.

Wir bekommen weniger Unterstützung als Menschen ohne Behinderung.
Zum Beispiel durch Ärzt*innen, Therapeut*innen und andere Fach•leute.
Es dauert viel länger, bis wir Unterstützung bekommen.
Kate hat auch lange **keine** Unterstützung bekommen.
Kate kennt viele, die auch **keine** Unterstützung bekommen haben.
Sie mussten mit der Gewalt leben.
Manche sind durch die Gewalt gestorben.
Auch weil sie dachten, dass sie **nie** Unterstützung bekommen.

Behinderte Menschen sollen gute Unterstützung bekommen.
Dafür brauchen wir Barriere•freiheit.
Schutz•orte sollen barriere•frei sein.
Es gibt Schutz•orte für Menschen, die viel Gewalt erleben.
Zum Beispiel Frauen•häuser.
Praxen von Ärzt*innen sollen barriere•frei sein.

Fach•leute sollen wissen,
wie sie behinderten Menschen gut helfen können.
Wie können Menschen vor Gewalt geschützt werden?
Das sollen die Fach•leute wissen.

Was ist Gewalt?
Was kann ich machen, wenn ich Gewalt erlebe?
Das sollen behinderte Menschen wissen.

Wir brauchen gute Gesetze.
Sie müssen behinderte Menschen vor Gewalt schützen.
Behinderte Menschen müssen dieselben Rechte haben
wie Menschen ohne Behinderung.

Gewalt ist oft ein Tabu•thema.
Kein Mensch möchte darüber sprechen.
Auch in Gemeinschaften von behinderten Menschen
sprechen wir oft **nicht** über Gewalt.
Viele behinderte Menschen haben Angst.
Andere Menschen behandeln sie schon schlecht,
weil sie behindert sind.
Andere Menschen behandeln sie noch schlechter,
wenn sie wissen, dass sie auch Gewalt erlebt haben.

Kate versteht gut, warum viele **nicht** über Gewalt sprechen möchten.
Ihr geht das manchmal auch so.
Sie hat aber auch gelernt:
Ich bin **nicht** alleine.
Das merkt sie, wenn sie mit anderen behinderten Menschen über Gewalt spricht.
Das kann also auch helfen.
Das macht Kate Mut.
Kate möchte Euch Mut machen, wenn Ihr Gewalt erlebt.

Kate sagt auch:
Es gibt viele behinderte Menschen.
Und viele von den behinderten Menschen erleben Gewalt.
Und wir können mit diesen behinderten Menschen sprechen.
Die behinderten Menschen können uns nämlich sehr gut verstehen.
Und behinderte Menschen können sich deshalb gegenseitig unterstützen.
Wir können dann alle gemeinsam gegen Gewalt kämpfen.

Jetzt kommt die Rede, wie Kate sie ursprünglich geschrieben hat.

Liebe Community,

ich freue mich so sehr, heute diese Worte an euch richten zu können. Vielen lieben Dank. Ich möchte über ein Thema sprechen, das mir sehr am Herzen liegt. Es ist das Thema Gewalt und Behinderung.

Ich selbst wurde mit einer chronischen Erkrankung und einer Körperbehinderung geboren und bin mit massiver körperlicher und sexualisierter Gewalt inner- und außerhalb der Familie aufgewachsen. Heute lebe ich daher neben meinen angeborenen Behinderungen und Erkrankungen mit massiven Traumafolgestörungen und psychischen Behinderungen. Aber ich lebe jetzt geschützt in einem sicheren Umfeld und studiere sogar gerade. Und ich spreche heute zu diesem Thema auch für viele behinderte Menschen, die meinen Lebensweg teilen und noch weniger Stimme und Zugang haben und daher nicht für sich sprechen können. Das sollte nicht so sein, und doch ist es noch so, und daher hoffe ich dem zumindest ein kleines bisschen gerecht zu werden.
Diese Vergangenheit ist auch der Grund, dass ich noch nicht selbst und von Angesicht zu Angesicht zu euch sprechen kann, wie ich es gern würde. Noch ist es nicht sicher für mich, öffentlich über das Thema zu sprechen, und ich bleibe daher zum Schutz anonym.

Wir sind als behinderte Menschen ALLE von struktureller Gewalt betroffen, wie sie uns in Behörden, im Bildungswesen, im Gesundheitswesen aber auch auf dem Arbeitsmarkt oder im Freizeit- oder Kulturbereich begegnet – also eigentlich überall. Viele Hürden schaffen Mühen, Ausschluss und Nachteile. Die Folgen sind zahlreich. Wir kennen sie.
Aber auch von körperlicher und von sexualisierter Gewalt sind wir als behinderte Menschen häufiger betroffen als unbehinderte Menschen. Und wir kommen durch den mangelnden Zugang zur Gesellschaft oft viel schwieriger und seltener an nötige Hilfe wie Beratungsstellen, medizinische Versorgung oder ambulante und stationäre Psychotherapie.

Der juristische Weg zu Entschädigung und Gerechtigkeit wird behinderten Menschen zusätzlich erschwert. Der Weg zur Hilfe dauert so oft Jahre länger als für unbehinderte Menschen. So ging es mir. Ich fand erst nach Jahrzehnten und sehr vielen Anläufen Auswege.

Ich habe auch mehrfach erlebt, dass andere betroffene Menschen mit Behinderungen nach Jahren ohne Aussicht auf Hilfe die Hoffnung verloren haben und mit der Gewalt und den Folgen allein blieben. Einige Bekannte sind auch gestorben, weil der Weg zu Hilfe übermäßig lang war oder irgendwann zu aussichtslos schien.

Aus diesen Gründen fordere ich viel mehr (für alle Behinderungsformen) barrierefrei zugängliche Beratungsangebote, die uns mitdenken und auch direkt mit einladen und ansprechen. 
Ich fordere erheblich mehr barrierefrei zugängliche Zufluchtsorte und Schutzhäuser für behinderte Menschen.
Ich fordere endlich ausreichend geschulte und barrierefreie Praxen in allen medizinischen Fachbereichen, ganz besonders in der Gynäkologie. Diese braucht es zum Gewaltschutz und zur Gewaltprävention.
Ich fordere, dass unsere Lebensrealität als behinderte Menschen und die Grundlagen von Ableismus verpflichtender Bestandteil jeder psychotherapeutischen Ausbildung werden und dass viel mehr barrierefrei zugängliche ambulante und stationäre Psychotherapieplätze geschaffen werden.
Ich fordere ein zugängliches und inklusives Rechtssystem, das uns denselben Zugang zu Schutz und Entschädigung ermöglicht wie unbehinderten Menschen.
Und ich fordere mehr barrierefreien Zugang zur gesamten Gesellschaft. Denn Teilhabe bietet Zugang zu Menschen, zu Orten und zu Informationen. All das ist auch ein wesentlicher Schutz vor Gewalt.

Ich habe schon vielfach erlebt, wie viele behinderte Menschen von körperlicher oder sexualisierter Gewalt betroffen sind. Und ich erlebe auch seit jeher, dass das Thema auch in der Community der behinderten Menschen stark verschwiegen und tabuisiert wird.
Nicht jede, aber fast jede betroffene Person, mit der ich je darüber sprach, sagte mir: „Ich wage kaum darüber zu sprechen, denn ich bin ja schon behindert, und wenn die Menschen jetzt auch noch erfahren, dass

ich auch Gewalt erlebt habe, dann werden sie mich noch mehr fürchten, sich noch mehr abwenden, mich verurteilen und mir noch weniger zutrauen." Viele fürchten die doppelte Stigmatisierung. Ich kann das sehr gut verstehen, und ich fühle manchmal ähnlich.

Aber ich möchte ermutigen.

Denn in den Begegnungen mit anderen behinderten Betroffenen habe ich auch gesehen und gespürt: Ich bin nicht allein. Das hat mir schon oft so viel Halt gegeben und Mut gemacht. Es betrifft so viele von uns in irgendeiner Weise. Darum möchte ich auch allen von euch, die betroffen sind, sagen. „Du bist nicht allein."

Ich möchte euch auch ermutigen, die Hoffnung auf geeignete Hilfe nicht aufzugeben. Denn, auch wenn es länger dauern kann, sehr viel Mut und Kraft kostet, lohnt es sich noch nach Jahren, die geeignete Hilfe zu bekommen, ganz egal, ob das Psychotherapie oder andere Menschen und Maßnahmen sind, die dir Sicherheit, Wandel und mehr Lebensqualität ermöglichen. So geht es mir.

Ich möchte dazu ermutigen, dass wir als Community einander unterstützen und uns öffnen mit der Gewalt, die wir erlebt haben und den Folgen, ob mit Worten oder auf andere Weise, so wie es jede*r kann und möchte. Denn es betrifft so viele von uns, und wir sind jetzt nicht mehr allein. Die Community der behinderten Menschen vernetzt sich und wächst, und wir haben uns.

Ich bin sehr dankbar und stolz, auf mich und auf Euch. Danke für Eure Zeit! Lasst uns uns feiern!

In mir ist dieses Feuer. Eines, das du
vielleicht nicht kennst. Ich bin außer
mir, denke ich auch nur an all die Dinge,
die ihr uns angetan habt. Und diesmal
wird es anders sein. Ich werde nicht
mehr „nichts" sagen.
Werde bis zum bitteren Ende laut sein.
Jeden einzelnen Tag meines Lebens bin
ich wütend.
Weil ich bin, wer ich bin. Weil euch das
ausreicht, um mich zu demütigen.
Vielleicht macht mich das verrückt. Es
kümmert mich nicht. Ich werde all das
nutzen, um eure verdammten Mauern
einzureißen. Die ihr uns immer und
immer wieder vor alles stellt, was wir
erreichen hätten können. Mehr zu
wollen ist nur dann ein Verbrechen,
wenn wir es einfordern. Ihr nennt es
sonst Fortschritt und Ehrgeiz. Ihr
verdammten Heuchler.
Unser aller Wut wird die Hoffnung
dieser Zeit werden.
Der Silberstreifen am Horizont.
Wir schulden euch keine
Freundlichkeiten.
Wir schulden euch keine Zurückhaltung.
Wir schulden euch keine Geduld.
Das verdient ihr nicht.
Wir können anderer Meinung sein, was
den Sinn dieses Lebens betrifft, aber
nicht darüber, wer es verdient zu leben.
Kollektive Befreiung.

~ Yassamin-Sophia Boussaoud (S. 111)[19]
@minoandtheirchaos
queer, fett, neurodivergent, nichtbinär, Elternteil, Kind eines Tunesiers,
Arbeiter*innenkind

---

19 Boussaoud, Y. (2024). *Chaos: Von Gefühlen und anderen Menschlichkeiten.*
HAYMON verlag.

Totale Institutionen

- Jetzt reden Wir!

Inklusion heißt nicht, behinderte Menschen zu isolieren und dann zu erwarten, dass es keine Probleme gibt. Inklusion heißt gar nicht erst Ihr- und Wir-Räume zu erschaffen.

~ Koi Katha Delfin Blaeser
weiß, Spoonie, oriented aroace agenderflux

Feuer und Wasser

Josephine Rinck (sie | ihr)

Text von: 28. April 2024

CNs:
Tod

Diese Rede hat Josephine zu unserer Mahn•wache am 28. April 2024 gehalten.
Wir sagen zu Josephine oft: Josy.
Wenn Ihr über Josy sprecht, könnt Ihr auch sagen: sie.
Josy ist bei der Disability und Mad Pride Bonn aktiv.
Sie ist *weiß* und sitzt im Rollstuhl.
Sie ist politisch aktiv und spielt viel Basket•ball.
Josy hat in 2 Cafés gearbeitet.
Jetzt arbeitet sie in der OGS.
Das steht für: Offene Ganz•tags•schule.
Sie arbeitet also mit Kindern nach der Schule.

Ich habe 3 Jahre in einem Wohn•heim gewohnt.
Meine Station hieß: Junge Pflege.
Da waren jüngere Menschen, vor allem mit Körper•behinderung.
Es haben Menschen mit verschiedenen Behinderungen und Erkrankungen dort gewohnt.

Für mich war es damals das Richtige.
Trotzdem war **nicht** alles gut.
Es ist gut, dass es **kein** Feuer gab.
Denn die Bewohner*innen sind in einem Notfall **nicht** gut geschützt.
Wir haben im 2. Stock gewohnt.
Wie sollen wir nach draußen kommen, wenn wir den Aufzug **nicht** benutzen können?
Denn:
Aufzug im Brandfall **nicht** benutzen.
Es waren auch zu viele Menschen, die **nicht** Treppe laufen können.
Da ist ein Aufzug zu wenig, wenn es schnell gehen muss.

Das Wohn•heim ist **nicht** auf den schlimmsten Fall vorbereitet.
Wir haben **nicht** geübt, was wir machen, wenn es gefährlich wird.

Auch der schlimmste Fall kann passieren.
Das hat das Hoch•wasser im Ahrtal gezeigt.

Da gab es ein schlimmes Hoch•wasser.
Viele Menschen sind gestorben.
Auch 12 behinderte Menschen, die in einem Wohn•heim der Lebenshilfe
gewohnt haben.
Sie wurden **nicht** gerettet.
Sie konnten sich **nicht** selbst retten.

Jetzt spreche ich wieder über das Wohn•heim, in dem ich für 3 Jahre war.
Meine Station hieß: Junge Pflege.
Heute ist die Station ganz unten im Haus.
Im Erd•geschoss.
Die Menschen können also schneller raus, wenn es brennt.
Wenn es ein Hoch•wasser gibt, ist es aber gefährlicher im Erd•geschoss.
Die Station für ältere Menschen ist heute weiter oben.
Viele ältere Menschen können auch **nicht** gut Treppe laufen.
Jetzt ist es für sie gefährlich da oben.
Weil es **keinen** Plan gibt, was passiert, wenn es brennt.

Wie war es für mich, in dem Wohn•heim zu leben?
Was sehr schwer war:
Es gab oft neue Pfleger*innen.
Die alten Pfleger*innen sind oft gegangen.
Ich habe mich an die Pfleger*innen gewöhnt.
Ich habe eine Beziehung zu ihnen aufgebaut.
Das heißt auch: Ich habe ihnen vertraut.
Dann sind sie gegangen.

Davon bin ich abgestumpft/rw.
Ich habe weniger gefühlt.
Ich wollte die Pfleger*innen irgendwann **nicht** mehr so gut
kennenlernen.
Ich habe ihnen **nicht** mehr so vertraut.
Damit ich **nicht** so enttäuscht bin, wenn die Pfleger*innen wieder gehen.
Das geht auch anderen so.

Es waren zu wenig Pfleger*innen da.
Manchmal nur 2 oder 3 Personen in der Nacht und davon nur 1
Pflege•fach•kraft.

Das ist die Person, die die Verantwortung hat.
Das ist auch in anderen Wohn•heimen so.

In einem Wohn•heim leben Menschen sehr isoliert.
Sie haben wenig Kontakt mit anderen.
Bei mir war das **nicht** ganz so schlimm.
Denn es gab Busse und Bahnen in der Nähe.
Ich konnte also gut andere Dinge machen.
Ich kam gut weg.

Eigentlich durfte ich kommen und gehen, wie ich wollte.
Und wann ich wollte.
Ich musste ihnen nur sagen,
wenn ich gehe und wann ich wieder da bin.
Ich musste anrufen, wenn ich erst später zurückkomme.
Das hat ganz gut geklappt.

Aber wenn ich länger als 3 Tage weg war, dann wurde alles schwerer.
Dann musste ich zu der Person, die das Wohn•heim leitet.
Die da also die Chefin ist.
Warum musste ich zu der Chefin gehen?
Offiziell, weil das Wohn•heim weniger Pflege•geld bekommt,
wenn ich länger als 3 Tage weg bin.
Ansonsten bekommt das Wohn•heim das ganze Pflege•geld.

Wir hatten alle ein Konto bei dem Wohn•heim.
Das Wohn•heim kann sehen, wer wie viel Geld hat.
Wir konnten sagen:
Wir möchten etwas Geld von dem Konto.
Das war aber **nie** viel Geld.
Ich durfte zu allen Zeiten gehen.
Auch am Abend und in der Nacht.
Ich war nur **nicht** so spontan.
Ich musste alles genau planen.
Und alles genau absprechen.

Man darf da **nicht** einfach Besuch bekommen, wie man lustig ist.
Deshalb bin ich irgendwann da ausgezogen.
Der Matthias hat manchmal bei mir geschlafen.

Heute bin ich mit dem Matthias verheiratet.
Er durfte gar **nicht** bei mir schlafen.
Die Chefin hat voll übertrieben.

Es war streng verboten, dass andere Menschen bei uns im Wohn•heim
geschlafen haben.
Matthias und ich haben viel Ärger bekommen.

Können alle Menschen frei entscheiden, ob sie im Wohn•heim leben
wollen oder **nicht**?
Viele Menschen können das **nicht** frei entscheiden.
Weil sie **keine** Alternativen haben.
Oder weil sie gesetzliche Betreuer*innen haben.

Viele Entscheidungen werden für dich getroffen, wenn du im Wohn•heim
lebst.

Ich hatte immerhin ein bisschen Privat•sphäre.
Ich konnte mein Zimmer abschließen.
Die Pfleger*innen haben aber einen Schlüssel.
Das ist ja auch sinnvoll.
Manchmal sind die Pfleger*innen auch einfach so gekommen.
Sie wollten schauen, ob alles okay ist.
Sie kamen auch mal, als Matthias und ich im Bett lagen.
Das war sehr unangenehm.

Seit 2017 wohne ich mit meinem Mann zusammen.
Wir haben eine barriere•freie Wohnung.
Wir bekommen Unterstützung.
Das ist toll.

Endstation Werkstatt?

Barbara Kloep (sie | ihr)

Text von: 2024

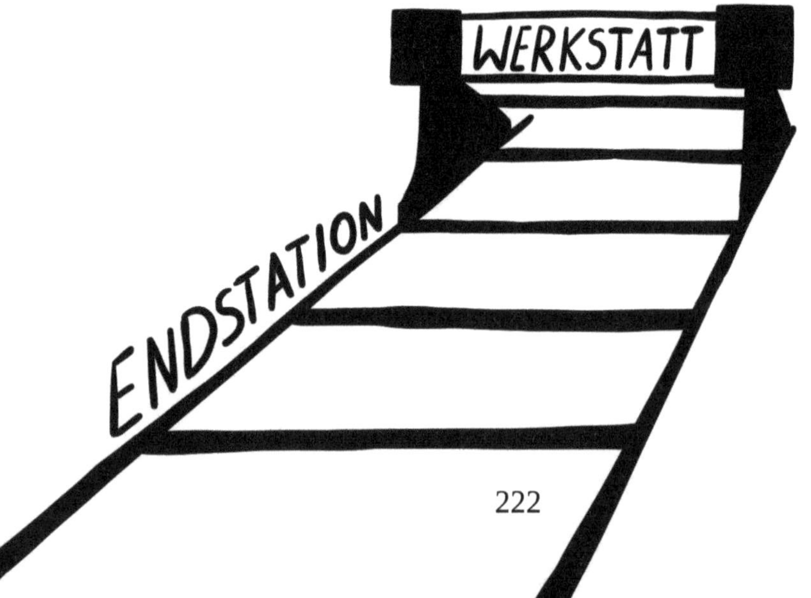

Wenn Ihr über Barbara sprecht, könnt Ihr auch sagen: sie. 
Barbara organisiert die Disability und Mad Pride Bonn mit.
Sie spricht über Behinderten•werkstätte in Einfacher Sprache.

Liebe Freund*innen,

Ich bin Barbara hier aus Bonn.
Und ich habe eine Behinderung.
Meine Behinderung kann man **nicht** direkt sehen.
Dazu sagen wir: unsichtbare gemachte Behinderung.
Andere Menschen sehen meine Behinderung **nicht** als Behinderung.
Meine Behinderung ist eine chronische Krankheit.

Ich musste 15 Jahre lang in einer Behinderten•werkstatt arbeiten!
Daher möchte ich heute über Werkstätten sprechen!
Wenn ich Werkstatt sage, meine ich eine Behinderten•werkstatt.

Behinderte Menschen erleben Diskriminierung, wenn es um Arbeit geht.
Es ist sehr schwer für viele, so zu arbeiten wie **nicht**-behinderte
Menschen.
Viele können dann in Behinderten•werkstätten arbeiten.
Es gibt über 800 Behinderten•werkstätten in Deutschland.

Behinderten•werkstätten sind Firmen, wo nur behinderte Menschen 
arbeiten.
Da arbeiten auch Betreuer*innen.
Die Betreuer*innen sind die Chef*innen der behinderten Menschen.
Außerdem gibt es dort noch Sozial•arbeiter*innen.
Sozial•arbeiter*innen helfen anderen Menschen

- bei Problemen

- in schweren Zeiten

- als Assistenz

Die Behinderten-Werkstätte bekommen Geld für die behinderten
Menschen, die dort arbeiten.
Das Geld kommt in den ersten 2 Jahren von

- der Agentur für Arbeit

- Oder der Renten•versicherung

Die behinderten Menschen bekommen nur einen kleinen Teil von dem
Geld.
Die ersten 2 Jahre heißen: Berufs•bildungs•bereich.
Wenn wir das hören, denken wir:
In der Zeit lernen die behinderten Menschen, in einem Beruf zu arbeiten.
Sie machen eine Ausbildung.
Das stimmt aber gar **nicht**.
Meistens machen sie die gleiche Arbeit wie nach den 2 Jahren auch.
Der Name Berufs•bildungs•bereich ist also falsch.

Nach den 2 Jahren arbeiten die meisten behinderten Menschen weiter in
der Werkstatt.
Das heißt dann: Arbeits•bereich.
Die meisten behinderten Menschen machen in den
Behinderten•werkstätten ganz einfache Arbeiten.
Sie verpacken Dinge.
Oder sie schrauben Dinge fest.
Manche arbeiten im Garten oder in der Küche.
Weil die Arbeiten oft sehr einfach sind, kann man **nicht** viel dabei lernen!

Die Menschen bekommen für ihre Arbeit nur ganz wenig Geld.
Das ist eigentlich nur ein Taschen•geld.
Das sind zum Beispiel 200€ im Monat.
Das Geld reicht **nicht**, um davon zu leben.
Die behinderten Menschen bekommen noch Geld vom Amt.
Meistens vom Sozial•amt.
Das Sozial•amt bekommt das Geld von allen Menschen, die Steuern
zahlen.

Ich fand es von Anfang an blöd, in der Werkstatt zu arbeiten.
Wir hatten **keine** Rechte.

Wir wurden wie kleine Kinder behandelt.
Manchmal habe ich mich beschwert.
Dann haben mir die Betreuer*innen gesagt:
Mit Ihnen spreche ich **nicht**.

Meine Werkstatt war eine Werkstatt für Menschen mit psychischen
Krankheiten.
Aber es gab dort **keine** Psycholog*innen.
Psycholog*innen helfen Menschen, denen es psychisch **nicht** gut geht.
Die zum Beispiel sehr viel Stress haben. Oder die sehr viel Angst haben.

Die Betreuer*innen haben meistens nur dafür gesorgt,
dass es **keine** Störung gibt.
Ich habe oft gestört.
Die anderen haben über mich gesagt:
Die stört nur.
Die ist eine Quer•treiberin.
In den ersten Jahren habe ich **keine** Person gefunden, die gesagt hat:
Ich verstehe dich.

Die Werkstatt hat mir **nicht** geholfen, gesund zu werden.
Ich hatte das Gefühl: Ich werde noch kränker!

Die Werkstätten sollen Menschen eigentlich helfen, wieder da raus zu
kommen.
Sie sollen ihnen helfen, eine andere Arbeit zu finden.
Eine Arbeit, wo sie mit **nicht**-behinderten Menschen zusammen arbeiten.
Aber Werkstätten helfen Menschen **nicht** dabei.
Nur 1 Mensch von 100 Menschen schafft es, da raus zu kommen.
Das ist sehr wenig.

Ich habe 5 Jahre gekämpft, um eine Außen•arbeits•stelle zu bekommen.
Eine Außen•arbeits•stelle ist in einer Firma, in der auch **nicht**-behinderte
Menschen arbeiten.
Die Menschen aus der Werkstatt arbeiten aber **nicht** direkt in der Firma.
Sie sind immer noch Arbeiter*innen der Werkstatt.
Sie bekommen immer noch wenig Geld.

Viele hoffen aber, dass die Firma sie übernimmt.
Und sie irgendwann auch über die Firma Geld bekommen.

Seit 2009 gibt es die UN•Behinderten•rechts•konvention.
Die gibt es jetzt schon seit 15 Jahren.
Die UN•Behinderten•rechts•konvention ist eine Art Gesetz.
Das Gesetz gilt in ganz vielen Ländern.
Die Vereinten Nationen haben das Gesetz geschrieben.
Fast alle Länder arbeiten bei den Vereinten Nationen mit.
Das Ziel von dem Gesetz ist:
Behinderte Menschen sollen die gleichen Rechte haben wie **nicht**-behinderte Menschen.
Sie sollen überall Teil•haben können.

Die UN•Behinderten•rechts•konvention sagt:
Es darf **keine** Behinderten•werkstätten geben, in denen nur behinderte Menschen für so wenig Geld arbeiten.
In Behinderten•werkstätten sind behinderte Menschen nur unter sich.
Sie haben kaum Kontakt zu **nicht**-behinderten Menschen.
Das ist das Gegenteil von Inklusion.
Die Arbeit in den Werkstätten gilt **nicht** als Arbeit.
Sie gilt als arbeits•ähnlich.
Das hat große Folgen.
Die Menschen in den Werkstätten dürfen **nicht** streiken.
Die Werkstätten bekommen **kein** Problem, wenn sie den Menschen so wenig Geld geben.
Der Mindest•lohn gilt **nicht** für Werkstätte.
Menschen, die in Werkstätten arbeiten, bekommen meistens **nie** eine bessere Arbeit.

Die Vereinten Nationen sagen:
Die Behinderten•werkstätten verstoßen gegen die UN•Behinderten•rechts•konvention.
Deutschland setzt das Gesetz **nicht** gut um.
Die Behinderten•werkstätte sind eine Sonder•welt.
Diese Sonder•welt darf es gar **nicht** mehr geben.

Manche Länder machen das besser als Deutschland.
Andere Länder machen das schlechter als Deutschland.

Ich habe das Gefühl:
Seit 2009 haben sie sich in den Werkstätten mehr Mühe gegeben.
Die Betreuer*innen haben mehr mit uns gesprochen.
Es war einfacher, eine Außen•arbeits•stelle zu bekommen.

Manche Menschen mit Behinderung sagen:
Wir brauchen die Werkstätten.
Wenn es die Werkstätten **nicht** mehr gibt, dann haben wir **keine** Arbeit
mehr.

Es ist für Menschen mit Behinderung oft schwer, eine andere Arbeit zu
finden.
Es fehlt an Barriere•freiheit.
Das ist das eigentliche Problem.

Der Arbeits•markt muss sich ändern!

Menschen mit Behinderung müssen mit **nicht**-behinderten Menschen
zusammen arbeiten.
Dann braucht man irgendwann **keine** Behinderten-Werkstätten mehr!!

Lasst uns gemeinsam dafür kämpfen,
dass wir selbst bestimmen können,
wie wir leben und arbeiten wollen!

Der gerechte Lohn

Valerie Klein (sie | ihr)

Text von: 2024

Hallo!
Ich bin Valerie.
Ich bin 39 Jahre alt.
Ich habe seit Geburt eine Spastik.
Das heißt: Viele meiner Muskeln sind dauerhaft verkrampft.
Ich habe 24 Stunden Assistenz.
Das heißt: Es gibt immer eine Person, die mich im Alltag unterstützt.
Ich lebe im Mehr•generationen•haus Villa Emma.
Hier leben Menschen zusammen, die verschieden alt sind.
Ich interessiere mich für Politik und Kunst.
Ich war früher politisch aktiver.
Heute spreche ich über etwas, über das Menschen **nicht** viel nachdenken.
Und das sie **nicht** so wichtig finden.
Ich spreche über einen gerechten Lohn für Menschen mit
Einschränkungen.
Der Lohn ist das Geld, das Menschen für ihre Arbeit bekommen.
Ich habe mal in einer Werkstatt gearbeitet.
Da habe ich 1 Euro und 10 Cent pro Stunde bekommen.
Damit war ich schon Spitzen•verdienerin.
Viele andere haben weniger bekommen.
Ich möchte: Alle behinderten Menschen sollen einen gerechten Lohn
bekommen.
Darüber spreche ich jetzt in einem Gedicht.

In der heutigen Welt
Zählt Leistung und Geld
Auch wir gehen zur Arbeit
Nach ihr wird genauso gerichtet,
Die Freizeit
Deshalb ganz ohne Eitelkeit,
Unser Arbeitslohn,
Der ist keine Fron,
Im Gegenteil,
Viele empfinden ihn als Hohn,
Darum hört was ich sage,
Es ist keine Frage
Auch für Menschen
mit Einschränkungen
Muss endlich her der gerechte Lohn.

Strukturen brechen

- Jetzt reden Wir!

Doch wo eine Norm ist, kann diese auch gebrochen werden - wissentlich oder unwissentlich.

~ Katharina Kroschel und
Annika Baumgart[20]
@ace_arovolution
aroace und quoiro+ace

---

20 Kroschel, K. & Baumgart, A. (2023). *(un)sichtbar gemacht: Perspektiven auf Aromantik und Asexualität*. edition assemblage.

Wellen machen und Barrieren brechen

Alejandra Aybar (sie | ihr)
@alejandra_aybar

Text von: 2024

Wenn Ihr über Alejandra sprecht, könnt Ihr auch sagen: sie.

Lena Cornelissen und Alejandra schwimmen zusammen.
Jetzt kommt das Interview in Einfacher Sprache.
Lena hat Alejandra die Fragen auf Spanisch gestellt und anschließend
übersetzt.

Wer bist du?

Ich bin eine professionelle Schwimmerin aus der Dominikanischen
Republik.
Das ist ein kleines Land in Mittel•amerika.
Ich bin Wirtschafts•ingenieurin.
Ich schaue zum Beispiel, wie Sport•angebote besser gestaltet werden
können.
Ich lebe in Deutschland, weil ich hier arbeite.
Ich verbringe sehr gerne Zeit mit meiner Familie.

Welche Behinderung hast du?

Ich bin seit meiner Geburt behindert.
Ich lebe mit der Glas•knochen•krankheit.
Die Krankheit heißt auf Latein: Osteogenesis imperfecta.
Meine Knochen brechen sehr leicht.

Was ist anders in der Dominikanischen Republik, wenn es um Menschen mit Behinderung geht?

Wir können die Dominikanische Republik **nicht** mit Deutschland
vergleichen.
Die Dominikanische Republik ist viel kleiner.
Und hat weniger Geld als Deutschland.
Deutschland ist barriere•freier.
Zum Beispiel bei den Bussen und Bahnen.
Es ist unfair, die beiden Länder zu vergleichen.

Du arbeitest für das Internationale Paralympische Komitee.
Was machst du da?

Ich schaue da:
Wie können behinderte Menschen in armen Ländern Sport machen?
Ich mag meine Arbeit sehr gerne.

Im Internationalen Paralympischen Komitee arbeiten Menschen und
Gruppen aus der ganzen Welt.
Das sind alles Gruppen, die im Behinderten•sport aktiv sind.
Das Internationale Paralympische Komitee organisiert zum Beispiel die
Paralympics.
Und Welt•meisterschaften.
Das sind sehr wichtige Wettkämpfe für behinderte Sportler*innen.

Seit wann schwimmst du?

Vor fast 10 Jahren habe ich schwimmen gelernt.
2 Jahre später war ich dann bei internationalen Wettkämpfen dabei.
Das heißt:
Seit 2017 schwimme ich bei Wettkämpfen auf der ganzen Welt.

Wie war es, bei den Paralympics dabei zu sein?

Ich war 2 Mal bei den Paralympics dabei.
Das war ganz toll.
Das werde ich **nie** vergessen.
Ich bin stolz, für die Dominikanische Republik anzutreten.
Ich war auch im Finale.
Ich war immer schneller als bei den Wettkämpfen davor.

Die Paralympics finden alle 4 Jahre im Sommer statt.
Das sprecht Ihr so aus: pa-ra-lümm-pikks.
Es gibt auch Paralympics im Winter.
Bei den Paralympics machen Sportler*innen mit manchen Behinderungen
mit.

Zum Beispiel:

- Menschen mit körperlicher Behinderung

- Menschen mit Seh•behinderung

- Menschen mit „geistiger Behinderung" / Menschen mit Lern•schwierigkeiten

Um bei den Paralympics dabei zu sein, müssen Sportler*innen sehr gut sein.

Alejandra war bei den Paralympics in Paris dabei.
Paris ist die Haupt•stadt vom Land Frankreich.
Die waren 2024.
Sie war auch bei den Paralympics davor dabei.
Die waren in Tokio.
Das ist die Haupt•stadt vom Land Japan.

Hier kommt das Interview im Original (Spanisch).

Alejandra, ¿quieres introducirte, quién eres?

Soy Alejandra Aybar, Para nadadora de alto rendimiento de la República Dominicana, también soy ingeniera industrial y vivo en Alemania por trabajo. Amo pasar tiempo con mi familia, ese se ha convertido en unos de mis pasatiempos favoritos.

¿Qué tipo de discapacidad tienes y desde cuándo vives con tu discapacidad?

Nací con una condición genética, llamada osteogénesis imperfecta, famosa conocida como huesos de cristal. He vivido toda mi vida con discapacidad.

Tú eres de República Dominicana. ¿Qué diferencias hay entre las vidas de las personas discapacitadas en República Dominicana y en Alemania?

Creo que es un poco injusto comparar un país pequeño como el mío en vía de desarrollo con Alemania que es considerada una potencia mundial. Pero si pudiera mencionar alguna cosa diría, que es más accesible en sentido general, para caminar, el transporte público, etc.

Tu trabajas para el Comité Paralímpico Internacional. ¿En qué consiste tu trabajo?

Trabajo para proyectos relacionados con desarrollo deportivo de países en vías de desarrollo como el mío. Es muy bonito lo que hago.

¿Desde cuándo nadas? ¿Desde cuándo lo haces de manera profesional?

Aprendí a nadar en el 2015 y en el 2017 empecé a competir internacionalmente.

Vas a competir en los juegos paralímpicos este año. Congratulaciones, eso es fantástico. Ya has participado una vez en los juegos paralímpicos. ¿Cómo fue?

Fue una experiencia indescriptible, siempre es un honor representar a mi país y a mi equipo en un Juegos Paralímpicos, lo más satisfactorio ha sido competir, disfrutarlo y mejorar todas mis marcas y competir en la final en ambas ediciones.

Schönheit und Behinderung

Khazar Bagheri (sie | ihr)
@angry.crippled.feminist

Text von: 2024

⚠ CNs:
Lookismus (Diskriminierung aufgrund des Aussehens)

Wenn Ihr über Khazar sprecht, könnt Ihr auch sagen: sie.
Khazar ist 34 Jahre alt.
Sie ist Sozial•arbeiterin.

Viele Leute denken:
Menschen mit Behinderung sind **nicht** schön.
Wenn Menschen an Behinderung denken, denken sie **nicht** an Schönheit.

Es gibt Schönheits•ideale.
Die sagen:
Das finden die meisten Menschen schön.
Die meisten Menschen finden Leute schön, die

- jung

- gesund

- symmetrisch sind

Symmetrisch heißt:
Etwas sieht auf beiden Seiten gleich aus.
Zum Beispiel: Wenn der Körper auf der linken und rechten Seite gleich aussieht.
Also zum Beispiel beide Arme gleich aussehen.
Wenn Menschen zum Beispiel nur einen Arm haben, haben sie **keinen** symmetrischen Körper.
Das ist auch bei Narben und vielen körperlichen Behinderungen so.

Für Frauen mit Behinderung ist es besonders schlimm,
wenn sie anders aussehen, als es andere Menschen gut finden.
Sie werden ausgegrenzt.
Anderen ist es egal, was sie denken.

Wir sehen wenige Menschen mit Behinderung in der Werbung.

Das heißt:
Wir sehen da selten Menschen, über die wir sagen:
Die sind behindert.

Werbung kommt zum Beispiel im Fernsehen, im Internet und auf
Plakaten.
Werbung sagt uns:
Kauf das! Das ist gut für dich.
Es gibt zum Beispiel viel Werbung für Kleidung.
In der Werbung tragen oft Menschen die Kleidung.
Um zu zeigen, wie schön die Kleidung ist.
Das sind selten Menschen mit Behinderung.

Manchmal gibt es Menschen mit Behinderung in der Werbung.
Sie machen zum Beispiel Werbung für Kleidung.
Das Problem dabei:
Oft geht es in der Werbung dann nur um die Behinderung.
Es heißt dann:
Es ist so traurig, dass die Menschen behindert sind.
Oder:
Es ist so inspirierend, dass sie gut mit ihrer Behinderung leben können.
Dadurch kaufen mehr Menschen die Kleidung.
Das sind aber Vorurteile.
Das ist **nicht** gut.

Wenn Menschen mit Behinderung dargestellt werden, dann oft als

- anders

- oder als besonders

Andere Leute behandeln Menschen mit Behinderung oft wie Kinder.
Oder sie sehen sie gar **nicht** als Menschen.

Dadurch fühlen sich viele Menschen mit Behinderung schlecht.
Sie denken, sie sind weniger wert.

Wir brauchen neue Ideen von Schönheit.
Wir sollen auch Menschen mit Behinderung schön finden.
Wir sollen alle für uns selbst sagen:

Das finde ich schön.
Dabei soll es **nicht** wichtig sein, was andere Leute schön finden.

Kinder sollen lernen:
Jeder Mensch ist gleich viel wert.
Vielfalt ist wichtig.
In unserer Gesellschaft leben ganz verschiedene Menschen.
Wir sollen diese Menschen auch im Fernsehen, Internet und auf Plakaten
zeigen.
Deshalb müssen auch ganz verschiedene Menschen das machen,
was wir im Fernsehen, Internet und auf Plakaten sehen.

 Schönheit und Behinderung. Zwei Begriffe, die selten gemeinsam auftreten. Schönheitsideale sind im Kontext von Behinderung ein komplexes und oft tabuisiertes Thema, das von gesellschaftlichen Normen, medialer Repräsentation und individuellen Wahrnehmungen geprägt wird. Patriarchale Schönheitsideale setzen oft Merkmale wie Jugendlichkeit, Symmetrie, Gesundheit oder bestimmte Proportionen voraus, die in direktem Gegensatz zu den vielfältigen Erscheinungsformen von Behinderung stehen können. Menschen mit Behinderungen – insbesondere Frauen – werden in diesem Zusammenhang oft marginalisiert oder unsichtbar gemacht.

Menschen mit Behinderung werden in der Werbung, Mode und Popkultur oft nicht repräsentiert, wodurch das Bild von Schönheit homogen bleibt und Vielfalt ausgeschlossen wird. Vielfach werden Menschen mit Behinderung im Kontext tragischer oder vermeintlich inspirierender Momente dargestellt.

Wenn Menschen mit Behinderungen dennoch in Schönheitsdiskursen auftauchen, werden sie oft auf eine Weise dargestellt, die sie ihrer Würde und Eigenständigkeit beraubt. Einerseits werden Menschen mit Behinderung oft fetischisiert, in dem sie nicht als Teil der Vielfalt menschlicher Körper betrachtet werden, sondern als etwas Ungewöhnliches oder gar „Abnormales" hervorgehoben, das objektifiziert wird. Vielen Betroffenen wird suggeriert, sie müssen dieser Art der „Zuneigung" Dankbarkeit entgegnen, denn sie verdienen vermeintlich keine gleichwertige Partnerschaft auf Augenhöhe. Andererseits werden sie infantilisiert [wie Kinder behandelt], wodurch ihnen jegliche Selbstbestimmung sowie Persönlichkeit aberkannt wird.

In den letzten Jahren wurden vereinzelt Menschen mit Behinderung in Mode und Werbung dargestellt. Kampagnen wie die von Marken wie Tommy Hilfiger Adaptive oder Fenty Beauty haben inklusive Ansätze verfolgt. Dennoch bleiben diese Initiativen oft die Ausnahme, und die Repräsentation beschränkt sich meist auf „inspirierende" Geschichten, was Stereotype aufrechterhält.

In einer solchen Gesellschaft werden Menschen mit Behinderung entsprechend sozialisiert. Dies löst bei vielen Betroffenen ein vermindertes Selbstwertgefühl aus, wodurch sie gefährdeter für übergriffiges Verhalten werden.

Mittlerweile gibt es verschiedene Annäherungen an ein inklusives Verständnis von Schönheit.
Schönheitsideale müssen hinterfragt und diversifiziert werden, z.B. durch Resilienz, Individualität und Authentizität. Insofern gilt es, das gesellschaftliche Konstrukt von Schönheit aufzubrechen.

In einer diversen Gesellschaft sollten Menschen mit Behinderung auch Mode, Medien und Kunst mitgestalten können.
Sie sollten ermutigt werden, ihre eigene Schönheit zu definieren und zu feiern. Ein inklusiver Umgang mit Behinderung und Schönheit sollte schon in der Erziehung und Ausbildung thematisiert werden, um gesellschaftliche Stereotype zu überwinden.

"Wir bekommen sowieso viel zu selten Sichtbarkeit. Wenn wir dann doch mal auftauchen, sind es oft gefährliche Stereotype, geschrieben von nicht behinderten Menschen für ein nicht behindertes Publikum. Die Medien formen, wie die Gesellschaft uns sieht. Wenn wir nur als Mahnung oder Mutmacher*innen dargestellt werden, fehlt ein riesiger Teil der Realität."

~ Kübra Sekin und Anna Spindelndreier[21]
Schauspielerin und Moderatorin mit behinderter, migrantischer, und queerer Perspektive, @iamkubra_ (Kübra Sekin)
weiße kleinwüchsige Fotoredakteurin, @anna_spindelndreier (Anna Spindelndreier)

---

21 Sekin, K. (@iamkubra_). (2025, 12. März). *Warum sehen wir behinderte Menschen in den Medien immer noch fast nur als tragische Schicksale.* Instagram. https://www.instagram.com/p/DHG0NK2qAiS/

Vom Rand in den Mainstream: Warum eine differenzierte Repräsentation von Behinderung in der Literatur wichtig ist

Sabrina Busch (sie | ihr)
@fraufroschschreibt

Text von: 2024

CNs:
Suizid (Erwähnung), Tod (Erwähnung)

Sabrina liest und schreibt. Mag gerne Wetter und Wälder. Ist zu selten am Meer und zu oft abgelenkt. Überidentifiziert sich mit Eichhörnchen und Meerjungfrauen. Mit ihren Texten möchte sie zur Sichtbarkeit von Menschen mit Behinderung beitragen.

Einfache Sprache

Wenn Ihr über Sabrina sprecht, könnt Ihr auch sagen: sie.
Wir sagen jetzt in Einfacher Sprache, worüber Sabrina in dem Text spricht.

Sabrina liest gerne und viel.
Wenn in Büchern behinderte Menschen vorkommen, dann leiden sie meistens an ihrer Behinderung.
Sie sind traurig.
Sie töten sich oft selbst.
Deshalb denken viele Menschen:
Alle Menschen leiden an ihrer Behinderung.
Das stimmt aber **nicht**.

In Filmen haben die bösen Menschen oft Narben und Behinderungen.
Deshalb denken viele:
Böse Menschen müssen behindert sein.

Das kann aber auch anders sein.
Bücher und Filme können auch behinderte Menschen so darstellen, wie sie sind:
Ganz verschieden.

Sabrina sitzt im Rollstuhl.
Sie schreibt selbst Texte.
Sie möchte Sichtbarkeit schaffen.
Damit andere behinderte Menschen denken:
Dieser Text passt zu meinem Leben.
Das fühlt sich gut an.

Ich bin unterwegs und sehe aus dem Augenwinkel etwas rollen, vielleicht sehe ich noch den winzigsten Teil eines Rades. Automatisch drehe ich mich danach um, automatisch will sich mein Gehirn vergewissern: Dies ist ein Rollstuhl. Manchmal ist es auch das Rad eines Rollstuhls. Oftmals ist es aber nur ein Fahrrad oder ein Kinderwagen oder ein Fahrradanhänger. Ich habe mich eine Zeit lang gefragt, warum es überhaupt wichtig ist, warum ich mich überhaupt umdrehe? Was bringt es mir, mich zu vergewissern, andere Rollstuhlfahrende gesehen zu haben? Es ist nicht so, als finge ich ein Gespräch an, oder als gäbe es diesen typischen Gruß, wie es ihn zwischen Busfahrern gibt. Es hängt wohl mit der Sichtbarkeit von Behinderung im öffentlichen Leben zusammen. Denn meiner Lebensrealität als Rollstuhlfahrerin begegne ich eher selten, weder im öffentlichen Leben noch in sämtlichen Medien.

Vor einiger Zeit las ich Elena Knows (auf Deutsch: Elena weiß Bescheid) von Claudia Pineiro, und dort wird die Geschichte der Protagonistin erzählt, die den Tod ihrer Tochter aufklären möchte. In dem Roman werden Schmerzen, Behinderungen und Crip Time als fester Bestandteil des Lebens der Protagonistin in die Geschichte eingebunden, ohne die komplette Geschichte einzunehmen. Da waren plötzlich Parallelen zu meiner Lebensrealität sichtbar. Die Behinderung der Protagonistin kam vor, ohne sie zu überhöhen, sie zu beschönigen oder sie zum Dreh- und Angelpunkt eines Lebens zu machen. Sie war einfach da. Aspekte meines Lebens, wenn auch in veränderter Form, waren plötzlich Teil einer Geschichte, ja, auch Menschen mit Behinderung, mit chronischen Schmerzen oder chronischen Krankheiten existieren, und auch sie können Geschichten erzählen.

Geschichten können alles sein. Sie können Lügen verbreiten oder aufdecken, sie können einfühlsam, schmerzlos, traurig, dramatisch oder tragisch sein. Die US-amerikanische Schriftstellerin Joan Didion schrieb den mittlerweile berühmten Satz: „Wir erzählen uns Geschichten, um zu leben."[22] Und unsere Leben können vollkommen unterschiedlich sein, dennoch sind die Geschichten, die wir teilen, seit jeher, ein wichtiges

---

22 Didion, J. (1979). *The White Album.* Simon & Schuster.

Bindeglied. Sie enthalten universelle Wahrheiten oder halten uns den Spiegel vor, sie stellen Fragen, beleuchten Fremdes und erkennen bestenfalls Realitäten an, die unterrepräsentiert sind.

 Ich lese Geschichten, seit ich lesen kann, dennoch konnte ich mich an keinen anderen Text mit behinderten Figuren erinnern. Es stellt sich jedoch heraus: Behinderung ist schon immer ein Bestandteil von Literatur gewesen. Genauso wie Behinderung schon immer Teil des menschlichen Lebens gewesen ist. Vor allem in Legenden, Mythen und Märchen werden Themen wie Anderssein, Behinderung oder Disfigurement immer wieder behandelt. In einer Welt, in der es lange Zeit keine weltliche oder wissenschaftliche Erklärung für Unterschiede gab, wurden in den Geschichten, die sich darum kreisten, magische Erklärungen gefunden. Amanda Leduc, eine kanadische Autorin, beleuchtet in ihrem Buch „Entstellt – Über Märchen, Behinderung und Teilhabe", dass diese magischen Narrative Handlungsmöglichkeiten darlegten. So setzten zum Beispiel Eltern von Kindern, die eine Entwicklungsbehinderung hatten, ihre Kinder im Wald aus, im Glauben, dass sie „Wechselbälger" seien. Dem Glauben nach waren sie nach der Geburt von Feen ausgetauscht worden, und das eigene, das „gesunde" Kind sei sowieso bereits für immer verloren. Vor allem wird Behinderung in Märchen zu Moralisierungszwecken hinzugezogen. Behinderung als Strafe, Behinderung als Aufgabe, die es zu überwinden gilt. Auch heutzutage, obwohl wir wissenschaftliche Erklärungen für sehr viele Behinderungen und Krankheiten haben, begegnen wir schnell diesen Heilversprechen, den Motivationsreden: „wenn man wirklich will, schafft man alles", noch immer scheint es unmöglich, behinderte Körper als Bestandteil menschlichen Lebens zu akzeptieren. Geschichten funktionieren eben nicht nur als Bindeglied, sondern auch als Propagandamittel. Behinderung wird instrumentalisiert, und in der Regel gibt es zwei Rollen: Die Schurken oder die Opfer. Da sind die Bond Bösewichte mit vernarbten Gesichtern und zahlreiche andere Figuren, deren Bosheit durch Amputationen, Narben oder Behinderungen darzustellen versucht wird: Scar in König der Löwen, Two Face und Joker in Batman. The list goes on. And on. [Es gibt noch viel mehr Beispiele.][23]

---

23 Leduc, A. (2021). *Entstellt – Über Märchen Behinderung und Teilhabe*. Edition Nautilus.

Ein Happy End für Figuren mit Behinderung gibt es in der Literatur jedenfalls selten. Thomas Mann und Sybille Berg nutzen behinderte Figuren, um auch andere Themen zu beleuchten. Doch ein Leben mit Behinderung konnte auch in diesen modernen Beispielen nicht glimpflich verlaufen. Es wird viel gestorben als Figur mit Behinderung. Oft sind behinderte Figuren suizidal. Das kann die nicht-behinderte Gesellschaft anscheinend am besten verstehen. Oder Schaffende von Medien nehmen an, dass aufgrund der Tabuisierung dieser Themen nur dieser Ausweg in Frage kommen kann. Aber wo wird denn ein Leben mit Behinderung repräsentiert, das meinem und dem meiner behinderten Freund*innen und Bekannten gleicht? Es gibt sie, diese Romane, aber sie sind schwer zu finden.[24][25]

Virginia Woolf fragte sich schon in ihrem Essay „On Being Ill" [Über das Kranksein], wieso Krankheit noch immer tabuisiert wird, warum dieses Thema neben Liebe, Kämpfen und Neid nicht zu einem der meist behandelten Themen in der Literatur geworden ist. Wo die Verletzlichkeit unserer Körper doch so allgegenwärtig ist?

Eine Normalisierung, die Akzeptanz von Komplexität und das Hervorheben von Vielfalt finden noch immer zu selten in der deutschen Literaturszene statt. In Großbritannien wurde 2020 der Barbellion Prize ins Leben gerufen, der jährlich Literatur preiskrönt, die sich mit den Themen Behinderung oder chronische Krankheit beschäftigt und die von Menschen mit Berührungspunkten geschrieben wurde.[26] Wenn es Plattformen gibt, wenn Verlage und Produktionsfirmen diesen Geschichten eine Plattform bieten, dann wird Repräsentation möglich.

Und warum ist das eigentlich überhaupt wichtig? Warum brauchen die Behinderten jetzt auch noch Behinderung in den Büchern, die sie lesen, oder den Filmen, die sie ansehen? Und warum wollen sie, dass auch noch die Nicht-Behinderten mit diesen Themen konfrontiert werden?

Wenn ich am öffentlichen Leben teilhabe, vermitteln mir meine Mitmenschen oft durch Blicke, Fragen oder Unbeholfenheit, ich sei der

---

24   Mann, T. (1897). *Der kleine Herr Friedemann*. S.Fischer Verlag.
25   Berg, S. (2019). *GRM: Brainfuck*. Kiepenheuer & Witsch.
26   The Barbellion Prize. (o.D.). *FAQs*. Abgerufen am 24. September 2024.
        https://www.thebarbellionprize.com/faqs

einzige Mensch mit Behinderung, den sie kennen. Dem sie in ihrem Alltag begegnen. Es werden mir „besondere Bedürfnisse" unterstellt, obwohl meine Bedürfnisse ziemlich menschlicher Natur sind.

In unserer Gesellschaft gibt es noch immer diese starke Trennung, als sei die Menschheit eingeteilt in die himmelhochjauchzend glückliche Gruppe der Nicht-Behinderten Menschen - bitte alle einmal erleichtert aufatmen, die dazu gehören. Und dann die traurige, zu bemitleidende Gruppe der Behinderten. Dass sich diese beiden Gruppen begegnen und gemeinsam am öffentlichen Leben teilhaben, ist nicht vorgesehen. Die Sichtbarkeit und Repräsentation in den Medien sind wichtig, weil sie verdeutlicht: Behinderung ist allgegenwärtig. Das Leben mit Behinderung ist genauso facettenreich wie ohne Behinderung. Alle menschlichen Körper sind verletzlich, und wir sind nicht allein.
Es gibt Millionen andere Behinderte, die ähnlich komplexe, schöne und volle Leben leben wie ich.

In den vergangenen Jahren gab es einige positive Entwicklungen. Es gibt mehr inklusive Kinderbücher, es gibt mehr Schreibende mit Behinderung, und vielleicht gibt es auch eine wachsende Bereitschaft in Verlagen und Filmproduktionen, endlich weg von der stereotypischen Erzählung über Behinderung zu kommen und sich hin zu einer vielfältigen Repräsentation zu bewegen.

Ich weiß jetzt jedenfalls, wenn ich mich auf der Straße nach dem mir bekannten Bewegungsmuster eines rollenden Unterbaus umdrehe, möchte ich mich vergewissern, eine andere Person mit einer ähnlichen Lebensrealität wie meiner ist auch einfach nur da. Wir sind hier, und wir nehmen Raum ein.

Quellen:

Birnstiehl, K. [BODYS]. (2023, 22. Juni). *Von der Motivgeschichte zu den Literary Disability Studies*. YouTube. https://www.youtube.com/watch?v=0cu9Pvk-Y5A

Webster, L. (2022, 18. Mai). *Changing the narrative on disability: is representation in books getting better?* The Guardian.
https://www.theguardian.com/books/2022/may/18/changing-the-narrative-on-Disability-is-representation-getting-better

„Ich bin nicht dafür da, dir das Leben einfach zu machen."

Josephine Rinck (sie | ihr)

Text von: 2024

Wir sagen zu Josephine oft: Josy.
Wenn Ihr über Josy sprecht, könnt Ihr auch sagen: sie.
Josy ist bei der Disability und Mad Pride Bonn aktiv.
Sie ist *weiß* und sitzt im Rollstuhl.

Ich bin Rollstuhl•fahrerin.
Ich habe **keinen** Führer•schein.
Ich habe daher auch **kein** eigenes Auto.
Ich bin trotzdem viel unterwegs.
Ich bin viel mit Bussen und Straßen•bahnen unterwegs.
Mein Mann ist auch Rollstuhl•fahrer.
Wenn wir zusammen irgendwo hin fahren wollen, müssen wir immer
mehr Zeit einplanen.
In Bussen darf meistens nur ein Mensch mit Rollstuhl mitfahren.
Auch wenn da mehrere Rollstuhl•fahrer*innen Platz haben.
Die Regeln müssen geändert werden!
Es müssen 2 Rollstuhl•fahrer*innen im Bus fahren dürfen.
Es gibt schon heute Busse, in denen 2 Rollstuhl•fahrer*innen mit fahren
können.
Die Plätze sind abgetrennt.

Wenn ich zur Arbeit fahre, bin ich alleine unterwegs.
Manchmal sind aber schon Menschen mit Kinder•wägen oder einem
Rollstuhl da.
Dann kann ich oft **nicht** mit fahren.

Vielleicht kennt Ihr das:
Es gibt eine Rampe in Bussen.
Die kann ausgeklappt werden.
Das hilft Rollstuhl•fahrer*innen, in den Bus zu kommen.
Ich komme oft auch alleine in den Bus.
Manchmal brauche ich aber auch die Rampe.
Manchmal kann die Rampe **nicht** ausgeklappt werden.
Weil zu wenig Platz auf dem Geh•weg ist.

Oder die Stufe einfach zu hoch ist.
Manchmal ist die Rampe kaputt.
Dann muss mir ein Mensch helfen, in den Bus zu kommen.
Manchmal kann ich dann auch gar **nicht** mit fahren.

Andere Menschen denken wohl:
Rollstuhl•fahrer*innen haben den ganzen Tag **nichts** zu tun.
Das stimmt aber **nicht**.
Ich möchte auch **nicht** den ganzen Tag zuhause rumsitzen, nur weil ich im
Rollstuhl sitze.
Ich habe verdammt noch mal das Recht, mit Bussen und Bahnen zu
fahren.

Busse und Bahnen sind für mich Freiheit.
Viele Menschen sagen:
Wenn ich als Rollstuhl•fahrerin mit dem Bus fahren möchte, dann mache
ich es vielen Menschen schwer.
Zum Beispiel den Bus•fahrer*innen, die die Rampe ausklappen müssen.
Das darf aber **nicht** mein Problem sein.

Ich lasse mich **nicht** zuhause einsperren, um anderen Menschen das
Leben einfacher zu machen!

„Wir können uns auch selbst helfen"
Sandro (er / ihm)

Text von: 2024

Wenn Ihr über Sandro sprecht, könnt Ihr auch sagen: er.
In dem Text spricht Sandro über sein Leben.

Sandro hat die körperliche Behinderung Hemi•parese.
Das ist eine Lähmung einer Hälfte vom Körper.
Er hat in einer Behinderten•werkstatt gearbeitet.
Die haben gesagt:
Du bist zu oft krank.
Du kannst hier **nicht** mehr arbeiten.
Heute arbeitet Sandro in einem Wohn•heim für alte Menschen.
Das macht ihm mehr Spaß als die Arbeit in der Werkstatt.
Er wollte schon immer mit Menschen arbeiten.
Das war aber schwer, weil er **keinen** Schul•abschluss hat.

Sandro reist heute viel.
Er merkt, dass es an anderen Orten schon besser ist.
Sandro fährt viel mit einem Liege•rad.
Das Fahrrad hat drei Räder.
Sandro sitzt oder liegt da direkt über dem Boden.

Sandro hat viele Diagnosen.
Viele davon sind falsch.
Sie helfen ihm aber, Hilfe zu bekommen.
Sandro hat auch die Diagnose: Bipolare Störung.
Sandro ist **nicht** sicher, ob er das tatsächlich hat.
Bei einer bipolaren Störung schwanken die Stimmung und Energie einer
Person sehr.
Sie fühlt sich manchmal sehr gut, und manchmal sehr schlecht.

Sandro sagt:
Es ist wichtig, die Barrieren in den Köpfen abzubauen.
Das heißt zum Beispiel:
Menschen sollen **nicht** mehr denken:
Der ist behindert. Der kann bestimmt **nichts**.
Sandro sagt auch:
Wir Menschen mit Behinderung können uns auch selbst helfen!

Dieser Text ist als Interview entstanden, das Lena Cornelissen mit Sandro geführt hat.
Die beiden kennen sich aus einer Reha-Klinik und haben Anfang August 2024 telefoniert.

Sandro: Ich bin Sandro, 30 Jahre alt.
Ich wohne in Erfurt.
Meine Behinderung ist angeboren.
Ich habe eine Hemiparese, links betont. Die ist aufgetreten durch eine Hirnblutung infolge von Sauerstoffmangel bei der Geburt.
Aufgewachsen bin ich in mehreren Heimen und Pflegefamilien, teilweise war ich auch mal bei meiner richtigen Familie. Meine Mutter war sehr überfordert mit mir. Deshalb war ich sehr früh schon in der Obhut vom Jugendamt.
Als Kind und Jugendlicher hatte ich wenig Kontakt zu nicht-behinderten Kindern.
Okay, im integrativen Kindergarten war noch Kontakt da. Ansonsten bin ich ziemlich abgeschottet in einem Heim für Schwerst- und Mehrfach-Behinderte groß geworden.
Da wurde ich viel bemuttert, das fand ich immer doof.
Klar, nicht alle waren so. Aber einige haben ihren Beruf einfach verfehlt. Ich mag dieses Mitleid so gar nicht.

Ich war viel in Krankenhäusern und hatte viele Operationen. Dadurch habe ich nie sowas wie Heimweh gehabt. Dadurch hat sich auch mein Charakter geformt: Offen, kommunikativ und ja, einfach ehrlich und direkt auf Menschen zu.
Heute mache ich zweimal die Woche Physiotherapie, zusätzlich noch Sport und alle 2 Wochen Gesprächstherapie. Außerdem muss ich viermal im Jahr in die Uniklinik nach Jena. Da bekomme ich Botox gespritzt gegen meine Spastiken.

Ich habe keinen Schulabschluss.
Damals haben sie gesagt, dass ich die Hauptschule nicht schaffe.

Daraufhin bin ich in eine Förderschule gekommen, und da konnte ich keinen Hauptschulabschluss machen.

Ich arbeite heute trotzdem im sozialen Bereich.

Das wollte ich schon immer.

Dafür musste ich aber große Umwege gehen. Weil mir halt die Qualifikation dafür fehlt.

Ich habe mal in einer Behinderten-Werkstatt gearbeitet.

Offiziell haben sie mich rausgeworfen, weil ich zu oft krank war.

Wahrscheinlich war ich auch zu rebellisch.

Das hat mich am Ende aber nicht gestört.

Dadurch hatte ich das Glück, da reinzurutschen, wo ich reingerutscht bin: In die persönliche Assistenz von Menschen mit Behinderung und jetzt in die Arbeit mit dementen Menschen im Alten- und Pflegeheim.

Die persönliche Assistenz war ziemlich cool.

Mit einem Klienten bin ich mehrmals verreist.

Sandro: In der Werkstatt musste ich Kondome verpacken, für 1€ noch was die Stunde.

Das vermisse ich gar nicht.

Aus meiner Sicht ist das auch moderne Ausbeute. Für so Menschen wie mich sind Werkstätten nicht der richtige Weg.

Wenn ihr uns fair bezahlt, bräuchten wir dem Staat nicht „auf der Tasche

zu liegen". Und wir könnten zumindest zu einem größeren Teil unseren Alltag selbst bestreiten. Also zumindest aus finanzieller Sicht.
Das, was ich heute mache – mit Menschen arbeiten –, ist mir viel lieber und Sinn-erfüllender.

Ich habe das Glück gehabt, dass ich eine barrierefreie Wohnung gefunden habe mit Balkon und mit Aufzug, im vierten Stock. Naja, hin und wieder funktioniert der Aufzug nicht. Dann steckt das ganze Haus im Haus fest. Hier wohnen viele Menschen mit Behinderung und ältere Menschen.

Offiziell habe ich die Diagnose „Bipolare Störung".
Ob ich bipolar bin, weiß ich nicht. Was ich auf jeden Fall bin, ist manisch-depressiv.
Ich habe immer mal so Schübe, wo es mir sehr gut geht. Dann gibt es wieder Phasen, wo es mir sehr, sehr schlecht geht.
Leide ich darunter? Leiden ist so ein starkes Wort.
Die Krankheit schränkt mich manchmal ein, das würde ich schon sagen.

Die Diagnose – und viele andere Diagnosen, die ich habe – sind ganz praktisch, um einen Aufenthalt in einer Klinik zu rechtfertigen.
Wenn ich dir meine Krankenakte zeigen würde... da stehen so viele falsche Diagnosen drin. Wenn ich dagegen gerichtlich vorgehen würde, würde mir sofort alles aberkannt werden. Mein ganzer Helferapparat würde mir dann nicht mehr verfügbar sein.

Ich bin froh, dass ich meine Sozialarbeiterin und meinen Therapeuten habe, die mir auch in ganz krassen Phasen helfen.
Mit meinem Therapeuten arbeite ich jetzt seit 2003, mit Unterbrechung.
Er sieht auf jeden Fall eine Verbesserung, allein schon durch die Tätigkeit, die ich heute mache.
Diese manischen Schübe habe ich trotzdem immer mal wieder.
Mich werfen Dinge ziemlich schnell aus der Bahn.
Wie aktuell, wo mein Fahrrad kaputt ist.
Mein Liegerad bedeutet für mich so viel Freiheit.
Ich kann mich aber relativ schnell wieder fangen.

Ich habe eine freiwillige gesetzliche Betreuung.

Die unterstützt mich in schwierigen Phasen.

Die ist nur für den Bereich „Gesundheitsfürsorge" da. Und sie soll mich bei diesem ganzen Ämterkram unterstützen. Das hilft mir.

Manchmal gebe ich viel Geld aus, wenn es mir psychisch mal nicht gut geht.

Dann haut mir meine gesetzliche Betreuerin auch mal auf die Finger. Aber ansonsten sind wir ein eingespieltes Team und arbeiten gut zusammen.

Lena: Was soll sich gesellschaftlich ändern?

Sandro: Man sollte es hinbekommen, die Barrieren in den Köpfen der Menschen abzubauen. Unwissenheit und manchmal auch Ignoranz sind ein großes Problem. Vielen sind wir einfach egal.

Sie wissen nicht, dass es uns gibt, sie wissen nicht, wie wir leben.

Mir macht es Angst, dass die AfD so viele Stimmen bekommt.
Ich kann nicht verstehen, wie Menschen die AfD wählen können.
Es gibt sogar Menschen, die behinderte Verwandte haben, die die AfD
wählen.

Lena: Was wünschst du dir für dich selbst?

Sandro: Also ein Wunsch von mir ist ein Haus am Meer. Ich weiß nicht, ob
ich mir den erfüllen kann. Das Haus soll barrierefrei sein, wo alle
hinkommen können, das soll so ein Treffpunkt für alle sein.

Lena: Solche Orte brauchen wir so dringend…
In Bonn fehlen uns solche Orte. Überall Stufen.

Sandro: Und ich hab ja noch das Privileg, dass ich aufstehen kann.

Lena: Geht mir genauso.
Wenn ich aus dem Rollstuhl aufstehe, reagieren alle richtig seltsam.
Ich sage inzwischen dann immer laut: „Wunderheilung".

Sandro: *lacht* herrlich.
Meinen Arbeitskollegen im Altenheim sind die Augen rausgefallenen, als
ich aus dem Rollstuhl aufgestanden bin.

Ich reise ziemlich viel.
In Berlin steige ich gar nicht mehr am Hauptbahnhof aus.
Da muss man ja ewig auf den Aufzug warten, weil alle mit den wenigen
Aufzügen fahren.
Menschen mit Kinderwägen oder Rollatoren, das verstehe ich ja noch,
aber andere sollten einfach die Rolltreppe nehmen.

Lena: Wir sehen es nicht allen Menschen an. Für manche ist eine
Rolltreppe zu gefährlich, weil sie Epilepsie oder Narkolepsie haben. Aber
für die meisten wäre die Rolltreppe machbar.

Sandro: In Frankreich ist es ganz anders, da wurde ich als Rollstuhlfahrer
vorgelassen. Als sie in Straßburg auf einmal zu mir gesagt haben, ich solle
vorfahren, da war ich so: oha what's happening. [Oha, was passiert hier?]

Die Deutsche Bahn ist so ein Thema für sich.
Vor ein paar Monaten bin ich nach Österreich gefahren. Ich musste nachts in München umsteigen. Gott sei Dank ist da ja immer jemand von der Umstiegshilfe da. Die haben sich dann aber beschwert, weil sie angeblich nicht wussten, auf welchem Gleis ich ankomme.
Ich meine, um Mitternacht kommen doch nicht so viele Züge an??
In Österreich war die Unterstützung mega.
Mein Zug hatte Verspätung. Die haben mir dann sogar ein Behindertentaxi organisiert, das mich zum nächsten Bahnhof gefahren hat, wo der Zug auf mich gewartet hat.
Letztens bin ich nach Frankreich gefahren, mit Begleitung.
Ich wusste, dass nachts um 4 hier in Erfurt niemand vom Mobilitätsservice ist.
Ich hab die Hilfe erst ab Frankfurt beantragt. Dann rufen die mich an und meinen, ich könne den Zug um 4 Uhr nicht nehmen, da mir da niemand helfen könne.
So etwas hasse ich. Ich möchte dann reisen können, wann ich möchte. Zur Not muss ich dann halt ohne den Mobilitätsservice klarkommen.

Ich liebe es trotzdem, mit der Bahn zu fahren.
Jetzt sind wir ein bisschen abgeschweift…

Lena: Ich liebe das Abschweifen.

Sandro: Was ich noch sagen möchte:

Es gibt zu wenig Fachpersonal, um Inklusion wirklich gut umzusetzen.
Ich möchte, dass die Politik merkt: Hey, wir Menschen mit Behinderungen sind auch noch da.
Wir können uns auch selbst helfen.
Manchmal können wir uns auch selbst besser helfen.

Intersektional Strukturen brechen

- Jetzt reden Wir!

"We wanted the world to be different for us, so we made the world different for everyone else."

Wir wollten, dass die Welt für uns anders wird, daher haben wir die Welt für alle anderen anders gemacht.

~ Camp Jened camper[27]

27 Newnham, N., & LeBrecht, J. (2020). *Crip Camp*. Netflix. https://www.netflix.com/de/title/81001496

„*Weiße* Menschen sollen nicht stumm bleiben"

Asha Rajashekhar (sie | ihr), Thomas Mitterhuber

Text von:

CNs:
Audismus, Polizeigewalt, Rassismus (rassistische Gebärden, Gewalt), Sexismus, White Supremacy

Dieses Interview hat Thomas Mitterhuber von der Deutschen Gehörlosenzeitung mit Asha Rajashekhar geführt.

Deutsche Gehörlosen•zeitung
Die Deutsche Gehörlosen•zeitung ist eine Zeit•schrift.
Sie ist von Gehörlosen und für Gehörlose.
Das heißt: Gehörlose schreiben die Texte in der Zeit•schrift.
Die Zeit•schrift ist für alle, die sich für Deutsche
Gebärden•sprache und die Gehörlosen•kultur interessieren.
Gebärden•sprachen sind eigene Sprachen.
Die Texte sind von Menschen, die **nicht** hören können.
Die Abkürzung für die Deutsche Gehörlosen•zeitung ist DGZ.
Du kannst statt gehörlos auch sagen: taub.

Asha Rajashekhar ist Lehrerin an der Elbschule Hamburg, die Vorträge zu den Themen Rassismus und kritisches *Weiß*sein in der Gebärdensprachgemeinschaft hält. Darin setzt sie sich mit den Privilegien (= Vorteilen), die nur eine bestimmte Personengruppe – hier: *weiße* Menschen – hat, auseinander.

Einfache Sprache

Asha Rajashekhar ist eine taube Lehrerin of Color.
Sie spricht viel über Rassismus.
Auch in den Gruppen von tauben Menschen in Deutschland.
Weiße Menschen haben Privilegien, weil sie *weiß* sind.
Sie wollen oft **nicht** anerkennen, dass BIPoC viel Rassismus erleben.

BIPoC* steht für

- Black = Schwarz

- Indigen

- Personen of Color = Menschen, die Rassismus erleben

- Menschen, die Rassismus erleben

Asha sagt:
Weiße Menschen merken oft **nicht**, wie sie BIPoC ausschließen.
BIPoC haben oft weniger Macht.
Sie haben auch weniger Macht innerhalb von tauben Gruppen.

Asha spricht auch über die Deutsche Gebärden•sprache.
Die Abkürzung ist: DGS.
Manche Gebärden sind rassistisch.
Zum Beispiel gibt es alte Gebärden für die Wörter Afrika und Roma.
Diese Gebärden werten Menschen ab.
Asha sagt:
Solche Gebärden sollten **nicht** mehr genutzt werden.

Asha gibt *weißen* tauben Menschen Tipps:
Sie sollen etwas über Rassismus lernen.
Und über ihre Privilegien.
Sie sollen über Rassismus sprechen.
Wenn etwas rassistisch ist, sollen Menschen sagen:
Das war rassistisch.

Asha möchte, dass BIPoC mutig über ihre Erfahrungen sprechen.
Damit **kein** Mensch denkt, dass er alleine ist.
Und als einziger Mensch Diskriminierung erlebt.

Wie hast du die bisherige Debatte [zum Thema Polizeigewalt] in unserer Community wahrgenommen?

Asha Rajashekhar: Die Debatte ist unglaublich emotional – ich hatte oft mit Traurigkeit und Betroffenheit zu kämpfen und war verletzt. Oft wird behauptet, dass es im Vergleich zu den USA weniger oder keinen Rassismus in Deutschland gibt. Hier lag der Fokus meinem Eindruck nach nur auf körperliche als rassistische Gewalt, z. B. wie rassistisch Polizeigewalt in den USA im Vergleich zu Deutschland ist.
Dabei wurde jedoch vergessen, dass sich Rassismus nicht nur in (Polizei-)Gewalt widerspiegelt. Der unterschwellige (Alltags-)Rassismus in Deutschland und wie was wo passiert, wurde nicht diskutiert. Ich habe das Gefühl, dass *weiße* und taube Menschen sich noch nicht ausreichend mit den *weißen* Privilegien und den Rassismus-Erfahrungen von BIPoC auseinandergesetzt haben. Ich bin aber froh, dass sich einige taube *weiße* Menschen aktiv mit ihren Privilegien auseinandersetzen und die BLM-Bewegung (BLM = Black Lives Matter) aktiv unterstützen – als sogenannte *weiße* Allies (= Verbündete).

Im Juni hieltest du für die Humboldt-Universität zu Berlin einen Online-Vortrag zum Thema „Critical Whiteness [Kritisches *Weiß*-Sein] innerhalb der Gebärdensprachgemeinschaften". Zentrales Thema waren die sogenannten „White Privileges" (= *weiße* Privilegien). Was steckt dahinter?

Weiße Personen werden aufgrund ihres *Weiß*seins nicht strukturell oder systematisch diskriminiert oder benachteiligt. Sie sind privilegiert und müssen sich nicht mit Rassismus auseinandersetzen. *Weiße* Personen können bei diesem unangenehmen Thema einfach wegsehen. Im Gegensatz dazu werden BIPoC täglich mit ihren Rassismuserfahrungen konfrontiert.

Wie zeigen sich diese Privilegien in der Gebärdensprachgemeinschaft?

Meiner Ansicht nach unterscheiden sich die *weißen* Privilegien in der Gebärdensprachgemeinschaft nicht von den Privilegien, die die Autorin Noah Sow für *weiße* Menschen allgemein nennt: Zum Beispiel werden sie nicht automatisch als „fremd" betrachtet, weil ihre Anwesenheit normal und selbstverständlich ist. *Weiße* Menschen können außerdem jede andere Kultur kopieren oder sich zu Teilen aneignen, ohne dafür von der Mehrheitskultur ausgegrenzt zu werden, etwa in einer Faschingskleidung als I* (I* ist ein diskriminierender Begriff für indigene Menschen). Weiterhin werden *Weiße* von den Fremden nicht über ihre Herkunft und die Herkunft all ihrer Vorfahren abgefragt. In ihrem Buch Deutschland Schwarz Weiss – Der alltägliche Rassismus zählt Sow weitere Privilegien auf.

In deinem Vortrag sprachst du auch über *weiße* Privilegien, die sich bei bestimmten Berufsgruppen zeigen. Kannst du das näher ausführen?

In vielen Berufen wird häufig agiert, ohne die Privilegien kritisch zu hinterfragen, die mit dem eigenen *Weiß*sein einhergehen. *Weiße* Pädagogen, die Schüler mit Migrationshintergrund aufgrund ihrer Sprachentwicklung auch in anderen Fächern und Bereichen keine Chance einräumen, wären hier ein Beispiel. Wir haben bisher in Deutschland beispielsweise auch sehr wenige BIPoC als Gebärdensprachdolmetscher, die einem tauben BIPoC aufgrund ähnlicher Erfahrungen mehr Sicherheit geben würden. 

In der tauben US-Gemeinschaft sind „White Privileges" ein aktueller Brennpunkt. Kritisiert wird, dass es eine Eliteschicht von tauben *Weißen* gebe und BIPoC-Menschen kaum Aufstiegschancen hätten. Gibt es eine solche Schicht auch bei uns? 

Das ist einfach zu beantworten: Ja. BIPoC sind bis jetzt zum Beispiel im Gehörlosentheater, bei Veranstaltungen von und für Gehörlose, im Gehörlosensport, bei den Bildungsseminaren von Gehörlosenvereinen, in den Gehörlosenmedien sowie im öffentlichen Diskurs kaum vertreten.

Dies gilt insbesondere für öffentliche Positionen, zum Beispiel bei den Vorsitzenden der eben genannten Bereiche.

Du studiertest ein Jahr lang an der Gallaudet University, die sich inzwischen unter schwerem Beschuss befindet. Welche Erfahrungen hast du als taube IPoC-Frau mitgenommen?

An der Gallaudet Universität habe ich dank Deaf Studies und Deaf Education sowie dank Kontakten zu tauben BIPoC und (*weißen*) hörenden Allies viele Denkanstöße erhalten und konnte mein Wissen erweitern. Hier habe ich mein Bewusstsein für Diversität weiterentwickeln können. Leider hat die Universität es damals versäumt, sich klarer gegen Rassismus zu positionieren. Ich persönlich habe dort keine negativen Erfahrungen gemacht, ich war allerdings auch nur für zwei Semester dort. Aber ich habe viele Rassismus-Erfahrungen von befreundeten tauben BIPoC mitbekommen.

Neben Rassismus existieren noch andere Diskriminierungsformen wie Sexismus oder Homofeindlichkeit. 2011 veröffentlichtest du einen wissenschaftlichen Artikel zu Audismus und „Hearing Privilege" (= hörende Privilegien). Was haben die Diskriminierungsformen alle gemeinsam?

> **Audismus**
> Audismus ist die Diskriminierung von tauben und hör•behinderten Menschen.
> Viele denken: Hören ist sehr wichtig, um ein gutes Leben zu haben.
> Das ist Audismus.
> Audismus ist strukturell.
> Ein großes Problem ist auch, dass so wenige Menschen Gebärden•sprache können.

Ich denke, es ist gut, dass ein eigener Begriff für die Diskriminierung, die in dem Fall stattfindet, gefunden wird. Es ist immer hilfreich, Parallelen herzustellen und ähnliche Mechanismen in unterschiedlichen

Diskriminierungsformen sichtbar zu machen und verstehen zu lernen. Gleichzeitig ist es aber auch wichtig, darauf hinzuweisen, dass es eben unterschiedliche Diskriminierungsformen sind.

Vereinfacht gesagt: Ein Mensch, der heterosexuell, hörend, männlich und *weiß* ist, gilt als Norm und kann nicht diskriminiert werden. Also keine Erfahrungen mit Rassismus, Audismus, Sexismus usw. sammeln. Dieser kommt somit in den „Genuss der Privilegien". Daher ist es total wichtig, sich mit seinen (unverdienten) Privilegien auseinanderzusetzen.

Derzeit wird in den sozialen Medien debattiert, ob die DGS auch rassistisch sein kann. Manche fordern, bestimmte Gebärden nicht mehr zu verwenden. Andere entgegnen, die DGS sei eine visuelle Sprache und würde die Dinge somit wertfrei darstellen. Wie siehst du das?

Wer entscheidet, ob die DGS die Dinge wertfrei darstellt? Es geht darum zu schauen: Werden mit der Gebärde Personen diskriminiert? Hat die Gebärde überhaupt eine berechtigte Existenz? Meiner Ansicht nach werden rassistische Gebärden meistens (unbewusst) von *weißen* Tauben verwendet, weil diese die Gebärden auch gar nicht als verletzend empfinden können. Daher sollte den BIPoC zugehört werden. Es ist Zeit, einige Gebärden kritisch zu hinterfragen und zu vermeiden.

Kannst du Beispiele für rassistische oder diskriminierende Gebärden benennen?

Die (alten) Gebärden für Afrika: Afrika-Nase, Afrika-Stock. Diese Gebärden stellen die Bevölkerung Afrikas als primitiv dar. Dasselbe gilt auch für die folgenden Gebärden: Roma-Ohrring. Bart-Döner. Diese Gebärden haben taube *Weiße* erfunden.

Viele Gehörlose fühlen sich durch Ausdrücke wie „taubstumm" diskriminiert, verwenden aber weiterhin diskriminierende Gebärden. Wie ist das möglich?

Nur weil man selbst diskriminiert wird, reflektiert man sein eigenes diskriminierendes Verhalten nicht automatisch besser. Es gibt auch

Taube, die der Meinung sind, dass die Gebärdensprache durch Veränderungen in ihrer Existenz gefährdet ist und sich deshalb weigern, bestimmte Gebärden nicht mehr zu benutzen. Ein häufiges Argument ist: „Haben wir schon immer so gemacht." Das macht es aber nicht richtig.

Deinen Vortrag hast du mit Empfehlungen an die Gebärdensprachgemeinschaft abgeschlossen. Welche sind es?

Als *weißer* Mensch soll man aufhören, zu sagen: „Ich bin kein Rassist", weil die *weißen* Privilegien NICHT verschwinden. Man soll sich mit den *weißen* Privilegien auseinandersetzen und nicht das eigene *Weiß*sein verleugnen. Man soll bitte auch keine Dankbarkeit erwarten dafür, dass man sich als *weißer* Mensch rassismuskritisch fortbilden will.

Es ist auch wichtig, dass *weiße* Menschen nicht stumm bleiben, wenn eine Person einen rassistischen Spruch bringt. BIPoC sollen auch nicht immer zur Erklärung herhalten müssen! Es gibt viele sehr gute Bücher, Webseiten und Gebärdensprachfilme über kritische *Weiß*seins-Forschung, Kolonialismus und Rassismus.

Was wünschst du dir von *weißen* Mitgliedern unserer Community?

Ich wünsche mir, dass sie sich mit den *weißen* Privilegien auseinandersetzen und konstruktiv und sachlich mit den BIPoC diskutieren. Am wichtigsten ist es für mich, dass sie mit den BIPoC respektvoll umgehen.

Und was möchtest du tauben Menschen, die Schwarz oder BIPoC sind, mitgeben?

Ich möchte, dass taube BIPoC wissen, dass sie nicht alleine sind, weil ich auch Erfahrung mit Rassismus habe. Es ist für viele nicht so einfach, mit *weißen* Gehörlosen offen über Rassismus und *weiße* Privilegien zu gebärden. Mir ist es wichtig, dass BIPoC mutig sind, über ihre Erfahrungen mit (Alltags-)Rassismus zu erzählen. Danach fühlen sie sich nicht mehr allein oder ignoriert, sondern viel besser. Da bin ich mir sicher.

Vielen Dank für das Interview!

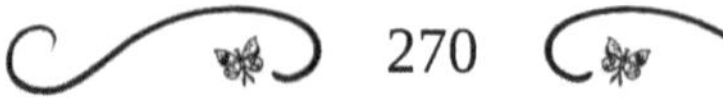

**No pride for some of us without
liberation for all of us.**

**Kein Pride für manche von uns ohne
die Befreiung von uns allen.**

~ Marsha P. Johnson

Schwarze queere HIV-positive, Gewalt-überlebende, teilweise wohnungslose und
in der Sexarbeit tätige Aktivistin und führende Figur in den queeren und
intersektionalen Befreiungsbewegungen der 1960er und 1970er Jahre in den
USA

Behindert und queer

Lena L. (sie | ihr), Lena C. (dey | deren), Solveïg (hen | hens)

Text von: 2024

 CNs:
Gewalt (keine Details), Suizidalität / Suizid (keine Details)

Diese Rede haben wir bei der queeren Pride 2024 in Bonn gehalten.
Wir sprechen über queere behinderte Menschen.

Queere Menschen mit Behinderung sind doppelt unsichtbar.

Wir hören oft:
Ihr seid selbst schuld.
Ihr müsst anderen öfter sagen, dass Ihr queer seid.
Aber:
Es ist oft sehr gefährlich für behinderte Menschen, anderen zu sagen:
Ich bin queer.
Es ist gefährlich, sich als queer zu outen.
Wenn queere Kinder und Jugendliche anderen sagen, dass sie queer sind,
werden sie manchmal wohnungs•los.
Ihre Eltern sagen manchmal:
Geht weg.
Das ist ganz besonders gefährlich, wenn die Kinder und Jugendliche
gepflegt werden.

Queer-Sein wird oft zur Krankhaft erklärt.

Viele Menschen sagen:
Es ist krank, queer zu sein.
Manchmal sagen das auch Ärzt*innen und andere Fach•leute.
Bis 1990 war Homo•sexualität auf der Liste von psychischen Krankheiten.
Trans* sein stand noch länger auf dieser Liste. Bis 2018.
Heute sagen Menschen immer noch:
Es ist krank, a•sexuell zu sein.
Das sind ein paar Beispiele.
Die Beispiele zeigen:
Queere Menschen gelten oft als krank.
Und damit irgendwie als behindert.

Tatsächlich ist es so:
Queer•feindlichkeit macht krank.
Menschen, die Diskriminierung erleben, sind öfter krank.

Queere Menschen sind öfter arm.
Sie erleben besonders viel Gewalt.
Ganz besonders dann, wenn sie auch Rassismus erleben.
Oder auch psychisch krank oder behindert sind.
Oder Sex-Arbeiter*innen sind.
Trans* und andere queere Menschen haben oft **keine** oder wenig
Unterstützung durch ihre Herkunfts•familien.
Familie ist für alle Menschen unterschiedlich.
Für viele gehören zum Beispiel auch Freund*innen dazu.
Bei Herkunfts•familie geht es zum Beispiel darum, wie ein Mensch als
Kind lebt.
Das sind oft die Menschen, mit denen wir verwandt sind.
Zum Beispiel unsere biologischen Eltern.

Trans*, **nicht**•binäre und inter•geschlechtliche Menschen töten sich öfter
selbst.
Viele queere Menschen sind psychisch krank.
Das liegt an der Gesellschaft.
Das liegt daran, dass sie viel Diskriminierung erleben.
Und **nicht** daran, dass sie queer sind.
Sie erleben dann auch Ableismus.

**Queere Menschen haben weniger Zugang zur
Gesundheits•versorgung.**
Wenn sie krank sind, bekommen queere Menschen oft **keine** Hilfe.
Oder **nicht** die richtige Hilfe.
Ärzt*innen, Pfleger*innen und Therapeut*innen sind oft queer•feindlich.
Nicht, weil das alles schlechte Menschen sind.
Sondern weil wir in einer queer•feindlichen Gesellschaft leben.

Queere Räume sind oft <u>nicht</u> barriere•frei.
Viele Demonstrationen von queeren Menschen sind **nicht** barriere•frei.
Vielleicht auch, weil viele denken, dass es **nicht** viele behinderte queere
Menschen gibt.
Das stimmt aber **nicht**.

Barrierefreie Demonstrationen heißt zum Beispiel:

- Es gibt eine Dolmetschung für Deutsche Gebärden•sprache und Laut•sprache.

- Es gibt Rikschas.
  Das können sich Menschen rein setzen, die **nicht** gut laufen könne.

- Es gibt einen Ruhe•Block.
  Da ist es leiser.
  Und weniger eng.

Aber das reicht **nicht**.

Was könnt Ihr tun, damit queere Räume für uns sicherer sind?
Lernt was über Ableismus.
Lernt, was ableistische Sprache ist.
Übt, ableistische Sprache **nicht** mehr zu nutzen.
Glaubt behinderten Menschen.
Ihr könnt, wir alle können klar machen, dass wir Verbündete sind.
Wir können zeigen:
Wir nehmen jedes Thema ernst.
Auch wenn wir **nicht** selbst betroffen sind.
Wir lassen uns **nicht** gegeneinander ausspielen.
Seid Verbündete, macht was gegen Ableismus!

Eine inklusive Mobilitäts•wende

Lena C. (dey | deren), Solveïg (hen | hens), Steve (er | ihm, -)

Text von: März 2024

 CNs:
Flucht (Erwähnung), Rassismus, Tod (Erwähnung)

Wenn es um Klima•gerechtigkeit geht,
muss es auch um behinderte Menschen gehen.
Die Klima•krise bedroht alle Menschen.
Aber **nicht** alle Menschen gleich stark.
Menschen, die Diskriminierung erleben, sind besonders bedroht.
Das soll sich ändern.
Sie sollen vor der Klima•krise geschützt werden.
Menschen sollen gar **keine** Diskriminierung mehr erleben.
Das wollen Menschen, die für Klima•gerechtigkeit kämpfen.

In Bonn haben wir gute Bündnisse.
Wir arbeiten als Disability und Mad Pride Bonn
mit Fridays for Future Bonn und dem BIPoC* Kollektiv zusammen.
Fridays for Future heißt: Freitage für die Zukunft.
Fridays for Future gibt es überall auf der Welt.
Die Gruppen kämpfen für Klima•gerechtigkeit.
Das BIPoC* Kollektiv ist eine Gruppe von Menschen, die von Rassismus
betroffen sind.

Hier kommt eine Rede von Solveïg, Steve und Lena C.
Die Rede haben wir für das Buch gekürzt.
Die 3 haben bei einer Demonstration von Fridays for Future gesprochen.
Die Demonstration war im März 2024.
Bei der Demonstration ging es um die Arbeits•bedingungen in Bussen
und Bahnen.
Wir wünschen uns, dass Gewerkschaften auch für uns kämpfen.
Das ist leider heute **nicht** immer so.

Eine Gewerkschaft kämpft für bessere Arbeits•bedingungen.
Und mehr Geld für Menschen, die arbeiten.

Hier kommt ein Teil der Rede.

Lena:
Busse und Bahnen sind super wichtig.
Für viele behinderte, chronisch kranke, psychisch kranke,
neuro•divergente und oder T*taube Menschen ist es sehr schwer, Bus
und Bahn zu fahren.
Viele können es gar **nicht**, weil es noch voller Barrieren ist.
Behinderte, arme und ältere Menschen und BIPoC* sind ganz besonders
von der Klima•katastrophe betroffen.
Wir sterben deutlich öfter bei Erd•beben, Überflutungen und
Hitze•wellen.
Wir sind es ziemlich leid, beim Thema Klima•schutz vergessen zu werden.

Solveïg:
Ich bin autistisch und habe ADHS.
Mit Bus und Bahn zu fahren, ist sehr anstrengend für mich.
Es ist ein großer Stress•faktor in meinem Alltag.
Aber: Ohne Busse und Bahnen würde mein Leben gar **nicht**
funktionieren.

Es verwirrt und stresst mich, wenn sich Pläne ändern.
Es ist aber auch schwer für mich, pünktlich sein.
Zum Beispiel an einer Halte•stelle.

Deshalb ist es wichtig, dass viele Busse und Bahnen fahren.
Und dass sie pünktlich sind.

Dafür braucht es gute Arbeits•bedingungen für die Menschen,
die bei den Bussen und Bahnen arbeiten.

Es ist ganz besonders anstrengend für mich, wenn die Busse voll sind.
Dann sind da zu viele Menschen.
Es kommt zu Konflikten.
Körper berühren sich, ohne dass wir das wollen.
Ich kann dann **nicht** Bus fahren.
Ich muss meinen Tag so planen, dass ich **nicht** mit dem Bus fahren muss,
wenn der Bus voll ist.
Das heißt auch:
Ich komme oft zu spät.
Oder ich komme gar **nicht** aus dem Haus.

Das macht es schwerer für mich, zu arbeiten und zu studieren.
Ich habe deshalb weniger Geld.
Ich kann auch schlechter Teil•haben.

Es ist auch sehr schwer für behinderte Menschen,
als Bus•fahrer*innen und Bahn•fahrer*innen zu arbeiten.
Das muss sich ändern!

Steve:
Die Verkehrs•wende kann nur funktionieren, wenn es gute
Arbeits•bedingungen gibt.
Und Bus•fahrer*innen und Bahn•fahrer*innen fair bezahlt werden.
Aber es sollte **nicht** nur um darum gehen, dass die Verkehrs•wende
funktioniert.
Es sollte uns vor allem um die Arbeiter*innen gehen.

Wer arbeitet vor allem in Bussen und Bahnen?
Es sind vor allem Menschen, die **nicht** in Deutschland geboren wurden.
Und Menschen, die Rassismus erleben.
Also BIPoC*.
Diese Menschen arbeiten mit schlechten Bedingungen:
Sie machen viele Über•stunden.
Das heißt:
Sie arbeiten mehr, als sie eigentlich müssen.
Sie haben **nicht** genug Zeit, zu schlafen.
Sie müssen lange am Stück arbeiten.

Mein Vater ist nach Deutschland geflohen.
Er hat bei der Post gearbeitet.
Ich habe ihn fast **nie** gesehen.
Er war Zuhause, als ich in der Schule war.
Wenn ich Zuhause war, hat er gearbeitet.
Heute hat er große Rücken•probleme.
Viele migrantische Familien kennen das.
Viele migrantische Arbeiter*innen werden krank und behindert,
weil sie so hart arbeiten.
Sie sind oft auch psychisch krank.
Weil sie immer mehr machen, als sie eigentlich können.

Und weil sie immer Angst haben.
Und weil sie **nie** genug Geld haben.
Das geht auch migrantischen Arbeiter*innen so,
die in Bussen und Bahnen arbeiten.
Ohne diese migrantischen Arbeiter*innen würde **nichts** funktionieren.

Lena:
Oft bin ich mit einem Rollstuhl unterwegs.
Dann ist es oft einfacher, mit dem Bus zu fahren,
als mit der Straßen•bahn zu fahren.
Es gibt viele Halte•stellen, wo ich **nicht** aus•steigen und ein•steigen kann.
Weil es dort **keinen** Aufzug gibt.
Oder weil es eine sehr große Stufe gibt.
Dann brauche ich immer Hilfe.
Oft muss ich eine Halte•stelle früher oder später aus•steigen.
Aber das ist ja **nicht** schlimm.
Behinderte Menschen haben doch alle Zeit der Welt.
Wir haben ja **nichts** zu tun.
Okay, das war **nicht** ernst gemeint.
Das war sarkastisch.

> **Es gibt Tage, an denen ich stundenlang hilflos durch Berlin irre. Wie ein fünfjähriges Kind, unsicher, ob ich jemals wieder nach Hause komme. Weil alle Aufzüge kaputt sind und Busse ausfallen, ich nicht mal irgendwo einkehren kann. Ich fühle mich, als hätte mich die Stadt (Berlin, BVG [Berliner Verkehrsbetriebe], die S-Bahn) der Welt zum Fraß vorgeworfen. Die Jüdin auf vier Rädern, stundenlang ohne Ausweg, verzweifelt schutzlos in Berliner Straßen. Die Angst ist echt. Fehlende Barrierefreiheit ist nicht nur unbequem, sie ist gefährlich.**

~ Debora Antmann (Behindert und jüdisch)[28]
@darlin_its_debs
lesbische, jüdische, behinderte analytische Queer_Feministin, Autorin und Körperkünstlerin

---

28 Antmann, D. (2024, 2. Februar). *Als Rollstuhlfahrerin fehlen Fluchtwege: So sitzt man als Jüdin auf dem Präsentierteller*. Tagesspiegel. https://www.tagesspiegel.de/kultur/fehlende-fluchtwege-auf-dem-prasentierteller-11134642.html

CIMND*ig und Stolz

**Inklusion heißt auch an vielen Stellen:
Es dauert länger. Und das ist okay.**

~ Lena Cornelissen über Crip Time
@cornelissenlena
behindert, psychisch krank, *weiß*, queer,
schwimmt und schreibt

Behindert – offen & unbe/verschämt

Jo Krügel (dey | they)
@oberknalltuete

Text von: 2024

CNs:
Audismus

Wenn Ihr über Jo sprecht, könnt Ihr auch sagen: dey.
Oder: they.

Ich bin Jo (dey/ they), gehörlos, lautsprachlich sozialisiert, aber auch der
Gebärdensprachgemeinschaft sehr verbunden.
Mir ist eine möglichst diskriminierungsfreie Gesellschaft wichtig, wo auch
Themen von Menschen mit Behinderungen Beachtung finden. Deshalb
setze ich mich online mit Beiträgen für Vielfalt ein & versuche, mich mit
Menschen, denen das ebenfalls am Herzen liegt [denen das wichtig ist],
zu vernetzen.

Einfache Sprache

Der Text heißt: Behindert – offen & unbe/verschämt.
Ich bin offen behindert.
Andere sollen auch sehen, dass ich behindert bin.
Ich möchte mich **nicht** dafür schämen, behindert zu sein.
Das meine ich mit un•beschämt.
Ich möchte mich **nicht** anpassen.
Ich möchte un•verschämt sein.

Was heißt Disability Pride für mich?
Disability Pride heißt **nicht**:
Ich bin stolz, behindert zu sein.
Disability heißt Behinderung.
Pride heißt Stolz.
Es heißt:

- Für mich ist meine Behinderung ein Teil von mir.
  Ich muss sie **nicht** verstecken.
  Andere Menschen dürfen sehen, dass ich behindert bin.

- Für mich ist es okay, behindert zu sein.
  Meine Behinderung ist eine Eigenschaft.
  Wie meine Schuh•größe auch

Meine Behinderung ist wichtig für mein Leben.
Aber es gibt noch andere Dinge, die wichtig sind.
Ich mag mein Leben.
Das darf ich so sagen.

Ich darf auch sagen, was mich stört:

- Diskriminierung

- Barrieren

Früher habe ich gedacht:
Ich muss mich sehr anstrengen, damit andere Menschen **nicht** sehen,
dass ich behindert bin.
Heute weiß ich, dass das anders ist.
Ich muss mich **nicht** anpassen.
Ich darf sagen:
Wir brauchen mehr Barriere•freiheit.

Das ist ein Menschen•recht.
Ich wünsche mir das, was sich viele Menschen wünschen:

- Ein gutes Leben

- Freund*innen

- Arbeit

- Teilhabe

Ich bin gehör•los.
Früher habe ich gesagt:
Ich bin hör•geschädigt.
Denn andere Menschen haben mir gesagt:
Du sollst **nicht** behindert sagen.
Heute sage ich **nicht** mehr: hör•geschädigt.
Ich sage: hör•behindert.

Ich mag das Wort hör•geschädigt **nicht**.
In dem Wort ist das Wort Schaden.
Ich habe aber **keinen** Schaden.

Ich soll mich an die hörende Welt anpassen.
Die hörende Welt heißt: alle Menschen, die hören.
Sie finden: ich soll alles tun, damit ich sie verstehe.
Sie selbst wollen so wenig wie möglich dafür tun.
Das ist aber falsch.
Deshalb sage ich: hör•behindert.
Denn das Problem sind Barrieren.
Das Problem ist auch, dass andere Menschen **keine** Rücksicht nehmen.
Ich bin **nicht** das Problem.

Sagt bitte behindert.
Das ist **kein** schlechtes Wort.
Heute bin ich selbst•bewusst.
Ich sage:
Ich bin **nicht** das Problem.
Ich wünsche mir, dass das alle hör•behinderten Menschen so sehen.

Es ist okay, wenn wir etwas **nicht** hören.
Es ist okay, Fehler zu machen.
Es ist okay, nachzufragen.

Viele gehörlose Menschen denken, eine Behinderung ist etwas Schlechtes.
In der Gruppe von Menschen, die in Gebärden•sprache sprechen, sagen viele:
Ich bin **nicht** behindert.
In dieser Gruppe gibt es **keine** Barrieren.
Es gibt eine eigene Kultur und eine eigene Sprache – die Gebärden•sprache.
Die Behinderung entsteht erst, wenn Menschen **nicht** in Gebärden•sprache sprechen können.
Dann gibt es Sprach•barrieren.

Gebärden•sprache ist die Sprache einer Minderheit.
Minderheit heißt: Es gibt weniger Menschen, die Gebärden•sprache sprechen.
Gehörlose Menschen können **nicht** so leicht Laut•sprache lernen wie Menschen, die gut hören können.
Gebärden•sprachen sind wichtige Sprachen.
Und:
Menschen sollen verstehen, dass behindert **kein** schlimmes Wort ist.

Das braucht vielleicht noch Zeit.

Disability Pride heißt für mich nicht, vor Stolz zu platzen, dass ich behindert bin.

Es heißt einfach, dass ich meine Behinderung als einen Teil von mir annehme & akzeptiere. Genauso, wie meine Schuhgröße. Beides kann ich nicht ändern. Es ist ein Teil meiner Persönlichkeit, den ich nicht verbergen muss. Natürlich gibt es auch viele andere Teile, die meine Persönlichkeit ausmachen.

Wenn ich viel über meine Behinderung spreche, heißt das noch lange nicht, dass das mein einziges Thema ist. Aber es ist ein Wichtiges. Und ich darf darüber erzählen, dass ich mein Leben, so wie es ist, mag. Ich kenne es nicht anders & bin zufrieden. Genauso darf ich auch ansprechen, was mir daran nicht gefällt: Die strukturelle Diskriminierung & die Barrieren, die ich durch die nichtbehinderte Gesellschaft erlebe.

Lange Zeit wurde mir Glauben gemacht, dass ich mich anstrengen & anpassen muss, damit ich möglichst wenig behindert bin. Ich bin froh, jetzt zu wissen, dass ich das nicht muss. Dass ich nicht alles schaffen muss & auch Dinge nicht können darf. Dass ich Barrierefreiheit einfordern darf, damit Dinge für zugänglich sind. Das hat nichts mit Jammern, Extrawünschen oder gar „besonderen Bedürfnissen" zu tun, sondern mit Menschenrechten. „Besonders" sind meine Bedürfnisse überhaupt nicht. Ich will ein gutes Leben mit Wohnung, Nahrung, Freundschaften, Aktivitäten, Erlebnissen, Arbeit- die mir Freude macht... u.v.m. [und vielem mehr], einfach selbstverständliche Teilhabe an vielen gewöhnlichen Dingen des Lebens haben.

Zu meiner Behinderung, meiner Gehörlosigkeit, steht oft folgende Frage im Raum: Heißt es hörbehindert oder hörgeschädigt? Hörbehindert oder hörgeschädigt sind beides Oberbegriffe für gehörlose, Taube & schwerhörige Personen.

Früher habe ich lieber den Begriff hörgeschädigt verwendet, weil mir nichtbehinderte, hörende Erwachsene beigebracht haben, dass ich nicht behindert sei. Heute weiß ich, dass ich damit Ableismus verinnerlichen hatte & nutze lieber das Wort hörbehindert.

Der Ausdruck Hörschädigung betont, dass ich selbst defekt bin, einen Schaden habe. Nämlich am/ im Gehör. Die Verantwortung, mich an die

von nichtbehinderten hörenden Menschen vorgegebene Norm
anzupassen, liegt bei mir.
Der Begriff Hörbehinderung hingegen zeigt vielmehr das soziale
Konstrukt auf. Nämlich, dass ich durch Barrieren, fehlende
Zugänglichkeit, mangelnde Rücksichtnahme von der Gesellschaft, der
Umgebung behindert werde, sowie an umfassender Teilhabe gehindert
werde.
Behindert ist eine neutrale Beschreibung, kein Schimpfwort.

Als hörbehinderte Person kann ich inzwischen selbstbewusst sagen, dass
nicht mein Gehör das Problem ist, sondern die Bedingungen & auch die
Menschen um mich herum. Dieses Selbstbewusstsein, Selbstverständnis
wünsche ich viel mehr hörbehinderten Personen.
Wir müssen uns nicht schämen, wenn wir trotz aller Anstrengungen
unsererseits in der Kommunikation mit hörenden Menschen
Schwierigkeiten haben. Wir dürfen falsch verstehen, wir dürfen x- mal
nachfragen. Wir können & müssen nicht in allen Belangen den
Ansprüchen der Hörenden genügen.

Allerdings hat auch die Gebärdensprachcommunity mal gelernt, dass
Behinderung/ behindert etwas Schlechtes sei & es auch noch nicht wieder
verlernt. Leider nutzen auch viele gehörlose, Taube Menschen behindert
als Schimpfwort. Sie sind nicht behindert, solange sie in ihrer
Gebärdensprachcommunity sind. Da entfalten sie sich frei von Barrieren
mit ihrer Kultur & Sprache. Die Behinderung ist erst dann da, wenn sie
sich außerhalb der Sprachcommunity bewegen. Dann gibt es eine
Sprachbarriere zwischen Lautsprache & Gebärdensprache, zwischen
Hören & Nichthören.
(Gebärdensprache ist auch eine Minderheitensprache. Aber sie ist keine
Lautsprache, wie z.B. Sorbisch. Die sorbische Minderheit kann i.d.R. [in
der Regel] hören & leicht eine andere Lautsprache lernen, wenn sie will.
Das können aber nicht alle gehörlosen, Tauben Menschen. Gegen die
Bezeichnung der Gebärdensprache als Minderheitensprache spricht m.E.
[meines Erachtens] trotzdem nichts. Es ist nur schade, dass es dazu
verwendet wird, sich vom Begriff Behinderung zu distanzieren.)
Es braucht vermutet noch Zeit, bis die Gebärdensprachcommunity – wie
viele andere Menschen mit & ohne Behinderung auch – das akzeptieren
könnte.

VerRückt und Stolz

Luna Loca (dey / deren)

Text von: 2024

 CNs:
Psychiatrie und Psychiatrie•erfahrungen, Saneismus / Mentalismus
(Diskriminierung von psychisch kranken Menschen), Zwangs•maßnahmen

Der nächste Text kommt von Luna Loca. 
Loca ist Spanisch und heißt: verrückt.
Luna heißt eigentlich anders.
Wenn Ihr über Luna sprecht, könnt Ihr auch sagen: dey.
Luna ist neuro•divergent.
Dey ist auch körperlich behindert.
Dey ist *weiß*.
Dey ist queer.
Luna spricht in dem Text über Mad Pride.

Ich lebe auch deshalb noch, weil es Psychiatrien gibt. 
Mir geht es auch deshalb schlecht, weil ich in Psychiatrien war.
Was möchte ich sagen?
Es gibt zu wenig Hilfe zu Hause.
Wenn es uns ganz schlecht geht, dann kann eine Psychiatrie uns das Leben retten.
Weil wir uns dann **nicht** selbst töten.
Aber: Es ist oft schlimm, in der Psychiatrie zu sein.
Wir bekommen hier **nicht** die Hilfe, die wir brauchen.
Wir kommen mit neuen Traumata raus.
Besonders schlimm sind Zwangs•maßnahmen.
In Psychiatrien werden Menschen manchmal fixiert.
Sie werden also fest•gebunden, damit sie **nicht** weg•laufen können.
Ich wurde schon mal fixiert.
Das war ganz schlimm.
Es gab bei mir auch **keinen** richterlichen Beschluss.
Den braucht es aber eigentlich.
Bei mir hat also **kein*e** Richter*in gesagt:
Ihr dürft Luna fixieren.
Ich habe auch eine Magen•sonde bekommen, obwohl ich das **nicht** wollte.
Das ist ein Schlauch, der durch die Nase bis in den Magen geht.
Dadurch wird flüssiges Essen in den Magen gebracht.

Sie haben gesagt:
Du wiegst zu wenig.
Du musst zunehmen.
Ich habe auch Medikamente bekommen, obwohl ich das **nicht** wollte.
Das sind alles Zwangs•maßnahmen.

Manche Menschen haben mehr Zwangs•maßnahmen als ich erlebt und
überlebt.
Sie waren auch länger auf der geschlossenen Station als ich.

Auf der geschlossenen Station haben Menschen kaum Freiheiten.
Menschen sind auf der geschlossenen Station, wenn sie eine Gefahr für
sich oder andere sind.
Eigentlich heißt die Station heute: geschützte Station.
Das klingt aber für mich seltsam.
Die geschlossene Station fühlt sich **nicht** sicher an.
Manche Menschen bekommen da von anderen Mord•drohungen.
Andere sagen ihnen also: Ich bringe dich um.
Es gibt Gitter vor den Fenstern.
Wir erleben viel Gewalt durch die Fach•kräfte und auch durch andere
Patient*innen.
Die „geschützte Station" ist also **kein** sicherer Ort.

Dieses Mal bin ich freiwillig hier.
Also mehr oder weniger freiwillig.
Ich bin hier, weil es **keine** Alternative gab.

Psycho•pharmaka
Psycho•pharmaka sind Medikamente,
die Menschen bei psychischen Krankheiten gegeben werden.
Ich bin froh, dass es Medikamente gibt.
Ich nehme viele Medikamente wegen meiner psychischen Krankheiten.
Ich finde: ich nehme zu viele.
Denn sie haben auch alle Neben•wirkungen.
Die Ärztin hier in der Klinik hat gesagt:
Wir geben Ihnen noch 2 andere Medikamente.
Sie hat **nicht** gesagt

- wobei mir die Medikamente helfen sollen

- was die Medikamente sonst noch mit mir machen können

Bei dem einen hatte ich sehr starke Neben•wirkungen.
Ich konnte mich kaum mehr bewegen.
Ich habe gesagt: Ich möchte das **nicht** mehr nehmen.
Manchmal sagen die Ärzt*innen dann aber:
Sie müssen das aber weiter nehmen.

Psycho•pharmaka sind Segen und Fluch.
Sie können uns das Leben leichter machen.
Sie können uns das Leben aber auch sehr schwer machen.

Ich sage den Ärzt*innen:
Sagt den Menschen, was die Medikamente mit ihnen machen sollen.
Und was sie mit ihnen machen können.
Lasst sie entscheiden, ob sie die Medikamente nehmen wollen.
Sprecht mit Menschen über Alternativen, wenn sie die Medikamente
nicht nehmen wollen.

My Label, my Choice

Ärzt*innen sagen:
Du hast eine Persönlichkeits•störung.
Du hast Borderline.
Deshalb werde ich oft schlecht behandelt.
Ärzt*innen denken:
Wir können Luna **nicht** vertrauen.
Ich weiß **nicht**, ob ich wirklich Borderline habe.
Ich weiß auch **nicht**, ob es Borderline tatsächlich gibt.
Vieles, was andere als Borderline sehen, ist bei mir Autismus.

Wenn ich anderen Menschen anvertraue, dass ich autistisch bin, ist die
Reaktion meistens:
Hä, du bist doch **nicht** autistisch.
Oder: Das kann gar **nicht** sein.
Du siehst gar **nicht** autistisch aus.

Ich habe über Jahre gelernt, mein Autistisch-Sein zu verstecken.
Das heißt auch: Masking.
Wir können auch sagen:
Ich maske.
Ich ziehe mir also eine Maske an, um weniger autistisch zu wirken.
Das ist **keine** Maske, die andere Menschen sehen.
Diese Maske führt dazu, dass ich mich anders verhalte.
Ich passe mich dann an.

Meine Familie und meine Lehrer*innen haben lange **nicht** erkannt, dass
ich autistisch bin.
Ich war immer anders.
Andere haben gesagt:
Die ist halt seltsam.
Sie haben mich ausgegrenzt und gemobbt.
Irgendwann habe ich selbst geglaubt:
Mit mir stimmt etwas **nicht**.
Ich bin **nicht** gut so, wie ich bin.
Bis heute denke ich das oft.
Das hat dazu geführt, dass ich psychisch krank bin.

Heute sagen andere Menschen oft:
Du bist **nicht** autistisch, du bist psychisch krank.
Eine psychische Krankheit und Autismus sehen manchmal für andere
ähnlich aus.
Ich bin aber psychisch krank, weil ich ausgegrenzt wurde.
Ich wurde ausgegrenzt, weil ich autistisch bin.

Ich habe Privilegien, weil ich gut im Masking bin.
Masking ist aber auch sehr sehr anstrengend.
Ich wünsche mir, dass ich diese Maske auch mal ablegen kann.
Nicht in allen Situationen, aber doch an sicheren Orten.
Mit sicheren Orten meine ich:
Orte, an denen ich **keine** Gewalt erlebe, wenn ich weniger maske.

Ich sage:
Ich bin autistisch und maske viel.
Ich bin high masking.
Andere sagen:

Ich bin hoch•funktional.
Sie meinen damit:
Ich kann mich besser an die Gesellschaft anpassen, die **nicht** für mich
gemacht ist.
Es ist ableistisch, zu sagen:
Es gibt hoch•funktionale und niedrig•funktionale Autist*innen.

Wir können autistische Menschen ganz verschieden einteilen.
Zum Beispiel in Menschen, die mehr Unterstützung brauchen,
und Menschen, die weniger Unterstützung brauchen.
Oder in Menschen, die viel und gut masken,
und Menschen, die weniger masken.
Oder in Menschen, die laut•sprachlich kommunizieren,
und **nicht**•verbale Menschen.
Laut•sprachlich heißt: Menschen sprechen mit Worten und Lauten.
Nicht•verbal heißt: Menschen sprechen **nicht** mit Worten und auch **nicht**
in Gebärden•sprache.
Sie schreiben manchmal.
Sie kommunizieren manchmal mit Tablets.
Also mit elektrischen Geräten.
Oder mit Wort•karten.

Eine offizielle Diagnose zu bekommen, ist sehr schwer.
Deshalb sage ich:
Selbst•diagnosen können Leben retten.
Es hilft oft, zu wissen, warum wir anders sind.
Auch bei körperlichen Krankheiten können Selbst•diagnosen Leben
retten.

Diagnosen und Label helfen **nicht** immer. 
Sie können uns auch einengen.
Diagnosen schaden uns oft, wenn sie **nicht** richtig sind.

Ich sage: 
My Label, my Choice.
Meine Label, meine Entscheidung.
Ich entscheide selbst, welche Label zu mir passen.
Das kann auch nur ich selbst entscheiden.
Andere Menschen sollen **nicht** sagen:

Das stimmt aber gar **nicht**.

Viele Menschen, die mit mir in der Psychiatrie sind, haben **kein** Zuhause.
Sie leben auf der Straße.
Oder sie leben mit Menschen zusammen, die ihnen Gewalt antun.
Sie sind auch **nicht** glücklich, in der Psychiatrie zu sein.
Aber sie haben auch **keine** gute Alternative.
Die Psychiatrie sagt:
Wir möchten **nicht**, dass es den Menschen hier gut geht.
Sonst wollen die hier bleiben.

In ein paar Wochen gehe ich nach Hause.
Ich habe Privilegien:
Ich habe ein Zuhause.
Ich habe Menschen, die mich unterstützen.
Das haben viele andere Menschen in der Psychiatrie **nicht**.
Wenn ich nach Hause gehe, bin ich **nicht** „geheilt".
Ich bin dann **nicht** „gesund".
Ich weiß gar **nicht**, wie es ist, „gesund" zu sein.
Gesundheit gibt es auch eigentlich **nicht**.
Bei Gesundheit geht es darum, wie die Gesellschaft uns sieht.
Wenn ich aus der Psychiatrie raus komme, dann bin ich immer noch krank.
Und das ist okay.

VerRückt und Stolz

Ich träume von einer Gesellschaft,
in der wir **keine** Psychiatrien brauchen.
Ich träume von einer Gesellschaft,
in der alle Menschen ein sicherer Zuhause haben.
Und da die Hilfe bekommen, die sie brauchen.
Ich träume von einer Gesellschaft,
in der es okay ist, anders zu sein.
In der wir verRückt sein dürfen.

Scheiß auf neurotypische Einbahnstraße
- mein Weg zu meiner Identität mit einer nicht sichtbaren Behinderung

Lynn Markert (sie | ihr)
@lynn.markert

Text von: 2022

 Der nächste Text kommt von Lynn.
Lynn ist behindert und queer.
Wenn Ihr über Lynn sprecht, könnt Ihr auch sagen: sie.

 Andere Menschen sehen Lynn oft **nicht** als behindert.
Das macht Lynn das Leben an manchen Stellen einfacher.
Und an anderen Stellen schwerer.
Sie wird unsichtbar gemacht.
Andere Menschen sehen ihre Probleme **nicht**.
Lynn ist neuro•divergent.
Sie sagt auch gerne:
Neuro•spicy.
Spicy heißt scharf oder würzig.

 Lynn hat gelernt:
Wenn ich mich so verhalte, dann falle ich **nicht** auf.
Dann denken andere, dass ich neuro•typisch bin.
Sie denken dann, dass ich **nicht** neuro•divergent bin.
Das ist sehr anstrengend.

Lynn sagt erst seit Kurzem: Ich bin behindert.
Freund*innen haben ihr dabei geholfen.
Jetzt sagt Lynn:
Ich bin Teil der behinderten Gemeinschaft.

Lynn hat inzwischen auch die offizielle Diagnose: ADHS.
Menschen mit ADHS denken und fühlen anders.
Sie nehmen die Welt anders wahr.
Sie können sich oft schlecht konzentrieren.
Sie denken oft sehr schnell.
Sie nehmen oft sehr viel auf einmal wahr.

Es war sehr schwer, die Diagnose zu bekommen.
Menschen müssen lange darauf warten.
Gerade Frauen und **nicht**•binäre Menschen bekommen selten die
Diagnose ADHS.

Viele Menschen bekommen **nie** die passende Diagnose.

Deshalb sagt Lynn:
Selbst•diagnosen sind gut.
Es hilft uns sehr, wenn wir wissen, dass wir neuro•divergent sind.
Das hilft uns, zu verstehen, warum wir Ableismus und Barrieren erleben.

Lynn sagt:
Glaub behinderten und neuro•divergenten Menschen, wenn sie Dir etwas erzählen.
Hilf uns, gegen Ableismus zu kämpfen.

Hey, ich bin Lynn. und ich bin behindert.
So einfach dieser Satz klingt, so schwer geht er mir über die Lippen/rw.
Ehrlich gesagt ist diese Selbstbezeichnung auch erst seit ein bisschen
mehr als einem Jahr Teil meiner Identität. Zwar war ich schon mein
ganzes Leben lang behindert, aber ich habe sogenannte „unsichtbare
Behinderungen". Das heißt jetzt nicht zwangsläufig, dass andere meine
Behinderungen nicht sehen oder bemerken. Mit dem Begriff soll viel eher
beschrieben werden, dass ich nicht in das gesellschaftliche Bild
behinderter Menschen passe. Zum einen bringt diese Möglichkeit des –
zumindest teilweise – Verstecken und die Art meiner Behinderungen
natürlich viele Privilegien mit sich. Es ist auch wichtig, dass wir innerhalb
unsere Communities diese im Auge haben/rw [nicht vergessen]. Auf der
anderen Seite wird mir als Mensch mit nicht-sichtbaren Behinderungen
oft nicht geglaubt, mein Struggle (Kampf) oft nicht gesehen bzw. eher
übersehen oder als unwichtig abgetan. Dennoch: damit ich das gleiche
erreiche wie nicht-Behinderte muss ich deutlich mehr leisten. Jedoch
bleibt meine Leistung dann trotzdem einfach nur normal. Mir wird dann
oft erklärt, dass ich mich nicht so anstellen solle. Dieses Silencing
[marginalisierte Menschen absichtlich zum Schweigen bringen, damit sich
nichts ändert] von meinen Schwierigkeiten macht es noch komplizierter,
sie anzusprechen. Am Ende bin ich dann doch nie behindert genug.

Das muss sich ändern, denn mein Kampf gegen Ableismus als
neurodivergente (ich nenne es ja gerne neurospicy), chronisch und
psychisch kranke Person ist genauso wichtig wie der Kampf aller anderen
behinderten Menschen. Dabei schaffen wir es nicht alleine. Deshalb ist es
gut, dass du dieses Buch liest und statt Menschen wie mich
abzustempeln, uns zuhörst. Deswegen möchte ich Euch einen kurzen
Blick in mein Gehirn geben und meinen Weg zu meiner Identität erzählen.

Wenn man neurodivergent ist, fällt einem relativ früh auf, dass man
irgendwie anders tickt/rw. Es ist ein bisschen so, wie als würde man dich
in ein Videospiel setzen. Aber andauernd wechselt das Aussehen der
Spielwelt, seine Spielregeln und der Controller verändert sich, und
gleichzeitig erklärt Dir niemand das Ziel vom Spiel oder wie man es spielt.

Klingt kompliziert? Find' ich auch. Irgendwie versucht man, sich durch das Spiel zu manövrieren, stößt immer wieder auf Hindernisse und fühlt sich allgemein einfach fehl am Platz. Wie oft ich schon irgendeine soziale Regel – aufgrund von impulsivem Handeln oder Unverständnis dieser Regel – gebrochen habe, kann ich gar nicht mehr zählen. Danach entstand auf einmal Streit mit mir nahestehenden Personen und ich begriff einfach nicht, wie ich es in der Zukunft vermeiden könnte. Was tut man dann? Ich habe mich einfach immer stärker angestrengt. Ich las viel zu menschlichem Verhalten, lernte Regeln und Gesichtsausdrücke, versuchte, mich besser zu kontrollieren und zu organisieren, aber ich scheiterte auf mysteriöse Art und Weise immer und immer wieder. Dazu wird man als neurodivergente Person für diese schmerzhafte Erfahrung auch noch selbst verantwortlich gemacht. Ich fühlte mich sehr einsam mit diesen Erfahrungen, da so viele in meinem Umfeld keine Mühen oder zumindest nicht das gleiche Ausmaß an Mühen hatten wie ich. Es war deswegen noch schwerer, es anzusprechen, weil ich Angst hatte als Impostor [Hochstaplerin] aufzufliegen.

Wie änderte sich das alles?

Zuallererst als behindert und Teil dieser Community wahrgenommen, habe ich mich gefühlt durch Lena C. selbst. Es ging damals um einen Antrag in dem Jugendverband, in dem wir beide aktiv sind. Auch viele Gespräche mit meiner guten Freundin Karina, die selbst Aktivistin und Ergotherapeutin ist, halfen mir total. Irgendwann fasste ich mir dann doch ans Herz/rw [habe ich mich überwunden] und rief die Erwachsenen-ADHS-Ambulanz in Marburg an. Meine Wartezeit von 6 Monaten – für mich unfassbar lang- gilt in diesem Bereich als schnell. Im Laufe dieser Zeit befasste ich mich immer mehr mit ADHS und fand endlich eine Erklärung zu meinem Erlebten und andere Betroffene. Die Diagnose bestand letztendlich aus 2 Gesprächsterminen, mehreren Fragebögen für mich und mein Umfeld und sogar einem Computertest. Immer wieder bangte ich, ob man mir auch glauben würde – zu viele schlechte Erfahrungsberichte hatte ich bereits gelesen. Doch letztendlich hielt ich dann wenige Wochen nach den Terminen in der Ambulanz den Schein in der Hand: ADHS im Erwachsenenalter im kombinierten Typ. Das erste Gefühl, was mich durchströmte, war Unglaube. Unglaube, weil man als

 behinderte Person an so viel Gaslighting in der Medizin stößt. Aber auch glücklich war ich. Endlich hatte ich einen Namen für meine Gefühle! Inzwischen habe ich eine Verhaltenstherapie angefangen und nehme auch Medikamente. To be honest [um ehrlich zu sein], deren wohl krasseste Nebenwirkung für mich war: Wut. Wie viel leichter hätte es sein können, wenn ich früher diese Unterstützung erhalten hätte? Besonders weil der Weg dorthin eben nicht so leicht ist, wie er in diesen wenigen Sätzen vielleicht wirkt. Dabei werden Frauen, nicht-binäre und genderqueere Menschen stark unterdiagnostiziert. Eine Diagnose wird dann selten gestellt, und wenn, dann mit viel Wartezeiten, andauernden Erklären und Rechtfertigungen. Diese Kraft fehlt aber behinderten Menschen einfach oft. Genau wegen diesen Hürden bin ich eine klare Befürworterin von Selbstdiagnosen. Sie sind ein wichtiges Tool, um schon mal Zugang zu bekommen zu einer Erklärung und eben Worten für die eigenen Erfahrungen. Das Schlimmste, was passieren kann bei einer Selbstdiagnose? Eine Person selbstdiagnostiziert sich falsch, aber lernt aufgrund dieser Vermutung z.B. Verhaltenstechniken, die dieser Person den Alltag erleichtern. Viel gefährlicher ist eben keine Selbstdiagnose, denn dann muss man alleine gegen die Barrieren und Ableismus kämpfen. Besonders auch der Support innerhalb der Community ist dort wichtig. Erst durch den Rückhalt und bereits selbst erlernte Techniken schafft man dann vielleicht den Weg zur lebensverändernden Diagnose und einer verbesserten Lebensqualität.

 Ich bin Lynn, neurodivergent und behindert, und ich werde weiter kämpfen gegen den Ableismus in der Gesellschaft und die Barrieren in diesem System. Sei ein Ally [Verbündete*r] und glaube, wenn behinderte Menschen Dir von ihren Erfahrungen erzählen, auch wenn sie nicht aussehen, wie du Dir einen behinderten Menschen vorstellst.

Das Enby, das überlebt.

Elisha (they / them)

Text von: 2023

CNs:
Cis•Sexismus, Harry Potter

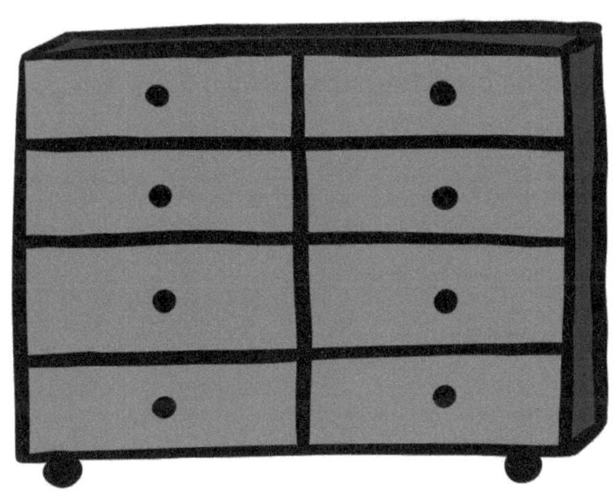

Wenn Ihr über Elisha sprecht, könnt Ihr auch sagen: they.
Elisha hat eine Rede auf der 1. Disability und Mad Pride Bonn gehalten.
Elisha ist **nicht**•binär.
They sagt zu sich auch: Enby.
Manche **nicht**•binären Menschen sagen das zu sich.
Das Wort sollen aber nur **nicht**•binäre Menschen für sich nehmen.
Und **nicht** andere Menschen, um über **nicht**•binäre Menschen zu
sprechen.
Elisha ist *weiß*.

Elishas Text ist Kunst.
Wir sagen jetzt in Einfacher Sprache, worum es in dem Text geht.
Es geht um das Leben von Elisha.
Der Text beginnt mit der Geburt von Elisha.
Elisha ist als Kind operiert worden.
Es war eine schwere Operation.
Alle dachten: Elisha stirbt.
Aber Elisha hat überlebt.
Von der Operation hat Elisha eine große Narbe.
Elisha ist queer.
Viele Menschen fragen Elisha:
Bist du eine Frau oder ein Mann?
Aber Elisha ist **kein** Mann und **keine** Frau.

Früher ging es Elisha oft schlecht.
Weil Menschen gesagt haben:
Elisha ist im falschen Körper geboren.
Aber Elisha ist im richtigen Körper geboren.
Das weiß Elisha jetzt.
Deshalb fühlt Elisha sich jetzt besser.

Aber es ist noch **nicht** alles gut.
Elisha möchte:
Alle Menschen sollen so leben dürfen, wie sie möchten.
Alle Menschen sollen selbst entscheiden:
Bin ich ein Mann?

Bin ich eine Frau?
Oder bin ich noch viel mehr?

Die Rede heißt: Das Enby, das überlebt.
Damit bezieht sich Elisha auf das Buch Harry Potter.
Auch an anderen Stellen bezieht sich Elisha auf Harry Potter.
Harry ist ein Zauberer und hat eine Narbe auf der Stirn.
Diese Narbe sieht aus wie ein Blitz.
Die Dursleys sind die Verwandten von Harry.
Sie sind sehr gemein zu ihm.

Die Autorin von Harry Potter ist menschen•feindlich.
Sie nutzt ihre Bücher und ihr Geld für Diskriminierung.
Das ist sehr schlimm.

Wir erklären jetzt noch ein paar Wörter, die Elisha in der Rede nutzt.

GdB steht für Grad der Behinderung.
Ein Grad der Behinderung von 100 ist der höchste, den ein Mensch
bekommen kann.

Andere Menschen teilen Kinder von Geburt an in die Kategorien Jungen
und Mädchen.
Das fängt auch schon vor der Geburt an.
Wenn die Kinder **cis** sind, sagen sie:
Das ist tatsächlich mein Geschlecht.
Ich sehe mich als Mann oder Frau.
Das Gegenteil von cis ist **trans***.

Abled ist Englisch und ist ein Gegenteil von disabled.
Abled steht für **nicht•**behinderte Menschen.
Disabled heißt so viel wie: behindert.

Foucault ist ein Philosoph.
Er hat gesagt:
Wir teilen alle in Kategorien ein.
Er wollte das ändern.

Ich kam gut einen Monat zu früh auf die Welt.
Der Beginn einer Story, die sonst keiner erzählt
Als könnte ich damals kaum erwarten, in eine Sonderrolle zu starten.
Die Sonderrolle aus Hochbegabung
Autismus, sicher Queerness und der großen Narbe
Auf der Brust und darunter ein Herz, das noch schlägt.

Mit dieser Narbe, die außer mir kaum einer trägt
Trag ich die Rolle vom Kind, das überlebt.
98 im Februar durchtrennt sich die Nabelschnur
Und schon in diesen Stunden standen zwei M in der Geburtsurkunde
Eins für Initialen, die ich längst nicht mehr trag
Eins für Genitalien, die - naja - sind halt da
Und haben sonst nix zu sagen. Du brauchst also nicht nach zu fragen.
Und in den nächsten Tagen folgte diese eine Narbe.

Es war niemand gestorben, da war kein Blitz auf der Stirn,
Doch für immer soll es Leute verwirren.
Von nun an bleiben die Blicke stehen
In ihnen war häufig Mitleid zu sehen,
Auch Angst oder Ekel hab ich dafür erfahren,
doch vor allem Bewunderung, dass ich noch da bin.

Gezeichnet fürs Leben. Bezeichnet fürs Leben
Mit einer Zahl, die es fortan benennt
Mit „GdB 100" als wären es Prozent
Bin ich noch da und ihr könnt meine Geschichte haben.
Die vom kleinsten Kind mit der größten Narbe.

Dem man nach dem letzten Eingriff gesagt hat:
„Schlaf direkt wieder ein."
Weil wohl allen klar war, dass etwas nicht stimmt.
Und mit heiserer Stimme besorgt und verwirrt
Frag ich: „Was ist los? Hat was nicht funktioniert?"
Zwischen den Ärzten erhebt sich ein Schweigen
Wie auf einem Begräbnis und ich bin die Leiche

Zum ersten Mal seit der Scheidung
Seh ich meine Eltern gemeinsam weinen
Und will bloß nicht der Grund dafür sein.
Doch ich spüre ja selbst postnarkotisch benebelt
Dass etwas in mir absolut nicht okay ist.
Stell mich aufs Sterben ein.
Dabei hab ich doch noch so viel zu geben...
Das Kind mit der Narbe muss überleben!
Das war 2011. Ich war 13.
Das ist 11 Jahre her, heute kann jeder gleich sehen
Das Kind mit der Narbe verlässt endlich den Schrank
Kommt endlich aus der Schublade raus
Fühlt sich ganz neu, fühlt sich gänzlich zuhaus.

Und ein Lehrer von früher erhebt sich vom Stuhl. 
Er kommt auf mich zu: „Hey, mega cool. Du schreibst so starke Texte!
Ich bin bei der Schülerzeitung. Wenn du magst, mach sie queer!"
Und natürlich schicke ich ihm ein paar meiner Texte
Für die nächste und hoffe zutiefst
dass vielleicht ein Kind wie einst ich sie dort liest,
denn wer weiß, was wäre gewesen, hätte ich sie damals gelesen...
Und ich bin glücklich in meinem Kleid.
Ich trage gern dieses Kleid auch heute, denn Kleider machen Leute
Doch die Leute, die die Kleider machen
Dürfen ihre Kleider an den Schultern gerne breiter machen
Und Taschen einnähen. Doch Taschen sind nur mein kleinstes Problem.
Denn Schubladen für Ideen kauft man nicht bei Ikea
Und trotzdem leben wir mit ihnen wie hinter schwedischen Gardinen.
Ihre Ordnungsmacht hat ein System.
Ein System, dass man cis Ableds schwer erörtert.
Weil es nur wirklich versteht, wer den Bruch verkörpert
wer über das eigene Sein, über den eigenen Körper
schon so viel erlebt und so viel Scheiße gehört hat.
Denn mein Körper ist einfach nicht mehrheitskonform.
Jenseits eurer engen Norm
Von was weiblich, was männlich ist, was gesund, was kränklich ist
Was falsch, bedenklich und was richtig ist.

Weil Foucault euch zu wichtig ist schafft ihr Trennung. Mauerbau
zwischen „Ist das ein Mann oder eher ne Frau?"
Und wenn man euer Unwissen mindert
Fragt ihr nur: „Bist du behindert?"

Und zwischen männlichen und weiblichen Zügen im Gleisbett
Steht weiter die Mauer, was auch immer sie leistet
Die Barriere auf Kosten der Freiheit
und dann wird aus der Norm auch durch Professoren
mit Wörtern die Erklärung erkoren:
„Du bist im falschen Körper geboren."
Wenn ihr da draußen den richtigen findet, sagt mir,
Ist der auch behindert?
„Falsch…" als müsste ich ihn korrigieren.

Seine Fehler monieren, dann improvisieren oder kaschieren
Und ihn nächstes Mal anders präsentieren
Damit DEIN Gendermarker nichts mehr rot unterstreicht.
Irgendwann. Vielleicht.
Ich muss nen Scheiß!
Außer statt Treppen manchmal den Aufzug nehmen
Oder wenn ihr rennt etwas hinter euch gehen
Und dann mit eurer Ungeduld leben
Aber sonst muss ich nen Scheiß

Ich hab gelernt, alles kann, aber gar nichts muss
Denn es gibt Frauen mit Bartwuchs und flacher Brust
Und krasse Typen, die männlich genug sind
Um einmal im Monat schmerzhaft zu bluten.
Und das hier geht raus an alle da draußen,
Die weder Männer, noch Frauen sind, zwischen rosa und blau
An den Mauern kauern. Wie ich.
Auf einen Ausweg schauen aus dem binären Zwang. Wie ich.
Ich hoffe mit jedem Pulsschlag, mit jedem Vers, mal mehr sein zu dürfen
als nur „divers".
Hoffe auf eine Zeit in der wir alle befreit sind
Weil auch cis Menschen endlich bereit sind
Zu sehen, dass das Geschlecht nicht zwischen den Beinen liegt

Zu sehen, dass das Geschlecht nicht zwischen den Beinen liegt
Und dass es mehr als nur 3 gibt
Und niemand behandelt mehr wie ein Geheimnis
Dass auch Sex mit Behinderung möglich und heiß ist.

Und obwohl ich diese Stimme manchmal kaum ertrage
Hat sie viel zu sagen, weil es so viel Leid gibt,
Das man sonst nur verschluckt, damit keiner guckt.
Meine Stimme ist nicht alleine. Das weiß ich.
Zeit, dass sie nicht mehr klein beigibt! Sie muss sich erheben.
Sie wird sich erheben und ihr dürft mich begleiten
Auf meiner empowernden Reise.

Ich packe meinen Koffer.
Jedoch nicht um zu fliehen, um zu verschwinden
Sondern um was zu bessern. Mich selbst zu finden.
Weil die binären Fesseln zu sehr an mir ziehen
Nehme ich diesen Koffer voll Narben, Erinnerungen und bunter Farben
die mich tragen und werf ihn auf meinen Wagen
Scheiß auf hohen Puls beim schleppen
Heute will ich laufen, heute schaff ich auch Treppen.
Ich renne zu auf die Mauer zwischen den Gleisen.
Ich gleite durch Backstein und Mörtel
Und finde Geschlecht 9¾.
Bin frei.
Frei von meinen Dursleys. Frei wie noch nie.
Out of the closet, into queere Magie.
An dem verzauberten Ort zwischen Mann- oder Frausein
Lysz, da bist du zuhause.
Ganz egal, wohin dich die Reise noch trägt
Du bleibst. Das Enby, das überlebt.

Und jedes Mal, wenn dich einer sieht
Bist du ein Schlag in die Mauer
Zwischen den Gleisen. Ein Unterschied.
Und sie werden begreifen irgendwann
Dass es zwischen vier Häusern, drei Geschlechteroptionen
und zwei Endstationen von Bahnen

So viel mehr gibt, als sie jemals erahnen
Und dass wir schon immer hier waren.
Wir sind völlig normal, wir werden nicht gehen,
Mein Herz schlägt, bis das auch die letzten verstehen.

CIMND* und A*spec – Zwischen Vorurteil und Orientierung

Anonym (er | ihm), Lena Cornelissen (dey | deren), Koi Katha Delfin Blaeser (em | ems, xier | xies), Natalia Dawn (er | sie)

@cornelissenlena, @succulentalia (Natalia)

Text von: 2024

CNs:
A*spec•feindlichkeit, Suizidalität

*„Wir sind <u>nicht</u> behindert, weil wir auf dem a*spec sind.*
*Wir sind <u>nicht</u> a*spec, weil wir behindert sind."*

In diesem Beitrag geht es um Behinderung und a*spec.
Was heißt a*spec?
Es gibt verschiedene A*-Spektren.
Wir nennen ein paar Beispiele:

- das a•sexuelle Spektrum
- das a•romantische Spektrum
- das a•platonische Spektrum
- das a•sensuelle Spektrum
- das an•ästhetische Spektrum

Sie erleben alle Anziehung anders als die Gesellschaft „normal" nennt.
Menschen auf A*-Spektren heißen auch: a*specs.
Spec steht für Spektrum.
Spektren ist die Mehr•zahl von Spektrum.
Spektrum heißt:
Es gibt ganz viele verschiedene Arten, a*spec zu sein.
A*spec Menschen sind alle unterschiedlich.
aro steht für a•romantisch.
ace steht für a•sexuell.
A*spec ist eine Orientierung.
A*spec Menschen erleben viel Diskriminierung.
Diese Diskriminierung heißt:
A*spec-Feindlichkeit.

Der Titel heißt: CIMND* und A*spec – Zwischen Vorurteil und
Orientierung.
CIMND* ist ein Wort für alle Menschen, die Ableismus erleben.
Andere sagen oft: Alle CIMND* Personen sind auch a*spec.
Das ist ein Vorurteil.

Das stimmt **nicht** für alle.
Aber a*spec zu sein, ist auch gut.
Es gibt auch CIMND* Menschen, die a*spec sind.
Das ist auch okay und gut.
Das möchten wir mit dem Titel sagen.

Dieser Beitrag ist sehr crip.
Auf Deutsch können wir sagen: sehr krüppelig.
Eigentlich wollten wir das Interview mit mehreren Menschen machen.
Aber wir haben es **nicht** geschafft, uns online zu treffen, weil das Leben dazwischen kam/rw.
Koi Katha und Lena C. haben dieses Interview mit Natalia Dawn geführt.
Für Natalia sind er / sie Pronomen okay.
Natalia ist Teil eines Systems.
Wir haben auch noch eine andere Person gefragt, ob sie etwas sagen möchte.
Die Person möchte anonym bleiben.
Das heißt: Ihr sollt **nicht** wissen, wer das ist.
Wir nennen die Person: Anonym.
Wenn Ihr über die Person sprecht, könnt Ihr auch sagen: er.
Die Person ist auch CIMND* und a*spec.

Natalia: Mein Labelhaufen ist klein, aber er existiert. Ich bin Mad und auf dem a*spec. Ich bin auch pan something und bigender.

Hat die Identifikation mit einem von beidem, also a*spec Labeln oder CIMND* Labeln, es schwerer oder einfacher gemacht, sich mit dem jeweils anderen zu identifizieren?

Natalia: Ich habe mich noch nicht sehr viel mit mir auseinandergesetzt. Zu akzeptieren, dass wir anders sind als der Durchschnittsmensch, macht mein Dasein ein bisschen schwieriger. Und darum ist es schwer, zu akzeptieren, dass wir neurodivergent sind. Ich bin immer noch sehr confused, was mein aroace*spec Ding angeht. Weil theoretisch passt es perfekt. Und gleichzeitig habe ich dann das Gefühl, ich falle wieder irgendwie in ein Klischee of sorts, weil wir im System meistens als General Orientation AroAce haben. Ich habe Schwierigkeiten, mich damit anzufreunden, dass es bei mir auch so sein könnte, weil irgendwie hebe ich mich schon ab vom Rest aus dem System.

Koi: Ich hatte zuerst meine a*spec Label, und da hatte ich noch gar nicht auf dem Schirm/rw, dass ich CIMND* sein könnte. Obwohl mir da schon klar war, dass ich Depressionen habe. Dass ich anders bin als die Norm und nicht wusste, dass es mehr Leute wie ich gibt, hat meine Depression (mindestens) krasser gemacht. Ich habe aber lange psychische Erkrankungen nicht als Teil von Behinderung gesehen. Dann bin ich auf den Begriff neurodivergent gestoßen und hab mir gedacht, der passt eigentlich ganz gut.
Dass ich mir bei anderen Labeln schon so sicher war, hat es mir etwas einfacher gemacht, mich mit meinen CIMND* Labeln zu identifizieren. Ich habe einfach keine Lust, mich ständig infrage zu stellen und mich zu fragen, ob ich das Label verwenden darf, oder ob ich genug irgendwas bin, um das Label zu nutzen. Einige Leute in der a*spec Community sagen: „Wenn dir ein Label hilft, dann nimm es. Wenn es irgendwann nicht mehr passt, dann passt es nicht mehr." Es hat gedauert, zu dem Punkt zu kommen/rw.

Lena: Ich wusste lange nicht, dass ich ace bin. Eigentlich habe ich mich erst nach meinem Unfall als ace identifiziert. Jetzt, wo alle auf den allerersten Blick sagen „Okay, die Person ist behindert", wird mir komplett abgesprochen, dass ich ein Sexleben habe. Was für mich vieles entspannter macht. Aber eigentlich sollte der Grund dafür nicht sein, dass ich körperlich behindert und nicht normschön bin.

Natalia: Ich habe Angst, dass mir mein Individuumsein abgesprochen wird, weil ich Teil eines Systems bin. Ich habe Schwierigkeiten, mich überhaupt als ace zu identifizieren. Weil it's me we're talking about. Ich bin eine Sukkubus. Ich bin teil eines DID-Systems [dissoziative Identitätsstruktur]. Ich ziehe Energie aus sexuellen Kontakten, Nahrung gibt mir Energie nur arg begrenzt. Das klingt auf den ersten Blick/rw komplett contradictory [gegensätzlich] zu ace*spec. Ich kann es aber erklären: ich habe halt keine sexuelle Anziehung. Ich bin halt ich.

Anonym: Ich bin einseitig hochgradig schwerhörig und für mich hat die Identifikation mit a*spec Labeln es einfacher gemacht, mich selbst als behindert zu sehen. Mir war rein faktisch auch vorher bewusst, dass ich eine Behinderung habe, allerdings war da immer ein Aspekt von „nicht behindert genug sein" dabei, um das auch offen so über mich zu sagen. In den meisten a*spec Communities, die mir bekannt sind, ist aber die Message sehr stark verbreitet, dass es „nicht a*spec genug" als Ablehnungsgrund nicht gibt und nach genug Zeit in a*spec Communities konnte ich das auch auf meine Schwerhörigkeit übertragen. (A*spec) Identitäten und Behinderungen sollten kein Wettbewerb sein! Dementsprechend ist es auch vollkommen in Ordnung, wenn Personen mit unterschiedlichen Erfahrungen dasselbe Label verwenden.
Die Erfahrung, die mich dann in dem Label endgültig bestätigt hat, war, als ein Freund von mir eine kurze Zeit lang einseitig Probleme mit dem Gehör hatte. Sein Gehörverlust, der sicherlich weniger stark als meine Schwerhörigkeit war, war schon eine echte Einschränkung in seinem Alltag. Das hat mir meine eigenen Einschränkungen bewusster gemacht. In meinem Alltag bin ich mir ihnen gar nicht bewusst, weil ich schon mein ganzes Leben mit ihnen umgehe. Ich plane mit meinen Freundeskreisen jetzt Unternehmungen, bei denen sie den ganzen Tag lang einseitig

Gehörschutz tragen müssen, um ihnen einen Eindruck meiner Welt zu geben. Dieser Luxus der einfachen Imitation ist leider nur wenigen behinderten Personen gegeben.

 **Wo sehen wir Zusammenhänge zwischen unserer a*spec Identitäten und CIMND* Identitäten?**

Lena: Wenn ich als körperlich behinderter Mensch ace bin, dann entspreche ich ja dem gesellschaftlichen Stereotyp. Das mag ich eigentlich nicht. Aber ich kann und möchte das an dieser Stelle auch nicht ändern.

 **Koi:** Als ich meine Label noch nicht kannte, habe ich oft gedacht: Ich bin kaputt.
 Das kommt auch daher, dass ich nicht der amatonormativen und allonormativen Norm entspreche. Das ist für die mentale „Gesundheit" nicht so supi und verstärkt Depressionen.
Und dann sagen immer manche Leute in den Communitys: Du musst so sein, um das Label nutzen zu dürfen.

 **Natalia:** Impostor-Syndrom. Das ist für mich die größte Connection. Dazu gehört auch der Teil, anzuzweifeln, ob ich überhaupt Teil eines Systems bin oder ob ich mir das nur einbilde. Ich habe sehr viele Probleme mich, mit meinem aro*spike und ace Sein in Kombination mit Behinderung anzufreunden. Ich will eigentlich nicht anders sein als andere Menschen um mich rum. Aber ich bin es damit. Und das wird auch nie weggehen. Ich bin auch sehr am Anfang, das zu akzeptieren.

Koi: Es ist ja auch super schwer, so etwas zu akzeptieren und anzunehmen, wenn die die Gesellschaft uns sagt: Alle Menschen haben sexuelle Anziehung und empfinden Liebe. Wenn das bei dir anders ist, dann bist du falsch. Je mehr mensch von der Norm abweicht, desto mehr erlebt mensch Diskriminierung.

 **Lena:** Impostor-Syndrom ist ja auch viel verinnerlichte Diskriminierung. Anderen Leuten würde ich sagen: Ihr seid valide. Mir selbst sage ich: Du bist nicht behindert genug. Das würde ich keiner Person gegenüber auch nur denken, aber mir gegenüber schon. Das ist frustrierend.

Koi: Ich glaube, es ist zumindest bei mir sehr verbunden mit einem sehr niedrigen bis nicht existenten Selbstwertgefühl.

Anonym: Ich sehe zwischen meiner Behinderung und meinen a*spec Identitäten keinen Zusammenhang.

Welche Intersektionen seht Ihr zwischen Eurer a*spec und CIMND* Seite?

Wir können den a*spec und den CIMND* Teil von uns nicht getrennt betrachten.
Weil es viele Zusammenhänge gibt.
Weil durch die Intersektion oder Verschränkung eigene Formen der Diskriminierung entstehen.

Anonym: Sowohl einseitige Schwerhörigkeit als auch a*spec Identitäten sind tendenziell erstmal unsichtbar, wenn es nicht anders gewollt ist. Ich trage meistens ein Hörgerät, und selbst das fällt nur wenigen Leuten auf. In meinem Leben hat nur eine einzige Person anhand meiner Haltung und meinem Verhalten erkannt, dass ich schwerhörig bin. Diese Unsichtbarkeit kann als Schutzmechanismus erstmal sehr nützlich sein, weil es relativ leicht für mich ist mich im Alltag einzufügen. Gleichzeitig macht es das dann umso schwerer, tatsächlich offen seine Identität zu zeigen und ggf. Adaptionen oder Akzeptanz von anderen einzufordern. Da ich einseitig schwerhörig bin, ist es für mich einfacher, wenn Personen, mit denen ich rede, auf meiner guten Seite sind. Beim Gehen ist dies meist kein Problem, da ich dann meine Position innerhalb der Gruppe einfach ändern kann. Sobald die Positionen aber statisch werden, wie z.B. beim Stehen oder Sitzen muss ich entweder präventiv eine hoffentlich gute Position suchen, oder eine gute Position einfordern. Ich habe das Glück, dass Schwerhörigkeit in der Gesellschaft sehr akzeptiert ist und es nicht viel Aufwand braucht, um meinen Anforderungen gerecht zu werden. Deshalb hatte ich da bisher nur wenig Probleme.

Koi: Ein Beispiel: Ich hatte mich mal endlich durchgerungen, Psychotherapie zu machen. Kurz davor hatte ich für mich die Label aro und ace angenommen. Bei der Therapiestunde hat mich die Therapeutin gefragt, ob ich eine Partnerperson habe, und dann, warum denn nicht. Sie

 hat ab dann nur noch über mein Aroace-sein gesprochen. Dabei war ich hauptsächlich wegen Depressionen da.
Die Therapeutin hat nicht eingesehen, dass aroace eine valide Identität ist. Sie meinte, dass das geheilt und therapiert werden müsste. Sie meinte: Deine Identität ist nicht valide. Du musst anders sein.
Bei der Therapeutin war ich nicht mehr.

 **Lena:** Es gibt viele Überschneidungen von a*spec Feindlichkeit und Ableismus in der Psychotherapie. Es wird oft als Krankheit gesehen, a*spec zu sein. Es heißt, das kann sich noch ändern, das ist eine Phase.

 **Natalia:** Ich kann jetzt nur von den Erfahrungen der anderen im System reden, weil ich selbst es bis jetzt erfolgreich vermieden habe, in Therapie zu sein. Wir hatten mal einen Therapeuten, der fest daran geglaubt hat, dass es die „wahre Liebe" gibt. Naja, und unsere aktuelle Therapeutin beißt sich immer am Thema Autismus fest und meint, das sei eine Superkraft.

Lena: Boah, nee.

Natalia: Jaaa. Das war auch die Person, die gesagt hat: Du bist zu organisiert, um eine DIS [dissoziative Identitätsstruktur] zu haben.

 **Lena:** Es ist doch super/s, wenn unser Impostor-Syndrom von außen bestärkt wird.

Koi: Die Scheiße an der Sache ist, du kannst ja nicht einfach sagen: Dann wechsle doch dein Therapeuty.
Find mal wen anderen.

 **Natalia:** Wir würden ja gerne die Therapeutin wechseln. Aber es geht nicht. Wir haben jetzt seit 7 Monaten nicht mehr Therapie bei ihr gehabt. Es geht uns nicht gut, aber wenigstens müssen wir nicht jedes Mal aufs Neue unsere Label erklären. Vor allem: Sie ist Trauma-Psychotherapeutin für Kinder und Jugendliche. Eigentlich kennt sie sich mit Menschen mit einer DIS aus. Sie meint, sie macht keine Diagnosen. Sie sei kein Fan von Schubladen.

Lena: Boah, immer dieses Argument von wegen, wir würden uns in Schubladen stecken. Die Gesellschaft steckt uns in Schubladen. Wir machen es uns nur in den Schubladen gemütlich…

Koi: Ja. und das ist auch ein anderes Ding. Wenn andere mich in eine Schublade stecken und meinen, ich müsste da reinpassen, als wenn ich sage: Hey, Guck mal hier die Schublade. Da würde ich gerne rein. Wenn wir Menschen nicht glauben, dann kann das dazu führen, dass Menschen (wieder) suizidal werden oder ein riesen Impostor-Syndrom entwickeln.
Ich frage mich immer, wenn ich Schmerzen habe, ob ich wirklich Schmerzen habe, oder ob ich mir die nur einbilde. Ich frage mich, ob ich mir selbst vertrauen kann. 

Natalia: Unser erster Therapeut hat Diagnosen gemacht. Wir waren sehr vorsichtig. Als wir gesagt haben, vielleicht haben wir ADHS, meinte er nur: Du bist zu ruhig, du sitzt zu still.

Lena: Du bekommst eher eine Diagnose, wenn du den Klischees entsprichst.
Mir glauben Therapeut*innen oft nicht, dass ich gut mit Behinderung leben kann. Sie denken, ich würde etwas verdrängen. Wenn ich sage, ich bin a*spec, dann ist es so ähnlich. Also nach dem Motto, ich habe mich aufgegeben. Menschen denken, dass ich nach meinem Unfall verinnerlicht hätte, dass ich nicht begehrenswert sei. Und deshalb denke, ich sei a*spec.
Es wird so vieles rein interpretiert.

Natalia: Menschen.

Lena: Vor allen Dingen Menschen, die so viel Macht über uns haben. Es ist ja schmerzhaft genug, wenn Freund*innen das sagen. Aber die entscheiden nicht über Medikamente oder Nachteilsausgleiche.

Natalia: Unsere Mutter ist Neurologin. Nachdem wir mit uns gerungen haben bzw. Lumine/Wyrm [eine andere Person im System] haben wir ihr gesagt, dass es sein könnte, dass wir Borderline haben. Sie meinte einfach: Nö, hast du nicht. Ich arbeite mit Menschen mit Borderline zusammen, du hast kein Borderline.

Koi: Das klingt dann sehr nach: Sie hat keine Lust, dir zu zuhören und zu erfahren, was bei dir abgeht. So nach dem Motto: Ich habe ein Bild von dir. Ich habe keine Lust, das zu ändern. Und es ist mir egal, wie wichtig dir das gerade ist, und wie viel Angst du hast, das anzusprechen.
Das ist halt alles echt schlecht für die psychische „Gesundheit".

Lena: Und es ist oft so schwer, diese Gespräche zu führen. Das braucht so viel Überwindung.

Koi: Und es gibt nicht nur eine bestimmte Art, irgendwas zu sein. Deine Mutter kennt sicherlich nicht alle Arten, mit Borderline zu leben. Sie sagt trotzdem, du kannst nicht Borderline haben, weil du nicht dem typischen Bild entsprichst. Da können wir auch wieder Parallelen ziehen: Du kannst nicht asexuell sein, weil, keine Ahnung, du magst Sex.

Natalia: Weil du attraktiv bist.

Koi: Weil du doch Freund*innen hast…
Es ist doch unlogisch, dass Menschen mit dem gleichen Label oder der Diagnose das irgendwie auch gleich empfinden müssen.

Community

– Jetzt reden Wir!

Es gibt nicht die eine behinderte Community. Es gibt viele behinderte Communitys, mit Hierarchien und Privilegien. Viele behinderte Menschen identifizieren sich nicht als Teil behinderter Communitys. Aber: CIMND*ige Communitys können uns echt helfen, in einer ableistischen Gesellschaft zu (über-)leben. Wir sollten dabei aufpassen, dass die Menschen, die am stärksten marginalisiert sind, im Fokus stehen.

~ Lena Cornelissen
@cornelissenlena
behindert, psychisch krank, *weiß*, queer,
schwimmt und schreibt

"A community is more than just a shared space or common language, it's the people who come together, uplift each other, and celebrate their unique stories. It's through us connecting that we build understanding, foster inclusion, and create spaces where everyone feels they belong."
~ Lydia @savedbythesign (26.09.2024)[29]

„Eine Gemeinschaft, eine Community ist mehr als nur ein geteilter Raum oder eine gemeinsame Sprache; es sind die Menschen, die zusammenkommen, sich gegenseitig unterstützen und ihre einzigartigen Geschichten feiern. Durch unsere Verbindungen bauen wir Verständnis auf, fördern Inklusion und schaffen Orte, an denen sich jede*r zugehörig fühlt."
~ Lydia (sie | ihr)
@savedbythesign
Schwarz und taub

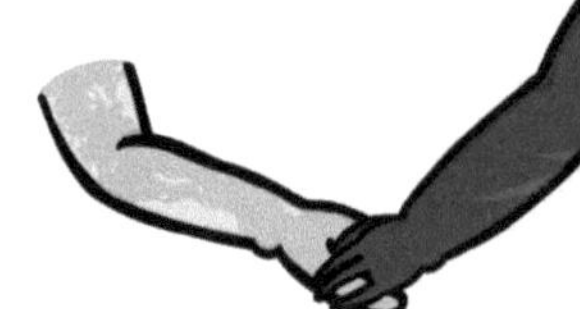

Lydia hat eine Organisation gegründet: Saved by the Sign.
Das heißt auf Deutsch: Gerettet durch die Gebärden.
Da geht es darum, die Kultur der T*tauben Menschen zu fördern und zu feiern.

---

29 Lydia. [@savedbythesign]. (2024, 26. September). *Kulturtage der Gehörlosen 2024*. Instagram. https://www.instagram.com/p/DAYoqdVMGL-/?igsh=MWJ6dzl5Y2ZhaWo4Yg==

Eine Liebes•erklärung

Bendix Mignon (er | they | -)
@callmebendix

Text von: 2023

Einfache Sprache

Der nächste Beitrag ist von Bendix.
Wenn Ihr über Bendix sprecht, könnt Ihr auch sagen: er.
Oder: they.
Wir sprechen mal von Bendix, mal sagen wir er, mal sagen wir they.

Bendix ist trans*queer*crip/behinderter Sexarbeiter_ und Künstler_ aus Hamburg.
Bendix ist trans*.
Bendix ist queer.
Bendix ist behindert.
Er nennt sich selbst auch: Crip.
Das ist Englisch und heißt Krüppel.
Krüppel ist eigentlich ein negatives Wort für behinderte Menschen.
Manche sagen aber stolz:
Ich bin Crip.
Ich bin ein Krüppel.
Bendix ist Sex•arbeiter_.
They bekommt Geld dafür, dass they mit Menschen Sex hat.
Das ist eine Arbeit.
Bendix ist auch Künstler_.
Bendix ist *weiß* und wohnt in Hamburg.

Jetzt kommt erst die Rede in Einfacher Sprache.

Ich möchte Euch etwas Wichtiges sagen:
Wir sind wunderbare Menschen.
Wir alle sind total liebens•wert.
Ich finde unsere Gemeinschaft toll.
Ich finde es toll, wie unterschiedlich wir sind.
Ich finde unsere Körper wunderbar.
Manche von uns sind langsamer als andere Menschen.
Und wir sind gut so, wie wir sind.
Manche von uns brauchen viele Pausen.
Manche von uns zappeln mit dem Körper.

Manche von uns stolpern beim Gehen.
Ich feiere das.
Manche von uns nuscheln beim Sprechen.
Manche von uns sabbern.
Manche von uns haben Krämpfe.
Ich feiere das.
Manche von uns haben Narben.
Manche von uns brauchen Hilfs•mittel.
Manche von uns sind krank.
Ich feiere das.

Wir sind uns in Manchem ähnlich.
Wir brauchen Unterstützung.
Und wir halten zusammen.
Und wir sind gut so, wie wir sind.
Wir sind gut genug.
Wenn wir traurig sind.
Wenn wir wütend sind.
Wenn wir für unsere Rechte kämpfen.
Und wir sind alle total sexy.

Habt eine wunderbare und starke Veranstaltung!
Ich schicke Euch ganz viel Liebe und Unterstützung!
Euer Bendix

Schwere Sprache

Hallo Ihr tollen Menschen!
Ich möchte euch heute eine kleine Liebeserklärung an unsere Community
mit auf den Weg geben.
Weil wir so wunderbar sind und weil wir alle Liebe dieser Welt verdienen.

Ich feiere unsere Community.
Ich feiere unsere Unterschiedlichkeit.
Ich liebe unsere wunderbaren, wunderbaren Körper.
Ich küsse unsere Langsamkeit.
Ich feiere das Stocken, das Zappeln, das Stolpern.
Ich feiere das Nuscheln, das Sabbern, das Krampfen.
Ich liebe unsere Narben, unsere Maschinen, unsere Krankheiten.
Ich tanze mit unserer Gemeinsamkeit, in Abhängigkeit, in Solidarität.

Wir sind genug für uns.
Wir sind wunderbar in unserer Trauer.
Wir sind eine Bereicherung in unserer Wut.
Wir sind unglaublich schön in unseren Kämpfen.

Und wir sind fucking sexy.

Habt einen wunderbaren und kraftvollen Pride!
Mit ganz viel Liebe und Solidarität,
Euer Bendix

**Ich sehe Potenzial in dieser Welt
und das ist schon viel wert
etwas zu nehmen und zu öffnen
Wir packen was an, retten es vor dem
Zerfall**

~ Sabrina Busch
@fraufroschschreibt
sammelt Material für ihre Texte aus ihrem Alltag als Rollstuhlfahrerin

"We wanted a revolution. We didn't even know what a revolution looked like, but we wanted one."

Wir wollten eine Revolution. Wir wussten noch nicht einmal, wie eine Revolution aussieht, aber wir wollten eine.

~ Jim LeBrecht[30]
@jimlebrecht

Epilog

Während dieses Buch veröffentlicht wird, sind wir dabei, die dritte Disability und Mad Pride Demonstration in Bonn zu planen.
Wir sind dabei, einen Verein zu gründen.

Seit 2023 gibt es uns.
Seither hat die Zahl der Disability und Mad Prides in Deutschland zugenommen.
Wir bekommen öfter Fragen aus anderen Städten, ob wir unsere Erfahrungen mit ihnen teilen können.

Wir sind **nicht** so viele Menschen im Bündnis.
Aber wir machen so viel.
Es läuft **nicht** immer so, wie wir es erwarten.

---

30 Newnham, N., & LeBrecht, J. (2020). *Crip Camp*. Netflix.
https://www.netflix.com/de/title/81001496

Nachwort

Es war anstrengend, dieses Buch zu machen.

Es war aber auch gut.

2024 ging es mir **nicht** gut.

Da hat es geholfen, dieses Buch zu machen.

Ich plane so ein Buch schon lange.

Ich finde es toll, dass Koi Katha und ich das zusammen gemacht haben.

Wir haben 2024 angefangen, Texte zu sammeln.

Ich war in der Psychiatrie.

Es war seltsam, aus der Psychiatrie heraus eine Mad Pride zu organisieren.

Es war auch seltsam, aus der Psychiatrie heraus so ein Buch zu machen.

Denn mit der Mad Pride und dem Buch arbeiten wir gegen Psychiatrien.

Wir wollen, dass sich das System ändert.

Darüber schreibe ich, während ich in der Psychiatrie bin.

Während ich versuche, Hilfe von einem ableistischen System zu bekommen.

Mir hat die aktivistische Arbeit geholfen, die Zeit zu überstehen.

Ich freue mich auf das, was wir mit diesem Buch noch machen.

Vielleicht können die Autor*innen ihre Texte vorlesen.

Ich freue mich auch schon darauf, wenn wir das nächste Buch machen.

Es haben noch so viele behinderte Menschen etwas zu sagen.

Wir haben so viel Wichtiges zu sagen, was andere Menschen wissen sollten.

Was andere viel zu selten erfahren.

Es ist so gut, dass immer mehr Menschen gegen Ableismus kämpfen.

Mehr Arbeit auf Instagram, mehr Bündnisse, mehr Demonstrationen, mehr Bücher.

Es gibt noch so viel zu tun.

Wir dürfen und sollten Räume für uns schaffen.

Wo wir uns feiern.

Wo wir uns **nicht** verstellen müssen.

Wo es um uns und **nicht** um **nicht**-behinderte Menschen geht.

Das wollen wir mit diesem Buch schaffen.

 Wir können so stolz darauf sein, wie wir in einer ableistischen Gesellschaft Widerstand leisten.
Das Buch ist ein Beitrag, ein kleiner, ein großer.

Lena

Wieso war uns eigentlich nicht von Anfang an bewusst, dass das ganze hier größer werden würde? Zwei Perfektionist*innen… und wir dachten, wir machen *einfach* mal ein Buch.
Wie immer stimmt der Satz, wenn wir das einfach einfach mal streichen.

Und dazwischen haben wir noch andere neue Projekte *einfach* mal *schnell* angefangen und durchgezogen.

Ich freu mich mega, dass wir dieses Projekt zusammen gemacht haben und jetzt tatsächlich ein fertiges Buch haben.
Denn es war fucking anstrengend.
Und super cool.
Es war frustrierend, weil das Leben natürlich immer dann einfach die Löffelschublade über der Tonne ausgeleert hat/rw, wenn Zeit gewesen wäre und vor allem Zeit für Arbeit am Buch eingeplant war.
Aber das war hier okay. Wir wissen beide, Löffel können verschwinden, wie Socken in Waschmaschinen, und dann ist das halt so. Dann geht's halt nicht. Dann halt wann anders.
Es dauert länger und ist chaotischer, aber das ist okay.

 Ich bin so stolz auf uns.
Auf uns beide.
Auf unsere Autorys.
Auf unsere übel coole Crip Gang.

Ich bin gespannt, welche neuen coolen Projekte wir aus dem Ärmel zaubern/rw, wenn wir das nächste Buch in Angriff nehmen/rw.

Koi

Danke

Dieses Buch haben wir beide nicht alleine geschrieben.
Wir sagen danke an alle Menschen, die etwas geschrieben oder gemalt
haben, das wir in diesem Buch nehmen dürfen. Wir sagen danke an alle
Menschen, die uns bei der Übersetzung in Einfache Sprache geholfen
haben. Vor allem an unsere Arbeitsgruppe Einfache Sprache. Danke Alina
Buschmann, dass Du Deine Erfahrungen und Dein Wissen mit uns geteilt
hast. Wir sagen danke an unsere CIMND*igen Mitstreiter*innen bei der
Disability und Mad Pride Bonn. Danke an Abbiggail, Barbara, Josy, Lena L.,
Lea, Lumine/Wyrm, Matthias, Maxi, René, Solveïg und Vanessa.
Ihr seid die beste Crip Gang, die mensch haben kann.

Tausend Dank, Lena Lautner, dass Du mir bei so vielen Texten
weitergeholfen hast, mit immer neuen Ideen. Danke auch dafür, dass Du
mich bestärkt hast, wenn ich mal wieder am Verzweifeln war. Vielen
lieben Dank, Finja Hinrichs, für Deine vielen vielen Anmerkungen. Danke
Solveïg, Sahana und Sabrina für Eure Unterstützung, fürs Da-Sein, einfach
für alles! Und ein krüppeliges Riesendankeschön an Koi! Ich bin so stolz,
dass wir es einfach geschafft haben, dieses Buch fertig zu machen.
Einfach war daran wenig, lol/rw. Aber ich liebe es, wie wir zusammen
arbeiten und so viel schaffen.
~ Lena

Danke Abbiggail, Lumine/Wyrm und Florian. Ihr habt mich oft
aufgefangen, mir Gesellschaft geleistet, während ich am Buch gearbeitet
hab und mir Feedback unter anderem zu meinen zahlreichen
Coverversionen gegeben. Danke auch an Finn und Mama für's
Coverfeedback. Danke Aristotelena/Insiderwitz für die genialen
Klavierstreams und die Hilfe im Hintergrund. Danke René, ich hoffe,
meine Fragen zu Rechtlichem haben aus dir keinen löchrigen Käse
gemacht. :D Danke Tipi, Tifa, Talia, Tim, Ari und an meine Familie und
Freundys. Einfach weil. Und ein Orca-sized danke dir, Lena. Danke, dass du
meine endlose Prokrastination beim Cover ertragen hast. Und für die
Arschtritte dazu. Danke für alles. Oh und: Plasthalter ftw/Insiderwitz.
~ Koi

Anhang

Glossar

Hier erklären wir wichtige Worte in Einfacher Sprache.

1. Arbeits•markt

Der Arbeits•markt ist **kein** fester Ort.
Menschen suchen da nach Arbeit.
Andere bezahlen sie dafür, dass sie bei ihnen arbeiten.
Auf dem 1. Arbeitsmarkt arbeiten behinderte Menschen mit **nicht**-
behinderten Menschen zusammen.
Der 1. Arbeits•markt ist das Gegenteil von Behinderten•werkstätten.
Viele behinderte Menschen können heute gar **nicht** auf dem 1.
Arbeits•markt arbeiten.

Ableismus

Wir sprechen das so aus: Äibl-ism.
Oder: a-ble-ismus. Oder: äibl-ismus.
Ableismus kommt vom englischen Wort ableism.
Able heißt auf Deutsch können. Oder fähig sein.
Ableismus ist eine Form von Diskriminierung.
Behinderte Menschen erleben Ableismus.
Weil sie Dinge **nicht** können oder sie anders machen.
Sie werden ausgegrenzt oder ausgeschlossen.

Viele denken:
Alle Menschen müssen

- sehen

- hören

- gehen

- sprechen können

Alle Menschen müssen so

- denken

- fühlen

- lernen, wie es die meisten Menschen tun

Wenn sie etwas davon **nicht** können, dann sind sie falsch.
Dann sind sie **nicht** normal.
Dann sind sie weniger wert.
Dann sind sie **keine** richtigen Menschen.
Das ist Ableismus.

Viele denken:
Wenn ein Mensch einen Rollstuhl braucht, dann hat er ein schlechtes
Leben.
Das ist Ableismus.

Wer erlebt alles Ableismus?

- Behinderte

- Chronisch kranke
  Chronisch kranke Menschen haben Krankheiten, die **nie** ganz weg
  gehen.

- Psychisch kranke

- Neuro•divergente

- Das heißt: T*taub.
  Wir schreiben T*taub groß und klein.
  Denn T*taub sein heißt für alle etwas anderes.
  Es gibt verschiedene T*taube Communitys oder Gemeinschaften.
  T*taub sagt auch:
  Es ist okay, dass T*taube Menschen sehr verschieden sind.
  Wir sagen an der Stelle danke an Lela Finkbeiner.
  Von ihr haben wir das gelernt.
  Manche Menschen mögen auch andere Wörter lieber für sich.
  Zum Beispiel gehör•los.
  In der deutschen Gebärden•sprache ist das egal.
  Da ist es die gleiche Gebärde für Taub, taub, T*taub und gehör•los.

Verinnerlichter Ableismus

Wir lernen alle als Kinder, ableistisch zu denken.
Wir lernen, dass ableistische Wörter okay sind.
Das meinen wir, wenn wir sagen:
Wir haben Ableismus verinnerlicht.
Wir denken ableistisch.
Auch wenn wir behindert sind.
Als behinderte Menschen denken wir oft:

- Wir sind weniger wert als Menschen ohne Behinderung.

- Wir müssen uns sehr anstrengen, damit andere **nicht** merken, dass wir behindert sind.

- Wir dürfen **keine** Hilfe brauchen.

Das alles ist verinnerlichter Ableismus.
Wir können dazu auch sagen: Internalisierter Ableismus.

Ausbeutung

Wenn Menschen ausgebeutet werden, arbeiten sie hart und werden schlecht behandelt.
Und sie bekommen für ihre Arbeit nur sehr wenig Geld.

BIPoC*

Jeder der Buchstaben steht für eine Gruppe von Menschen.
BIPoC* steht für Menschen, die Rassismus erleben.
Die Buchstaben stehen für

- B = Black
  Also: Schwarz

- I = Indigen

- PoC = Personen of Color
  Das ist ein Wort für Menschen, die Rassismus erleben.

- Das Sternchen steht für weitere Personen

Care-Arbeit

Care ist Englisch und heißt: Sorge, Für•sorge, Pflege.
Ein deutsches Wort für Care-Arbeit ist Sorge-Arbeit.
Was ist alles Care-Arbeit?

- sich um Kinder kümmern

- ältere Menschen pflegen

- behinderte Menschen pflegen

- kochen und Wäsche waschen

- und vieles mehr

Manche Menschen bekommen für Care-Arbeit Geld.
Zum Beispiel, wenn sie als Pfleger*innen oder Erzieher*innen arbeiten.
Die meisten Menschen bekommen **kein** Geld für Care-Arbeit.

CIMND*

CIMND* könnt Ihr so aussprechen: Zimt.
Jeder der Buchstaben steht für eine Gruppe von Menschen.
CIMND* steht für Gruppen, die Ableismus erleben.
Die Buchstaben stehen für englische Wörter:

- C = crip
  Also: Krüppel

- CI = chronically ill
  Also: chronisch krank

- M = Mad
  Also: verrückt

- M = mentally ill
  Also: psychisch krank

- N = neuro•divergent

- D = disabled
  Also: behindert

- D = D*deaf
  Also T*taub

- Das Sternchen steht für weitere Personen

Wenn wir CIMND* Personen sagen, können wir viele Gruppen auf einmal nennen.
Wir müssen dann **nicht** die lange Aufzählung wiederholen:
Behinderte, chronisch kranke, psychisch kranke, verrückte,
neuro•divergente und oder T*taube Menschen.
Wir wollen damit alle Menschen sichtbar machen, die Ableismus erleben.
Sie sehen sich **nicht** alle als behindert.

Crip

Crip heißt Krüppel auf Englisch.
Krüppel ist eigentlich ein negatives Wort für Menschen mit Behinderung.
Vor allem für Menschen mit körperlichen Behinderungen.
Heute sagen viele behinderte Menschen stolz:
Wir sind Crips oder Krüppel.

DGS

DGS steht für Deutsche Gebärden•sprache.
Das ist eine eigene Sprache.
Menschen sprechen Gebärden•sprache mit den Händen.
Sie nehmen ihr Gesicht und ihren ganzen Körper.
Es ist eine Sprache zum Sehen.
Es gibt ganz viele verschiedene Gebärden•sprachen.
Viele T*taube Menschen in Deutschland sprechen die Deutsche Gebärden•sprache.

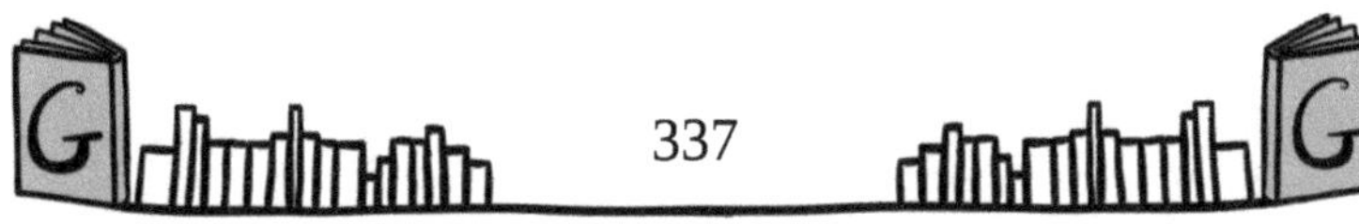

Disability Pride

Disability heißt Behinderung auf Englisch.
Pride heißt Stolz auf Englisch.
Wir sagen:
Wir sind behindert und stolz.
Das ist Disability Pride.
Das heißt **nicht**, dass wir immer alles an unseren Behinderungen toll finden.
Aber wir sagen:
Wir sind **nicht** das Problem.
Andere Menschen müssen uns endlich akzeptieren.

Faschismus

Wenn Menschen Faschismus gut finden, dann sind sie gegen die Demokratie.
Sie wollen das Leben für viele Menschen ganz schwer machen.
Wenn es Faschismus gibt, dann entscheiden wenige Menschen über alles.
Dann gibt es viel Gewalt.
Dann werden viele Menschen schlecht behandelt.
Und getötet.

Grad der Behinderung

Wir können einen Antrag auf Schwer•behinderung stellen.
Den Antrag stellen wir bei einem Amt.
Da entscheiden dann Menschen darüber, ob und wie stark wir behindert sind.
Wir bekommen dann eine Zahl.
Zum Beispiel 20, 40, 60 oder 80.
Das ist der Grad der Behinderung.
Die Abkürzung dafür ist: GdB.
Die Zahl steht im Behinderten•ausweis.
Der höchste Grad der Behinderung ist 100.
Ab einem Grad von 50 gelten Menschen als schwer•behindert.

Sie haben dann mehr Rechte.
Zum Beispiel bekommen sie mehr Urlaubs•tage auf der Arbeit.
Nicht alle behinderten Menschen haben auch einen
Schwer•behinderten•ausweis.

Impostor-Syndrom

Impostor heißt: Hoch•stapler*in.
Impostor-Syndrom meint:
Wir fühlen uns als Hoch•stapler*in.
Wenn wir etwas gut machen, denken wir, dass das **nichts** mit uns zu tun
hatte.
Wir denken, dass wir **nichts** können.
Wir denken, wir täuschen nur vor, dass wir etwas gut können.
Gerade Menschen, die viel Diskriminierung erleben, haben oft Impostor-
Syndrom.

Intersektional

Intersektion heißt Kreuzung.
Auf einer Kreuzung kommen viele Straßen zusammen.
So ist das auch bei Menschen.
Bei uns kommen viele Eigenschaften und Identitäten zusammen.
Wir erleben oft Diskriminierung wegen mehreren Eigenschaften.

Ein Beispiel:
Eine Person ist eine Frau und behindert.
Ihr Leben ist anders als das von behinderten Männern.
Und anders als das Frauen, die **nicht**-behindert sind.
Denn: behinderte Frauen erleben zum Beispiel viel mehr Gewalt.
Weil sie beides sind: Frau und behindert.
Das Leben von behinderten queeren Menschen ist noch mal anders.
Das Wort intersektional kommt von Kimberlé Crenshaw.
Das ist eine Schwarze Juristin aus den USA.
Sie kümmert sich also um Gesetze.

Kapitalismus

Kapitalismus meint:
Heute geht es immer nur ums Geld.
Große Firmen entscheiden alles.
Wer heute **kein** Geld verdient, ist **nichts** wert.
Deshalb denken viele:
Behinderte Menschen sind **nichts** wert.
Und deshalb werden wir behinderte Menschen unterdrückt.
Im Kapitalismus ist Arbeit sehr wichtig.
Nur wer arbeitet, bekommt Geld.
Wer heute **nicht** arbeitet, ist **nichts** wert.

Label

Label ist ein englisches Wort.
Ihr könnt es so aussprechen: Läi-bel.
Ein Label ist ein Wort, mit dem Menschen sich selbst beschreiben.
Label helfen, über bestimmte Merkmale zu sprechen.
Auch behindert kann ein Label sein.

Mad Pride

Mad heißt wahn•sinnig oder verrückt auf Englisch.
Mad ist ein eigentlich negatives Wort für Menschen,
über die andere sagen:
Sie sind psychisch krank.
Immer mehr dieser Menschen sagen stolz über sich selbst: Ich bin Mad.
Oder: Ich bin Verrückt.
Mad / Verrückte Personen erleben viel Diskriminierung und Gewalt.
Viele von ihnen sagen auch:
Es gibt **keine** psychischen Erkrankungen.
Ihr sagt nur, dass wir psychisch krank sind, damit Ihr uns schlecht
behandeln könnt.
Mad Pride Demonstrationen gibt es vor allem in den USA und Kanada.
Das sind Länder in Nord•amerika.

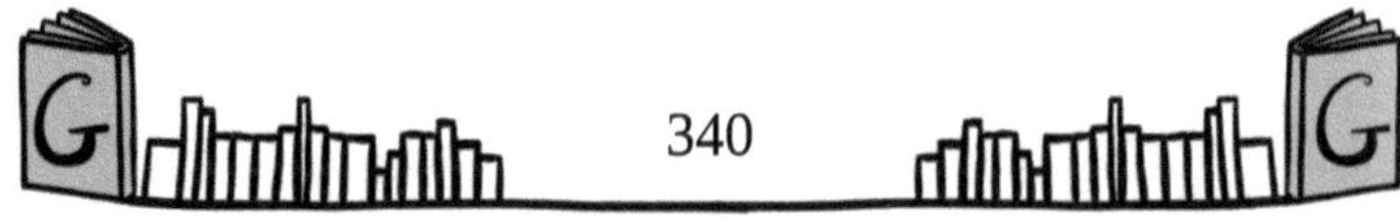

Da gibt es schon länger Verrückte Menschen, die für ihre Rechte
kämpfen.
Es sagen noch **nicht** viele Menschen in Deutschland:
Ich bin Verrückt.

Marginalisiert

Marginalisiert heißt: An den Rand gedrängt.
Marginalisierte Menschen werden an den Rand der Gesellschaft
gedrängt.
Das heißt:
Sie erleben Diskriminierung.
Sie erleben mehr Gewalt.
Sie haben viele Nachteile.
Andere sagen:
Ihr gehört **nicht** dazu.
Das Gegenteil von marginalisiert ist privilegiert.

Neuro•divergent

Menschen, die neuro•divergent sind, denken, fühlen und lernen anders.
Sie nehmen die Welt anders wahr.
Wir nennen einige Gruppen, die neuro•divergent sind:

- Autistische Menschen

- Menschen mit ADHS
  Menschen mit ADHS können Informationen schlecht filtern.
  Sie können sich oft schlechter konzentrieren.

- Menschen, die Probleme beim Lesen, Schreiben oder Rechnen
  haben

- Menschen mit Lern•schwierigkeiten / „geistiger Behinderung"

- Menschen mit manchen psychischen Erkrankungen

Das Gegenteil von neuro•divergent ist neuro•typisch.

Privilegiert

Menschen, die Privilegien haben, sind privilegiert.
Privilegien sind Vorteile, die manche Menschen haben.
Sie müssen dafür **nichts** tun.
Zum Beispiel:
Wenn ein Mensch **keine** Behinderung hat, hat er es oft leichter.
Menschen mit Behinderung haben es schwerer.

Pronomen

Bei Pronomen geht es darum, wie wir über andere Menschen sprechen.
Wir nutzen sie da, wo wir auch den Namen sagen können.
Wir sagen mal einige Pronomen:

- dey | deren

- em | ems

- er | ihm

- hen | hens

- sie | ihr

- they | them

Für manche Menschen sind auch mehrere dieser Pronomen okay.
Manche Menschen sagen auch:
Ich habe **keine** Pronomen.
Sag einfach meinen Namen.

Queer / LGBTQIANP+

Die Gesellschaft sagt uns zum Beispiel:

- Es gibt nur Frauen und Männer.

- Wir können bei der Geburt klar sagen, ob ein Mensch ein Junge oder ein Mädchen ist.

- Das Geschlecht, das wir bei der Geburt festlegen, ist das richtige.

- Männer lieben Frauen, Frauen lieben Männer.

- Männer haben gerne mit Frauen Sex. Frauen haben gerne mit Männern Sex.

- Es können immer nur zwei Menschen eine Beziehung haben und sich lieben.

- Alle Menschen möchten Sex haben.

- Alle Menschen verlieben sich.

Das stimmt alles **nicht**.

Bei queeren Menschen ist mindestens eins davon anders.
Zum Beispiel sind

- ihr Geschlecht

- ihre sexuelle Orientierung

- ihre romantische Orientierung

anders, als es die Gesellschaft gut findet.
Nicht alle Menschen, bei denen das so ist, sagen: Ich bin queer.
Deshalb schreiben wir: queer/LGBTQIANP+.

Wir sagen jetzt, wofür die Buchstaben LGBTQIANP+ stehen.
Bei manchen Buchstaben nennen wir mehrere Gruppen.
Wir sagen Beispiele.

Jeder Buchstabe steht für alle Label, die mit dem Buchstaben anfangen.

- L = lesbisch

- G = gay. Das heißt schwul.

- B = bi*

- T = trans*

- T = Two Spirit.
  Manche Indigenen Menschen aus Nord•amerika nennen sich: Two Spirit.
  Andere Menschen dürfen sich **nicht** so nennen.
  Two Spirit ist eine Identität.
  Sie ist mit der Kultur der Indigenen verbunden.
  Two Spirit kann zum Beispiel meinen: Anziehung, Geschlecht, Verhalten und oder Spiritualität.
  Manche indigene Gruppen haben Worte in ihrer Sprache dafür.

- Q = queer

- Q = questioning. Das steht für: fragend.
  Wenn Menschen **nicht** ganz sicher sind, ob sie queer sind, sind sie questioning.

- I = inter•geschlechtlich

- A = a*spec, agender

- N = **nicht**•binär

- P = pan*, poly*

- + steht für Menschen, für die **keins** dieser Label sich passend anfühlt

Queer/LGBTQIANP+•feindlichkeit

Queer/LGBTQIANP+•feindlichkeit ist Diskriminierung.
Queer•feindlichkeit heißt:
Menschen werden schlechter behandelt, weil sie queer sind.
Queer ist ein Wort für Menschen, die **nicht** so sind, wie es andere erwarten.

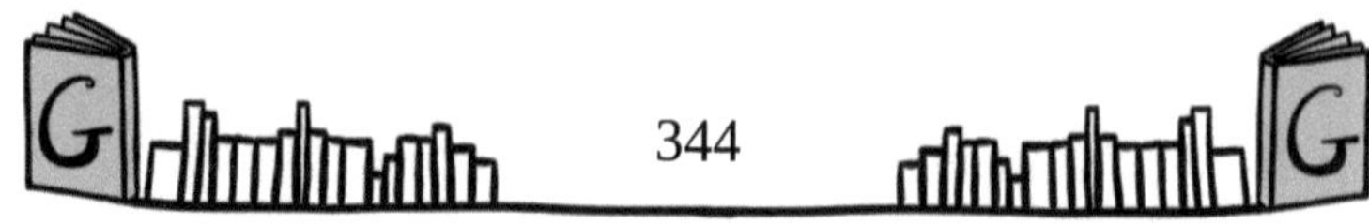

Es sind zum Beispiel Frauen, die Frauen lieben.
Oder Männer, die Männer lieben.
Oder Menschen, die **keine** Frau und **kein** Mann sind.

Spoonie

Spoonie ist ein Wort für chronisch kranke Menschen.
Das Wort kommt vom der Spoon Theory.
Das ist Englisch und heißt: Löffel•theorie.
Die Löffel-Theorie kommt von Christine Miserandino.
Sie möchte damit erklären, wie es ist, chronisch krank zu sein.

Ihr sollt Euch vorstellen:
Ihr habt jeden Tag Löffel.
Jeder Löffel steht für Energie, die Ihr für den Tag habt.
Ihr braucht für alles, was Ihr macht, Löffel.
Zum Beispiel, um Euch anzuziehen oder etwas zu essen.
Wenn die Löffel weg sind, dann habt Ihr **keine** Energie mehr.
Dann könnt Ihr **nichts** mehr machen.
Oder erst nach einer langen Pause wieder.
Menschen haben verschieden viele Löffel.
Chronisch kranke Menschen haben oft weniger Energie.
Sie haben also weniger Löffel.
Sie müssen gut planen, was sie machen.
Weil sie **nicht** so viel machen können.
Sie brauchen mehr Pausen.

Menschen, die **nicht** chronisch krank sind, können das oft **nicht**
verstehen.
Die Löffel-Theorie soll helfen, ihnen zu erklären, wie das Leben für
chronisch kranke Menschen ist.
Die Löffel-Theorie passt auch für behinderte, psychisch kranke und
neuro•divergente Menschen.
Manche chronisch kranken Menschen nennen sich selbst: Spoonie.

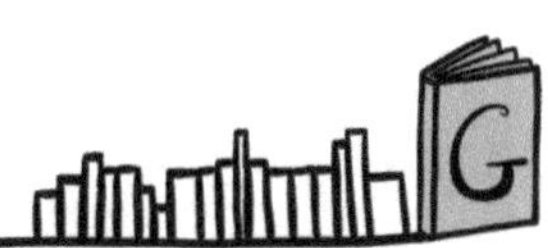

Totale Institutionen

Wenn Menschen in Totalen Institutionen sind, dann verbringen sie die meiste Zeit da.
Oft dürfen sie gar **nicht** raus.
In Totalen Institutionen passiert viel Gewalt.
Menschen, die da sind, haben wenig Rechte.
Ihr Leben wird kontrolliert.
Sie dürfen wenig selbst entscheiden.
Was sind Totale Institutionen?
Zum Beispiel
- Gefängnisse
- Psychiatrien
Viele sagen:
Auch Behinderten•werkstätten sind Totale Institutionen.
Und Wohn•heime auch.

Trauma

Menschen, die schlimme Sachen erleben, bekommen davon oft Traumata.
Wir sagen:
Ein Trauma, mehrere Traumata.
Wir sagen auch:
Die Menschen sind traumatisiert.
Das kann heißen:

- Sie können schlechter schlafen und haben schlechte Träume.

- Sie haben viel Angst.

- Sie erinnern sich plötzlich an die Situationen, die das Trauma ausgelöst haben.

Sie spüren das, was sie in den Situationen gespürt haben.
Diskriminierung führt oft zu Traumata.
Manchmal führt eine Situation allein zu einem Trauma.
Oft sind es viele Situationen, die zusammen zu einem Trauma führen.

Trans•generationales Trauma

Das ist ein Trauma, das über Generationen weiter•gegeben wird.
Das heißt:
Die Eltern oder Groß•eltern haben etwas sehr Schlimmes erlebt.
Sie haben davon Traumata bekommen.
Diese Traumata haben auch ihre Kinder.
Auch wenn sie das Schlimme **nicht** selbst erlebt haben.
Sie haben zum Beispiel viel Angst, wenn sie manche Dinge sehen.

Wir erklären noch mehr Wörter in einem anderen Glossar.
Dafür könnt Ihr Euer Handy hier drauf halten.
Dann kommt Ihr zu dem anderen Glossar.

Link: https://disability-pride-bonn.de/behindert-und-verrueckt-jetzt-reden-wir-online-glossar

Content Notes (CNs)

Manche CNs stehen direkt an den Beiträgen.
Aber nicht alle.
Wir sagen hier noch mehr CNs.

S. 31 | Wer bin ich, wer bist du, wer sind wir? | Amie Savage

CNs: ableistische Sprache, Gatekeeping in Bezug auf Behinderung, Totale Institutionen

S. 38 | Die Gesellschaft will uns nicht. Unsere Antwort ist Disability Pride. | Anna Hege

CNs: ableistische Gewalt, ableistische Morde, Covid-19, diskriminierender Arbeitsmarkt, Extrem•wetter•ereignisse, Fremdbestimmung, Kapitalismus, Klima•katastrophe, Lookismus, Politik (Erwähnung AfD, Rechts•populismus), Queer/LGBTQIANP+•feindlichkeit, Rassismus (keine Details), Tod, Totale Institutionen

S. 45 | Der Schrei | NeleDivergent

CNs: aktuelle Politik, Exklusionismus, Faschismus, National•sozialismus (Erwähnung), Rassismus, Sexismus, Totale Institutionen, Unsichtbarmachung und einseitige Darstellung in Medien

S. 57 | Selbstständigkeit ist kein Selbstzweck | René Attila Adiyaman

CNs: ableistische Ansprüche an Selbstständigkeit, Audismus, Covid-19, diskriminierendes Bildungssystem, Othering

S. 64 | Ich bin kein Alien | Ohrenkuss

CNs: ableistische und rassistische Bezeichnungen für Menschen mit Down-Syndrom, Abtreibung (keine Details), Abwertung von Menschen mit Down-Syndrom, Exklusionismus, Othering, Weltkrieg (Worterwähnung)

S. 74 | Behindert Eltern sein | Karina

CNs: Abwertung behinderter Eltern, Armut, Kapitalismus, unbezahlte Care-Arbeit

S. 81 | Et es wie et es. Mit Behinderung das Familienleben navigieren | Irene Blaeser

CNs: Depressionen, Psychiatrie und Psychiatrie•erfahrungen, Schlag•anfall, Suizidalität

S. 89 | Rückblick auf mehr als 80 Jahre Leben | Rudi und Inge Kruschke

CNs: Ärzt*innen nehmen Inge nicht ernst, Covid-19, Herz•infarkt, Schikane durch Mitschüler*innen (sie machen sich lustig über Rudi und ärgern ihn sehr), Schlag•anfall, Tod (keine Details), Trauma durch Krieg und Vertreibung

S. 98 | Über Grenzen hinweg | Mimo

CNs: Religion, religiöse "Heilungsversuche", Tod (keine Details)

S. 102 | Rassismus und psychische Gesundheit | Steve

CNs: aktuelle Politik (Erwähnung AfD und Rechtsruck), Angstzustände, Armut, Depressionen, Erfahrungen mit Therapeut*innen, Gewalt, Heimatverlust, Kolonialismus (Exklusionismus, Gewalt, Misshandlung, Mord, Raub kultureller Güter, Rassifizierung, Sklaverei, Tod, Vergewaltigung), Panikattacken, Queer/LGBTQIANP+•feindlichkeit, Rassismus, Suizidalität / Suizid•versuch (keine Details), (transgenerationales) Trauma

S. 110 | Anders taub als du | Louisa Albrecht

CNs: Audismus

S. 118 | Was vermeidbar wäre | Kate Diener

CNs: ableistische Gewalt, Absprechen von Menschlichkeit und Sexualität, Armut, Klima•katastrophe, Sexismus, Suizidalität, Totale Institutionen

S. 125 | In meinem Leben habe ich einfach sehr viel Glück gehabt | Hans Peutler

CNs: Abwertung von Assistenz, diskriminierendes Schulsystem

S. 132 | Schizophrenie neu denken | Caro

CNs: Drogen (keine Details), Saneismus / Mentalismus (Diskriminierung von psychisch kranken Menschen, speziell von schizophrenen Menschen)

S. 137 | Nach Troja | Lena Hel Lautner

CNs: Blut (keine Details), Erwähnung vom trojanischen Krieg als Vergleich, Fehldiagnosen, Psychiatrie (keine Details), Trauma

S. 145 | Aus dem Leben eines halbblinden Archivisty | Lumine/Wyrm Hagedorn

CNs: fehlende Unterstützung durch Eltern, Plural• / System•feindlichkeit (ableistische Vorstellungen, Absprechen von Existenz, Othering, schlechte Erfahrungen im Gesundheitssystem)

S. 153 | Selbstdiagnosen | Senami Hotse

CNs: Absprechen und Abwerten von Selbstdiagnosen

S. 154 | (Un)Sichtbar | Koi Katha Delfin Blaeser

CNs: Absprechen von Schmerzen, A*spec•feindlichkeit (Konversions•therapie•versuch, Pathologisierung), Dysphorie, Essen, Kapitalismus, selbst•verletzendes Verhalten (keine Details), Sexismus, Suizidalität, TIAN*•feindlichkeit (Deadnaming, Misgendern)

S. 163 | Böse Behinderte | Furiosa

CNs: binäre Diagnosekategorien, Gewalt, Mobbing, Psychiatrie (keine Details), Suizidalität, Totale Institutionen

S. 170 | Die Müdigkeit des Andersseins: Ein Leben zwischen Identität und Stigmata | C.

CNs: (sexualisierte) Gewalt (keine Details), Othering, Queer/LGBTQIANP+•feindlichkeit, Sex•arbeit, Trauma

S. 178 | My body doesn't lie to me. Mein Körper lügt mich nicht an. | @LongCovidCelia (Celia Gorman)

CNs: Covid-19 und Long Covid, Fat Shaming / Fat Bias / Dick_Fett•feindlichkeit (Diskriminierung gegen dicke, fette und dick_fette Menschen)

S. 190 | Ableismus Tötet! | Disability und Mad Pride Bonn

CNs: ableistische Gewalt, ableistische Morde, Polizeigewalt, Rassismus, Tod

S. 199 | Ableistische Gewalt und Antifaschismus | Noah

CNs: Ableismus (Exklusionismus), ableistische Gewalt, ableistische Morde, Faschismus (keine Details), Tod (durch Extrem•wetter•ereignisse), Totale Institutionen

S. 205 | Ableismus und Kapitalismus | Sam von der Anti-Ableistischen Aktion Ruhr

CNs: Faschismus, Kapitalismus

S. 208 | Forderungen, Wünsche und Empowerment einer Betroffenen zum Umgang mit Gewalt und Behinderung | Kate Diener

CNs: ableistische Gewalt, familiäre Gewalt (keine Details), sexualisierte Gewalt (keine Details) und deren Folgen, strukturelle Gewalt, Tod (keine Details), Victim Blaming

S. 217 | Feuer und Wasser | Josephine Rinck

CNs: Extrem•wetter•ereignisse, Klima•katastrophe, Tod, Wohnheime

S. 222 | Endstation Werkstatt | Barbara Kloep

CNs: diskriminierender Arbeitsmarkt, Totale Institutionen

S. 228 | Der gerechte Lohn | Valerie Klein

CNs: Totale Institutionen

S. 238 | Schönheit und Behinderung | Khazar Bagheri

CNs: Inspiration Exploitation, Fetischisierung und Objektifizierung behinderter Menschen, Lookismus (Diskriminierung aufgrund des Aussehens), Patriarchat, Unsichtbarmachung und einseitige Darstellung in den Medien

S. 245 | Vom Rand in den Mainstream: Warum eine differenzierte Repräsentation von Behinderung in der Literatur wichtig ist | Sabrina Busch

CNs: ableistische Sprache und Darstellungen von Behinderung in der Literatur (einseitige Darstellungen, Othering, Tabuisierung, Unsichtbarkeit), Suizid (Erwähnung), Tod (Erwähnung), Unsichtbarmachung von Behinderung

S. 254 | „Wir können uns auch selbst helfen" | Sandro

CNs: aktuelle Politik (AfD), diskriminierendes Bildungssystem, gesetzliche Betreuung, Heim (keine Details), Jugendamt (keine Deatils), Pflegefamilie (keine Details), Therapie•erfahrungen, Totale Institutionen

S. 263 | „Weiße Menschen sollen nicht stumm bleiben" | Asha Rajashekhar, Thomas Mitterhuber

CNs: Audismus, Polizeigewalt, Rassismus (Exklusionismus, Exotisierung, rassistische Gebärden, Gewalt, kulturelle Aneignung, Othering), Sexismus, White Supremacy

S. 272 | Behindert und queer | Lena L., Lena C., Solveïg

CNs: Armut (keine Details), Familie verlieren (keine Details), Gewalt (keine Details), Queer/LGBTQIANP+•feindlichkeit (Othering, Pathologisierung), Obdachlosigkeit / Wohnungslosigkeit (keine Details), Rassismus (Worterwähnung), Suizidalität / Suizid (keine Details), Unsichtbarmachung insbesondere von queeren behinderten Menschen

S. 276 | Eine inklusive Mobilitäts•wende | Lena C., Solveïg, Steve

CNs: Armut, Flucht (Erwähnung), Klima•katastrophe, Rassismus, schlechte Arbeitsbedingungen, Tod (Erwähnung)

S. 283 | Behindert - offen & unbe/verschämt | Jo Krügel

CNs: Audismus

S. 290 | VerRückt und Stolz | Luna Loca

CNs: ableistische Kategorisierungen bei Diagnosen und Labeln,
Exklusionismus, Obdachlosigkeit / Wohnungslosigkeit (keine Details),
Othering, Psychiatrie und Psychiatrie•erfahrungen, Saneismus /
Mentalismus (Diskriminierung von psychisch kranken Menschen),
Zwangs•maßnahmen

S. 297 | Scheiß auf neurotypische Einbahnstraße - mein Weg zu meiner Idenität mit einer nicht sichtbaren Behinderung | Lynn Markert

CNs: Ableismus (Exklusionismus, Silencing, Unter•diagnostizierung),
Gaslighting im Gesundheitssystem

S. 303 | Das Enby, das überlebt | Elisha

CNs: binäres Geschlechter•konstrukt, Cis•Sexismus, Dysphorie, Gefängnis-
Vergleich, Genitalien (Worterwähnung), Harry Potter (Ableismus,
Antisemitismus, Dämonisierung, Dick_Fett•feindlichkeit, familiäre
Gewalt, Gewalt, in Verbindung bringen von Queer/LGBTQIANP+-Sein mit
Pädophilie, Klassismus, Machtmissbrauch, Misogynie, Mobbing,
Normalisierung von Folter, Normalisierung von fehlendem Konsent,
Normalisierung von Machtmissbrauch, Normalisierung von Masochismus,
Normalisierung von Sklaverei, Queer/LGBTQIANP+•feindlichkeit,
Pädophilie, Rassismus, TERFism, TIAN*•feindlichkeit, Tierquälerei,
Verharmlosung von Missbrauch und emotionaler Kontrolle, Zoophilie,...),
Inspiration Exploitation, Körper- und Schönheitsnormen, Mauerbau-
Vergleich, Narben, Queer/LGBTQIANP+•feindlichkeit, Scheidung,
schlechte Behandlung durch Familie, schwere Operation im Kindesalter,
Sterben, Tabuisierung von Behinderung und Sexualität,
TIAN*•feindlichkeit (Deadnaming)

S. 311 | CIMND* und A*spec - Zwischen Vorurteil und Orientierung | Anonym, Lena C., Koi Katha Delfin Blaeser, Natalia Dawn

CNs: (internalisierter) Ableismus (Exklusionismus, Gatekeeping, Invalidierung von Selbstdiagnosen, Othering, Pathologisierung, Plural•/System•feindlichkeit, Unterdiagnostizierung), A*spec•feindlichkeit (Othering, Pathologisierung, Unsichtbarmachung), Allonormativität, Amatonormativität, Depressionen, Intersektionalität, Queer/LGBTQIANP+•feindlichkeit, schlechte Erfahrungen mit Therapeut*innen (Konversionstherapieversuch), Suizidalität

S. 329 | Nachwort

CNs: Psychiatrie (keine Details)

Bildbeschreibungen

Zitate

Um die Zitate herum ist der CIMND* Schmetterling in hellgrau und in 2 Hälften aufgeteilt.
CIMND* Schmetterlinge bestehen aus:
- Neurodivergenz-Schleife
- Schleife (HIV / AIDS, andere Erkrankungen)
- Gebärdende Hände / Gebärdensprache
- Löffel (Spoon Theory)
- & (Systeme / Pluralität)
- Gesicht der Mad Pride Fahne
- Einhorn (unsichtbar gemachte Behinderung)

Seitenzahlen

Unten um die Seitenzahl herum sind links und rechts je geschwungene Linien und ein CIMND*-Schmetterling abgebildet.

S. 10 | Inhaltsverzeichnis

Unter dem Inhaltsverzeichnis sind 2 CIMND* Schmetterlinge.

S. 15 | Einleitung

Ein Buch mit einem G drauf und eins mit einem O drauf.

S. 18 - 20 | So schreiben wir

- QR-Code-Link zu Tonindikatoren:
https://disability-pride-bonn.de/tonindikatoren
- Wir erklären: Warum schreiben wir mit * Sternchen? Daneben sind 5 Sternchen.
- Wir erklären: CNs. Daneben ist ein Achtung-Schild. Das ist ein Ausrufezeichen in einem Dreieck.
- Wir sagen: es gibt ein CNs Kapitel. Auch daneben ist ein Achtung-Schild.

S. 22 | CIMND*iges Abkürzen

CIMND* Pride: ein Haufen und mehrere Zimtstangen mit verschiedenen Pride Fahnen (Mad Pride, Deaf Pride, Autistic Pride, Disability Pride Fahne), wobei das alles in grau ist

S. 30 | Zitat

Über dem Zitat ist eine Zeichnung. Ein Gehstock lehnt an einem Rollstuhl.

S. 31 | Wer bin ich, wer bist du, wer sind wir? | Amie Savage

Der Schuh von Cinderella, ein glänzender heller Schuh mit Absatz

S. 38 | Die Gesellschaft will uns nicht. Unsere Antwort ist Disability Pride. | Anna Hege

Eine Katze schaut sich im Spiegel an. Um den Spiegel herum viele Fragezeichen, die Katze schaut fragend.

S. 45 | Der Schrei | NeleDivergent

Ein Mensch, der den Mund offen hat. Der Mensch schreit laut und lautlos, symbolisiert durch Noten und durchgestrichene Noten.

S. 57 | Selbstständigkeit ist kein Selbstzweck | René Attila Adiyaman

- Eine Katze mit Langstock
- Eine Katze mit Hörgeräten
- Eine Katze mit Maske

S. 64 | Ich bin kein Alien | Ohrenkuss

Chromosomen (so eine Art Kreuz, unterschiedlich groß, meistens 2 Chromosomen als Paar), insbesondere das kleine Chromosom 21, das dreimal vorhanden ist.

S. 74 | Behindert Eltern sein | Karina

Hand, die vier Bälle hochwirft bzw. jongliert. Auf den Bällen steht: meine Ressourcen, Ressourcen Kind, Ressourcen Kind, meine Bedürfnisse

S. 81 | Et es wie et es. Mit Behinderung das Familienleben navigieren | Irene Blaeser

Fuß mit einer Schiene

S. 89 | Rückblick auf mehr als 80 Jahre Leben | Rudi und Inge Kruschke

Zwei ältere Katzen von hinten, die eine steht, hat kurze Haare und ihren Arm um die sitzende Katze mit weniger Haaren gelegt, die etwas schreibt.

S. 98 | Über Grenzen hinweg | Mimo

Eine Erdkugel von oben (wir sehen vor allem den Atlantik und Teile von Amerika, Europa und Afrika). Oben drüber fliegen zwei Symbole für Medizin (Stab mit Flügeln, der von zwei Schlangen umwunden ist).

S. 102 | Rassismus und psychische Gesundheit | Steve

Ein Hund liegt auf einem Sofa, die Arme verschränkt, sieht unglücklich aus. Daneben eine Packung Taschentücher und die Aufschrift: Weiße Psychotherapie.

S. 110 | Anders taub als du | Louisa Albrecht

- Ein Ohr, hinter dem ein Hörgerät ist
- Zwei Arme, die mit Fingeralphabet gebärden: Hi

S. 118 | Was vermeidbar wäre | Kate Diener

Zwei Katzen, die sich umarmen. Das Bild ist durchgestrichen.

S. 125 | In meinem Leben habe ich einfach sehr viel Glück gehabt | Hans Peutler

Eine Katze im Rollstuhl mit kurzen Armen und Beinen, eine Katze mit kurzen Beinen und Prothesen. Drum herum sind 4-blättrige Kleeblätter

S. 132 | Schizophrenie neu denken | Caro

Eine Katze mit spitzen Ohren. Über dem Kopf sind Schwaden, Wirbel und kleine Geister. Die Katze verzieht etwas den Mund.

S. 137 | Nach Troja | Lena Hel Lautner

Trojanisches Pferd

S. 145 | Aus dem Leben eines halbblinden Archivisty | Lumine/Wyrm Hagedorn

Ein Fuchs. Im Kopf von dem Fuchs sind viele Personen und Tiere: eine Katze, eine Schnecke, eine Schildkröte und verschiedene menschlicher aussehende Personen. Sie alle haben verschiedene Hautfarben, Frisuren und sind verschieden alt. Eine Person hat echsen-artige Augen und eine Echsen-zunge. Eine andere Person hat schwarze Augen. Um die Personen rum steht: Head Space.

S. 153 | Selbstdiagnosen | Senami Hotse

Ein Computerbildschirm mit Tastatur. Rechts am Bildschirm lehnen 3 Bücher. Davor liegt eine Lupe.

S. 154 | (Un)Sichtbar | Koi Katha Delfin Blaeser

Eine punkig aussehende Katze mit aufgerissenen Augen hat die Hände vor den Ohren. Um sie herum sind ganz viele Katzen, die auf sie einreden

S. 163 | Böse Behinderte | Furiosa

Eine Katze, die in einer Kampfsportposition hockt und die Arme wütend in die Luft streckt. Die Katze hat den Mund auf und zeigt die Zähne.

S. 170 | Die Müdigkeit des Andersseins: Ein Leben zwischen Identität und Stigmata | C.

Ein Bett, auf dem eine Katze zusammengekauert liegt. Auf dem Bett am Rücken der Katze steht: Anderssein in Großbuchstaben

S. 178 | My body doesn't lie to me. Mein Körper lügt mich nicht an. | @LongCovidCelia (Celia Gorman)

Eine Schublade mit Löffeln, wobei eine Hand einen Löffel rausnimmt. Es sind noch 2 Löffel drin. Darüber steht Spoon Theory.

S. 190 | Ableismus Tötet! | Disability und Mad Pride Bonn

Zwei Plakate. Auf dem einen steht „Ableismus Tötet", auf dem anderen steht „#Say Their Names Sagt ihre Namen!"

S. 199 | Ableistische Gewalt und Antifaschismus | Noah

Vier schwarze Fäuste mit Arm

S. 205 | Ableismus und Kapitalismus | Sam von der Anti-Ableistischen Aktion Ruhr

Euromünzen, auf denen Teile der Welt / Kontinente zu sehen sind

S. 208 | Forderungen, Wünsche und Empowerment einer Betroffenen zum Umgang mit Gewalt und Behinderung | Kate Diener

Eine Katze, die sagt: Du bist **nicht** allein.

S. 217 | Feuer und Wasser | Josephine Rinck

Aufzug, neben dem ein Schild steht: Aufzug im Brandfall **nicht** benutzen. Unten noch Wasser in Wellenform.

S. 222 | Endstation Werkstatt | Barbara Kloep

Ein Gleis, an dessen Ende steht: Werkstatt. Neben den Gleisen steht Endstation

S. 228 | Der gerechte Lohn | Valerie Klein

Eine Waage, die im Ungleichgewicht ist

S. 232 | Wellen machen und Barrieren brechen | Alejandra Aybar

Eine große Welle rollt über das Wort: Barrieren. Auf der Welle schwimmt eine Person.

S. 238 | Schönheit und Behinderung | Khazar Bagheri

Eine Katze mit einem Arm ist im Fernseher, neben ihr steht CIMND* Repräsentation. Daneben ist ein Plakat mit Schlittschuhwerbung. Wir sehen zwei Schlittschuhe mit einem Teil der Beine, wobei das eine Bein eine Prothese ist.

S. 245 | Vom Rand in den Mainstream: Warum eine differenzierte Repräsentation von Behinderung in der Literatur wichtig ist | Sabrina Busch

Ein Stapel mit Büchern

S. 251 | „Ich bin nicht dafür da, dir das Leben einfach zu machen" | Josephine Rinck

Zu sehen ist ein Bus, am Steuer sitzt eine Katze. Vor dem Bus sitzt eine andere Katze im Rollstuhl. Auf dem Bus steht: Jeder Bus nur 1 Rolli. Drinnen sitzt schon eine Katze im Rollstuhl.

S. 254 | „Wir können uns auch selbst helfen" | Sandro

Liegefahrrad

S. 263 | „Weiße Menschen sollen nicht stumm bleiben" | Asha Rajashekhar, Thomas Mitterhuber

Dunkle Hände, die im Fingeralphabet BLM (= Black Lives Matter) gebärden. An der Hand vom B ist eine kleine Narbe, die Hand vom M hat Flecken wie bei einer Hautkrankheit.

S. 272 | Behindert und queer | Lena L., Lena C., Solveïg

Eine wehende inklusive Regenbogen-Pride-Fahne in grau. Enthalten sind verschiedene andere Pride Fahnen: die intergeschlechtliche, trans* und Disability und Mad Pride Fahne.

S. 276 | Eine inklusive Mobilitäts•wende | Lena C., Solveïg, Steve

Eine Katze im Rollstuhl kommt über eine Rampe gut in die Bahn rein.

S. 283 | Behindert - offen & unbe/verschämt | Jo Krügel

Da steht: Besondere Bedürfnisse, wobei besondere durchgestrichen ist

S. 290 | VerRückt und Stolz | Luna Loca

Das grinsende Gesicht der Mad Pride Fahne

S. 297 | Scheiß auf neurotypische Einbahnstraße - mein Weg zu meiner Idenität mit einer nicht sichtbaren Behinderung | Lynn Markert

Ein Einbahnstraßenschild auf einem Schild mit einer neurodivergenten  Schleife (einer liegenden Acht), das durchgestrichen ist

S. 303 | Das Enby, das überlebt | Elisha

Eine Kommode mit Schubladen

S. 311 | CIMND* und A*spec - Zwischen Vorurteil und Orientierung | Anonym, Lena C., Koi Katha Delfin Blaeser, Natalia Dawn

- Eine Seekatze, Symbol für: Asensualität 
- Ein Frosch, Symbol für: Aromantik
- Ein Drachen, Symbol für: Asexualität
- Eine Aspviper auf einem Espenblatt, Symbol für: A*spec
- CIMND* Pride: ein Haufen und mehrere Zimtstangen mit verschiedenen Pride Fahnen (Mad Pride, Deaf Pride, Autistic Pride, Disability Pride Fahne), wobei das alles in grau ist

S. 322 | Community | Lydia

Dreimal sind 2 Arme sind zu sehen. Sie halten sich an den Händen.
- Ein grauer Arm mit Prothese und ein kleiner, hellgrauer, verkürzter Arm.
- Ein dunkelgrauer Arm mit einigen hellen Flecken und 2 Narben am Handgelenk. Der andere Arm ist hellgrau, ohne Hand und hat Narben.
- Ein Arm ist sehr hell grau, hat noch hellere Flecken mit Dysmelie (Fehlbildung an den Extremitäten). Der andere Arm ist dunkelgrau, dick, hat 2 Narben und 4 Finger.

S. 323 | Eine Liebeserklärung | Bendix Mignon

Der Kopf einer Katze und daneben Sparks / Sternchen in einer Sprechblase. Im Hintergrund sind hellgraue Sterne, Herzen und Sparks / Sternchen.

S. 333 - 347 | Glossar

- Unten ist eine Bücherreihe und immer die Bücher mit dem „G" für „Glossar" zu sehen.

- QR-Code-Link zum Online Glossar:
https://disability-pride-bonn.de/behindert-und-verrueckt-jetzt-reden-wir-online-glossar

S. 348 - 354 | CNs

- Am Anfang des Kapitels ist ein Achtung-Schild. Das ist ein Ausrufezeichen in einem Dreieck.
- Unten um die Seitenzahl herum sind links und rechts je eine Linie mit einem Achtung-Schild am Ende.

S. 365 | Disability und Mad Pride Bonn Logo

Der Hintergrund ist grau-blau. Darauf ist die Disability Pride Fahne. Die hat 5 Streifen und einen grauen Hintergrund. Die Farben sind: grün, blau, weiß, gelb, rot. Oben links ist ein lachendes Gesicht. Das ist von der Mad Pride Fahne. Oben recht ist eine bunte liegende 8. Das ist die Neurodivergenz Schleife. Auf dem Logo steht: Disability und Mad Pride Bonn. Unter dem Wort Pride sind Hände. Die buchstabieren Pride im Fingeralphabet.

S. 366 | Fotos

- Das Foto von Lena ist schwarz-weiß. Lena's Haare sind nach hinten gebunden. Lena sitzt im Rollstuhl. Dey hält einen Regenschirm und hat eine Jacke an. Vor Lena ist ein Handy an einer Befestigung. Hinter Lena sind Plakate. Das Foto ist von der Disability und Mad Pride Bonn von 2024. Lena lächelt ein bisschen widerwillig.
- Das Foto von Koi ist schwarz-weiß. Koi hat kurze Haare. Em trägt eine runde Brille und einen schwarzen Pullover. Xier sitzt vor einer dunklen Wand. Koi lächelt.

Disability und Mad Pride Bonn Logo

Koi Katha Delfin Blaeser und Lena Cornelissen sind von der Disability und Mad Pride Bonn. 

Dieses Bündnis kämpft seit 2023 gegen Ableismus und für die Sichtbarkeit von behinderten Menschen. 
Wir organisieren jedes Jahr eine Demonstration, auf der wir zeigen: Wir sind behindert und stolz. Wir sind so verschieden. Das feiern wir.
Das Problem heißt Ableismus.

Wir machen noch viel mehr: 
Wir beraten andere Gruppen, wie sie Barrierefreiheit umsetzen und etwas gegen Ableismus machen können. Wir machen Workshops, kleinere Demonstrationen und wollen zum Gedenken an die behinderten Menschen, die durch die Nazis ermordet wurden, beitragen.

Wir kämpfen kreativ, intersektional und solidarisch gegen ein System, das 
uns unterdrückt und nicht haben möchte.

Auf unserer Internet-Seite schreiben wir alles in Einfacher Sprache:
http://disability-pride-bonn.de/

Lena Cornelissen (dey | deren) ist behindert, chronisch und psychisch krank, Psychiatrie-erfahren, neuro•divergent, queer und *weiß*. Lena schwimmt, schreibt und arbeitet. Lena kämpft an vielen Stellen gegen Ableismus. Dey macht viel bei der Disability und Mad Pride Bonn, auf Instagram als @cornelissenlena und ist in vielen weiteren Gruppen damit beschäftigt, Barrieren abzubauen und gegen Ableismus vorzugehen. Lena übersetzt Texte in Einfache Sprache. Dey ist gerne wütend.

Foto von Lena

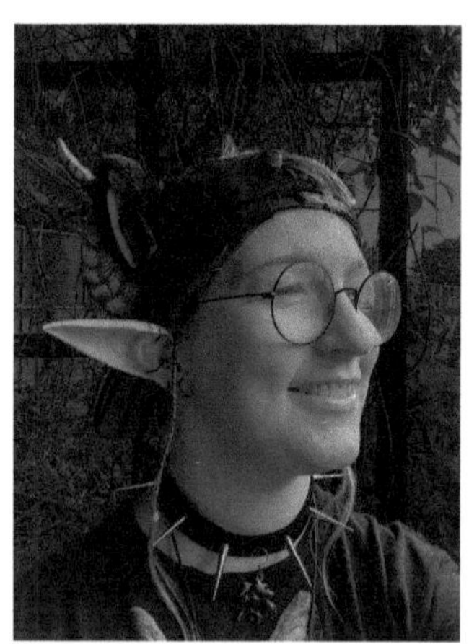

Koi Katha Delfin Blaeser (em | ems, xier | xies) ist Spoonie, chronisch und psychisch krank, Mad, neuro•divergent, *weiß* und hat einen Labelberg. Welcher Name oder welche Pronomen gerade fein sind, ist fluidflux. Em ist Crow-Raven-Lonxiecollector, aldernic, cypric pan* oriented aroace, agenderflux-vortexid-voidarianflux-prox und nymangi. Xier stöbert gerne durch queere/LGBTQIANP+ und CIMND* Label und Flaggen. Koi liest gerne und hat eine kleine Bibliothek. Wenn genug Löffel da sind, skatet em mit Schlittschuhen, Inlinern oder Rollschuhen.

Foto von Koi

Xier hat viele Ehrenämter und kämpft hauptsächlich gegen Ableismus und Queer/LGBTQIANP+•feindlichkeit. Zum Beispiel bei der Disability und Mad Pride Bonn, aber auch in vielen anderen Gruppen. Reguläre Erwerbsarbeit und Geld sind schwierige Themen bei Koi.